武汉大学姚梅镇法学基金会资助出版

国际经济法文库

长期合同规则研究

A Comparative Study on Long-term Contract Rules

谢爱梅 著

法律出版社 LAW PRESS·CHINA
北京

图书在版编目（CIP）数据

长期合同规则研究 / 谢爱梅著. -- 北京 : 法律出版社, 2025. -- (国际经济法文库). -- ISBN 978-7-5197-9907-6

Ⅰ. D996.1

中国国家版本馆 CIP 数据核字第 2025WB7710 号

长期合同规则研究
CHANGQI HETONG GUIZE YANJIU

谢爱梅 著

策划编辑 沈小英
责任编辑 刘晓萌 鲁 安
装帧设计 李 瞻

出版发行 法律出版社
编辑统筹 法治与经济出版分社
责任校对 王 皓
责任印制 吕亚莉
经 销 新华书店

开本 710 毫米×1000 毫米 1/16
印张 16.75 **字数** 246 千
版本 2025 年 3 月第 1 版
印次 2025 年 3 月第 1 次印刷
印刷 唐山玺诚印务有限公司

地址：北京市丰台区莲花池西里 7 号（100073）
网址：www.lawpress.com.cn
投稿邮箱：info@lawpress.com.cn
举报盗版邮箱：jbwq@lawpress.com.cn

销售电话：010-83938349
客服电话：010-83938350
咨询电话：010-63939796

书号：ISBN 978-7-5197-9907-6
定价：96.00 元

凡购买本社图书，如有印装错误，我社负责退换。电话：010-83938349

总　序

我国自改革开放以来，顺应经济全球化的时代潮流，始终坚持深化改革和扩大开放，加强与世界各国的经济合作，使中国的经济得到了快速的发展，国际地位有了很大的提升，成为世界第二大经济体。与此同时，中国国际经济法学在我国改革开放的基础上得到了繁荣和发展，初步形成了具有中国特色的学科体系，为中国的改革开放，推动构建和平发展、合作共赢的国际经济秩序，作出了自己的贡献。

当今世界正面临百年未遇大变局。一方面，经济全球化的发展促进了世界经济的发展，和平、发展、合作、共赢的历史潮流不可阻挡；另一方面，经济全球化也造成世界经济发展的不平衡，导致有关国家间利益冲突和矛盾加剧，单边主义、保护主义抬头。在此情况下，中国共产党的二十大报告指出，新时代新征程中国共产党的中心任务，就是团结带领全国各族人民全面建成社会主义现代化强国、实现第二个百年奋斗目标，以中国式现代化全面推进中华民族伟大复兴。实现中国式现代化就需要营造良好的外部环境，加强国际经济合作。为此，党的二十大报告强调，“中国坚持对外开放的基本国策，坚定奉行互利共赢的开放战略……坚持经济全球化正确方向，推动贸易和投资自由化便利化，推进双边、区域和多边合作，促进国际宏观经济政策协调，共同营造有利于发展的国际环境，共同培育全球发展新动能……”

面对变动中的国际环境和新的挑战，中国国际经济法学研究将遵循党的二十大精神，全面学习贯彻中国式现代化的基本理论，全方位服务于中国式现代化建设，为我国统筹推进国内法治和涉外法治，积极参加全球治理体系改革和建设，促进世界和平与发展，推动构建人类命运共同体贡献力量；并在中国式现代化的进程中，坚持守正创新，加快构建具有中国特色的中国国际经济法学学科体系、学术体系、话语体系。

为鼓励和支持国际经济法学者开展原创性科研工作，服务于中国改革开放和现代化建设，武汉大学姚梅镇法学基金会与法律出版社携手合作，资助并出版“国际经济法文库”（以下简称“文库”）系列丛书，以推动我国国际经济法学研究的繁荣与发展。

武汉大学姚梅镇法学基金会是以中国国际经济法学奠基人与开拓者姚梅镇先生命名的，经湖北省民政厅批准设立的非营利法人组织。基金会的宗旨是：弘扬姚梅镇先生的学术思想与科学精神，发展中国的法学教育和法学研究事业，更好地培育高素质的法学人才，多出原创性法学研究成果，以推动中国法学尤其是国际经济法学的发展，服务国家的法治建设。基金会公益活动的业务范围之一，是推进中国国际法学尤其是国际经济法学的发展，包括资助出版高水平学术著作、资助设立国家和社会急需攻关的重要科研项目等。

“文库”主要关注国际经济法基础理论、国际贸易法、国际投资法、国际金融法、国际税法、国际经济贸易争端解决等领域的重大理论与实践问题研究成果，支持国际经济法领域各类具有原创性学术成果的出版。“文库”在选题导向上，坚持解放思想、实事求是、兼容并包、与时俱进，注重以理论研究为基础、以前沿问题为导向、理论与实践相结合，鼓励理论创新，不断回答中国之问、世界之问、人民之问、时代之问，作出符合中国实际和时代要求的正确回答。

“文库”优先和重点支持青年学者的优秀学术成果特别是优秀博士学位论文的出版。青年学者科研能力强、思想活跃、善于思考、不落窠臼、敢于创新，是学界的生力军和未来的希望。支持青年学者的科研和创新，就应对其提供相应的支持。“文库”希望通过支持成果出版的方式，为从事国际经济法研究的青年学者的发展助一臂之力，鼓励其做出创新性成果，为法治中国建设作出贡献。为此，“文库”将面向全国各高校和科研机构的国际经济法专业博士研究生的毕业论文开放，通过作者自荐与导师推荐相结合的方式征稿，由“文库”学术委员会根据论著成果的学术性、思想性、前沿性和创新性等标准，通过评审决定是否入选出版。

我们相信，“文库”将对推进我国国际经济法学术研究的繁荣和发展作出贡献。

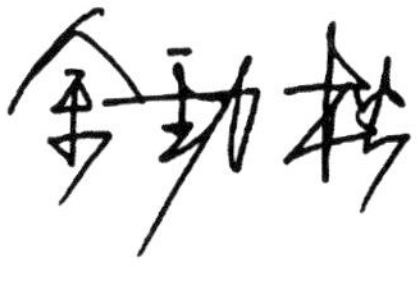

2023 年 9 月于北京

前　言

长期合同是适应现代经济发展的合同形式，既具有稳定交易关系、保护专用性投资的功能，又具有灵活性，在经济活动中发挥着越来越重要的作用。国际统一私法协会理事会于2016年5月通过《国际商事合同通则》修订案，增补了与长期合同有关的规定。《欧洲民法典共同参考框架法案》《欧洲合同法原则》对长期合同有一些特殊规定。各国国内法大多未对长期合同规则予以特殊规范，长期合同纠纷解决须适用现有合同规则。长期合同通常伴随专属投资，当事人权利义务关系复杂，常常约定开放性条款（"按需供应""尽最大努力"等）、重新磋商和调整条款、单方解除条款和利益共享条款等特殊条款，以应对长期合同所面临的不确定风险。

本书对实践中长期合同当事人约定的特殊条款，不同国家、国际或者区域合同示范规则关于解决长期合同纠纷的规则以及司法机构的案例等进行分析、归纳，比较长期合同规则和一时合同规则的不同之处，论证对长期合同进行特别规范的必要性。本书着重对《国际商事合同通则》关于长期合同的规范进行研究，认为其充分体现了长期合同的理论和实践发展，为商事交易提供了有效的解决方案。此外,本书从长期合同法律适用角度,对主要国家的合同法、国际以及区域性相关合同规则进行比较研究,便于从事长期合同国际交易的当事人选择适用法律。

本书注意到,长期合同当事人约定特殊条款的主要目的在于防范合同履行中的不确定性,在变动中维持合同关系。本书认为,在解决长期合同当事人纠纷时,不应将当事人的权利义务固定在合同签订之时的状态,而应以维持合同关系为目的进行调整。长期合同当事人应履行高度合作义务,为双方共同利益履行合同,不得采取机会主义行为。长期合同规则应有助于当事人解决长期合同内容不确定的问题,确定未分配的风险,促使当事人加强合作与协商,共同解决履行中出现的新问题,尽量避免终止合同关系,从而影响合同解释、合同履行、合同变更和解除规则。

本书借鉴了经济学和社会学对长期合同的研究成果。如果固守古典合同法理论框架,则难以论证长期合同当事人的合作义务、重新协商义务以及对合同进行调整的必要性。而经济分析方法能够证明合作与调整,维持长期合同关系,是有效率的,当事人能够实现共赢,并增进社会福利。社会分析方法证明合作与维持合同关系符合社会规范要求及当事人的预期。

长期合同规则体现了合同法理论的发展,当事人之间不仅是对立关系,而且是合作关系,甚至合作关系比对立关系更重要,合作应成为长期合同当事人的合同义务。诚实信用的内涵也会发生变化,当事人不得单纯从自身利益出发履行合同,而需要考虑对方当事人需要实现的利益。

我国经济实践中也大量采用长期合同,但适用我国《民法典》合同编解决长期合同纠纷仍存在不足。本书对我国长期合同规则提出建议,我国可以对长期合同制定司法解释:完善长期合同的解释规则,将履行过程作为解释合同时的考量因素;规定长期合同当事人的合作义务;规范长期合同当事人任意解除权的行使;规定变更合同、中止履行等方式优于解除合同。司法机构在审理案件中须充分考虑长期合同的特殊性,以促进合作、协商调整、尽量维持合同关系的原则处理长期合同纠纷。即便法律未作出明确的规定,当事人也可在合同中约定开放性条款、调整条款、合作协商条款以及损害赔偿的计算方式等,从而最大限度降低交易风险,同时防范长期合同规则供给不足的风险。

当然,虽然本书较系统地阐述了长期合同规则的主要特点和内容,但是对于具体制度,如长期合同解释、调整、重新协商、解除等的构建较原则,尚需通过司法实践进一步验证。

缩略语简表

简称	全称
《销售合同公约》	《联合国国际货物销售合同公约》
《通则》	《国际商事合同通则》
《商法典》	《美国统一商法典》
《共同框架》	《欧洲民法典共同参考框架法案》
《原则》	《欧洲合同法原则》
《合同法重述二》	《美国合同法重述(第二次)》
《海牙原则》	《国际商事合同法律选择原则》
《民法典》	《中华人民共和国民法典》
《合同法》	《中华人民共和国合同法》
《合同法司法解释二》	《最高人民法院关于适用〈中华人民共和国合同法〉若干问题的解释(二)》
《合同编通则解释》	《最高人民法院关于适用〈中华人民共和国民法典〉合同编通则若干问题的解释》

目　录

导　论

一、研究背景

（一）长期合同具有特殊性，其核心问题是如何应对不确定性

长期合同广泛应用于国际商事交易领域，包括国际投资和国际贸易领域，如长期能源供应合同、政府与私人合作的特许经营合同（concession agreement）、连锁式特许经营（franchise）合同、国际工程建设合同等。长期合同的共同特点是履行期比较长，面临的风险和不确定性比较大。由于履行期长，长期合同履行期间政治经济环境的变化以及科技的发展均可能导致按照原合同约定履行，一方或者双方遭受较大损失。由于人的有限理性，签订长期合同之初，当事人无法预见合同履行中的所有情况，无法对所有权利义务进行准确描述，并提前分配风险，或者提前分配风险会花费巨大调查、谈判成本。有些长期合同涉及专用性投资，[1]如能源供应合同中铺设管道的投入、特许经营场所的

[1] 专用性投资（专属投资），是指由当事人一方或双方为某一具体交易而进行的耐久性投资。如果双方的关系破裂，投资转移他用，则无法发挥其最大效益。参见[美]奥利弗·E.威廉姆森：《资本主义经济制度：论企业签约与市场签约》，段毅才、王伟译，商务印书馆2002年版，第81页。

投入、工程建设的投入等,当事人收回投资时间较长,如果解除合同,专用性投资无法收回,也难以转入其他领域,终止合同关系则会产生较大损失。面对合同履行的不确定风险,长期合同当事人应采取何种防范措施应对,以及法律应如何规范以维持合同关系,是长期合同需要解决的核心问题。

长期合同与短期合同履行过程中均可能发生当事人在订立合同时不能预见的情况,导致履行出现障碍,产生变更、解除问题,对此法律也提供了相应救济途径,但是变化对短期合同属于例外,对长期合同而言属于常态。国际长期合同关系遇到履行障碍的可能性更大,合同当事人的权益更容易失衡。为应对不确定性,当事人签约时会作灵活约定,如约定价格调整条款,使合同条款保持一定弹性;约定合作和重新协商条款,在出现不可预见事件时,当事人能够重新协商对合同权利义务进行调整。当事人期望法律能够认可约定条款的效力,并对当事人未约定的风险进行公平分配,以维持合同关系。

(二)长期合同规则需要完善和统一

各国合同法主要以一时合同[1]为典型合同作出规范,过于注重合同内容的确定性、当事人关系的对立性,而未能对长期合同的不确定性、当事人的合作以及维持合同关系的必要性给予足够的关注。各国对当事人约定的内容待确定的条款、自行协商条款、合作条款等未提供相应规则予以规范;对待合同的调整,态度较为保守,不会对当事人签订的合同主动进行调整;对于长期合同当事人的机会主义行为,[2]缺乏防范机制。例如,当事人签约时约定了调整条款,但是未能准确反映成本的变化,情势变化导致双方权益失衡,法院能否对合同条款进行调整?该风险应由一方承担还是双方分担?

[1] 一时合同,是指一次性给付便使合同内容实现的合同。所谓一次性给付,既指纯粹一次履行完毕,也包括分期履行。在后一种情形中,因其总给付系自始确定,时间因素对于给付的内容和范围并无影响。参见崔建远:《合同法》,北京大学出版社 2012 年版,第 28 页。

[2] 机会主义行为,是指损人利己的行为。参见[美]奥利弗·E.威廉姆森:《资本主义经济制度:论企业签约与市场签约》,段毅才、王伟译,商务印书馆 2002 年版,第 71 页。

有些长期合同更注重当事人的合作,在发生情势变化时,当事人是否有协商义务?协商过程中,一方当事人可否任意拒绝对方当事人提出的变更方案?未诚信协商应否承担赔偿责任?对于合同解除,长期合同当事人行使约定的任意解除权应否予以限制?当事人可否以双方信赖关系丧失为由解除长期合同?如果合同解除,如何认定当事人的预期利益损失?这些问题均系长期合同的典型问题,如何解决这些问题,以使长期合同关系在动态中能够继续履行,理论界与实务界存在很大的争议。如果仍然严格遵循古典合同法〔1〕形式化的处理方式,以当事人最初的合同文本为主要依据,不考虑履行中发生的变化及当事人的预期,对长期合同不作任何调整,则长期合同难以履行,也不符合公平原则。合同法虽然在不断演进,但目前形式主义和合同严守原则仍然不利于解决长期合同纠纷,这种状况亟待改变。

各国鲜有对长期合同进行特别规范,但一些国家制定了有利于解决长期合同纠纷的规则。德国新债法使用了继续性合同的概念,对于继续性合同的终止作出了规定。《商法典》对长期合同的解释、调整等提供了示范规则。一些国家的司法实践为长期合同的解释、调整、解除等问题提供了研究样本。

商事合同的国际统一规则,如《销售合同公约》、《通则》(2010 年),对长期合同所需特殊规则未给予足够关注。国际统一私法协会于 2016 年专门针对长期合同产生的新问题进行了修订,增加了长期合同的相关规则;《原则》《共同框架》也有针对长期合同的特殊规则。不同国家及国际或者区域合同示范规则关于长期合同与一时合同的不同规范、司法实践,说明对长期合同提供特殊规范具有合理性和正当性。

---

〔1〕 美国麦克尼尔教授将合同法分为三种,即古典合同法、新古典合同法及关系性合同法,用于调整不同类型合同,其划分也获得了许多合同法理论学者的赞同,在学术研究中采用。具体区分在关系性合同理论部分进行介绍,参见本书第一章第二节。

(三)长期合同规则的研究有独特价值

英美法系国家对长期合同的研究较多,主要对长期合同是否需要特殊规制,以及对长期合同价格调整、防范机会主义行为、长期合同漏洞填补、同意协商条款的效力等进行研究。当然,学者的观点仍然存在较大分歧,如美国有案例显示,法院对长期合同价款主动予以调整,学者对此持不同意见。国内学者对长期合同有一定研究,但研究成果比较少。虽然对长期合同的概念辨析、特征以及具体规则如漏洞填补、调整等均有所涉及,但是由于篇幅限制,分析尚不够深入和系统,未能对长期合同规则的基本理念进行提炼和总结。

我国学者对继续性合同有较多研究。继续性合同是大陆法系采用的概念,与长期合同有交叉,对长期合同的研究有重要参考价值。但是,对继续性合同的研究大多并未关注长期合同所关注的风险负担和调整问题,亦并不以为国际交易提供规则为目的,继续性合同规则并不足以解决长期合同的特殊问题。

长期合同多为关系性合同,长期合同当事人之间的关系较一时合同更紧密,关系性合同理论与长期合同理论有相通性。关系性合同理论提供了看待合同的新视角,其倡导的价值观念对长期合同规则有重大影响。关系性合同理论发端于美国学者麦克尼尔教授发表的一系列著作,关系性合同理论后期又被称为基本合同理论。日本学者也对关系性合同理论进行了研究,甚至将关系性合同理论视为合同法理论的未来。关系性合同的研究为确立长期合同当事人的合作义务提供了坚实有力的基础。关系性合同作为实体法规范的完成度并不高,但其理论有助于完善长期合同规则。

长期合同多为不完全合同,对不完全合同的经济分析著作较多,这为长期合同规则研究提供了经济学上的依据。经济学上对不完全合同的研究,虽与法学上的研究有所不同,但是通过经济分析,能够证明不完全合同是常态,而完全合同并非常态,由此建立在完全合同假设基础上的合同法理论并不利于解决长期合同问题。同时,经济学理论认为,合作对合同双方当事人是有利的。

对长期合同规则的研究可借鉴继续性合同、关系性合同、不完全合同理论的研究成果。但长期合同关注的问题与继续性合同、关系性合同、不完全合同理论仍有不同,长期合同研究具有独特价值。

二、研究意义

对长期合同法律规则进行比较分析研究,有助于为实务中的长期合同纠纷提供公平合理的解决方案;帮助长期合同当事人提前制订计划,妥善分配风险,进而促进国际投资贸易的发展;同时有助于丰富合同法基本理论。

(一)对长期合同统一规则提出建议

随着国际贸易和投资的深入发展,统一合同规则一直是实务界和理论界不懈努力的方向。长期合同已经成为国际经济交往的重要形式,能源供应、资本输出输入均离不开长期合同。长期合同当事人一旦发生纠纷,即面临法律适用问题。国际商事合同当事人既可以选择适用国内法,也可以选择适用国际公约、国际或者区域合同示范规则,但是现有法律和规则对长期合同的规范并不充分,不能妥善解决长期合同的调整、协商、解除等复杂问题。司法机构虽然能够借助诚信原则、公平原则解决长期合同带来的新问题,但是司法机构适用上述原则有较大裁量权,当事人难以预见法律后果。对长期合同规则进行比较研究,既能够为长期合同当事人签订合同提供指引,节省当事人的协商谈判时间;也能够统一裁判理念,为仲裁员、法官提供依据,减少规则不完善导致的沉没成本,促进国际投资贸易的发展。

(二)为我国立法研究和司法研究提供参考

我国正在践行“一带一路”倡议,与国外的经济交往更加紧密,对外投资和贸易非常活跃。国内急需从国际市场上获得能源、原材料,受国际局势影响,国际大宗商品价格波动剧烈,采用长期合同能够降低价格波动风险。我国的资本和技术也需要输出,如在国外投资进行基础设施建设等,而投资合同多为长期合同。《民法典》合同编未对复杂的长期合同进行明确规范。例如,对长期合同条款的开放性应对不足,合同变更的条件较为严格,与长期合同面对情势变化需要不断进行调整的要求不一致;未规定合作义务,对协商义务的履行标准、当事人约定的合作协商条款缺乏规范;对长期合同当事人的任意解除权未予以规范,难以限制当事人的机会主义行为,不足以保护专用性投资。长期合同规则研究可以完善我国长期合同规则,为司法实践提供理论指引,促使我国《民法典》合同编在国际交易中发挥更重要的作用,提高我国引领国际商事规则的能力。

(三)丰富合同法理论

长期合同当事人拟定的特殊条款(价格浮动、协商、最大诚信履行、单方解除等)对合同规范提出特殊问题:如何完善合同的不完全性,如何适应变化的环境,如何规范合同当事人在履行合同中的自由裁量权,如何维持合同关系等。合同法历史悠久,难免受到原有理念束缚。古典合同法理论注重形式,强调当事人的自利性,而当今经济发展迅速,强调协作。合同法基本理论越来越无法满足长期合同当事人的预期,这种情况会导致合同法适用的范围缩小,所以合同法的基本理论应该发展。美国学者麦克尼尔教授提出的关系性合同理论对古典合同法理论进行批判,提出合同团结等新的价值,但是其完成度并不高,在实在法中的体现尚不充分,一直受到学者的质疑。关系性合同理论注重合作、维持关系,能够为长期合同规则提供理论支撑,从维护合同关系角度重构合同法规则。关系和信赖的存续对长期合同具有更为重要的意义,合同形式居于次要地位;在合同履行发生困难时,当事人须合作、重新协商、动态调整,以解决履行障碍,避免终止合同。长期合同规则能够验证关系性合同理论,使关系性合同理论上升到实体法规范,佐证了合同从形式理性向实质理性的发展。

对长期合同的研究呈现多元化趋势,经济学、社会学均对长期合同有较多研究。英美学者运用经济分析方法、关系性合同理论等解决长期合同中存在的特殊问题。经济学中的交易成本理论、博弈论等有助于解释当事人选择签订长期合同、选择浮动价格条款及裁量权较大的合同条款的原因。例如,当事人选择浮动价格条款的原因之一是节约事后谈判的交易成本。另外,当事人也会约定对裁量权予以制约的条款。当事人为防止对方采取机会主义行为,会约定激励条款或者担保合同履行的条款。当事人的有限理性、采取机会主义行为的倾向,以及专用资本理论能够解释经济交往中"敲竹杠""套牢"等现实问题,从而证明对长期合同当事人的机会主义行为进行规范具有必要性。

合同的根源在社会,合同只有在社会关系中才有实质意义,社会关系制约合同的内容和履行。社会学中的社会分工和团结理论对关系性合同理论有重大影响,也影响长期合同规则。长期合同的内容不仅限于当事人的合意,还受交易惯例、社会规范的影响;长期合同有溢出效应,其价格调整、终止会影响社会公共利益。在制定长期合同规范时,亦不能忽视社会规范对长期合同规则的影响。

三、研究主题和本书框架

本书主要研究法律如何规范当事人约定的长期合同特殊条款,应否予以干预,以及在当事人未约定特殊条款的情况下,法律应设置何种缺省条款,使双方权利义务达到均衡;当事人要求变更、解除长期合同,或者要求赔偿损失,司法机构应否支持等问题。解决这些问题的关键在于平衡合同严守原则、合同自由和公平原则,以促使当事人按照预期的方式履行合同。

长期合同的类型很多,本书主要以国际经贸关系中常见的长期供应合同、政府与私人合作的特许经营合同、建设工程施工合同、连锁式特许经营合同为例进行研究。长期合同的特殊性主要体现在其不完全性、关系性以及履行中予以调整之必要性，涉及合同法基本理论中的合同成立、解释、变更、解除等基本制度。本书主要研究长期合同的漏洞填补、调整，当事人的合作和重新协商义务，长期合同的解除权的行使等问题。完善这些规则的目标是，使当事人能够动态维持长期合同关系。本书通过对现有主要国家合同法及国际公约、国际或者区域合同示范规则及实践进行比较研究，对长期合同统一规则提出建议。此外，我国在国际经济交往中的地位越来越重要，国际交易当事人也会选择我国《民法典》合同编作为准据法，本书也对完善我国长期合同规则提出建议。

本书的主要框架如下：

第一章对研究的核心概念及问题进行界定，表明研究主题的意义及本书适用的理论基础，论证应对长期合同进行特别规范。

第二章至第五章结合主要国家国内法、国际公约、国际或者区域合同示范规则及司法实践，对长期合同的特殊性问题逐一分析。第二章对长期合同的开放性条款及合同确定性规则、空白填补规则予以分析。长期合同的条款具有灵活性，为当事人预留了调整空间，司法机构不应轻易以合同内容不确定为由否定合同的效力。长期合同文本对当事人的履行行为无法具体详细规范，当事人容易采取机会主义行为。该章提出应根据诚信原则，结合履行行为、交易惯例以及经济分析方法，填补长期合同空白，防范当事人采取机会主义行为。该章对按需供应合同中的数量如何确定及排他性经销协议中的“尽最大努力”条款应如何履行进行分析，阐明长期合同当事人应为合同双方共同利益履行合同。

第三章对长期合同的调整问题予以分析。长期合同的调整与合同严守原则存在冲突。长期合同存在较强不确定性，如果当事人提前对所有风险进行分配，成本过大且不现实，因此长期合同当事人的预期是风险共担，在遇到新情况时予以调整。法律规则需要更为宽松的促使双方继续合作的调整机制，明确司法机构有权介入，妥善平衡公平原则与合同严守原则之间的关系,在确定长期合同风险负担和当事人权利义务是否失衡的标准上予以改变。该章对国际工程合同的调整实践进行分析,论证长期合同调整的特殊性。

第四章对长期合同当事人之间的合作义务和重新协商义务予以分析。该两项义务有利于督促当事人自行解决纠纷。合作义务贯穿长期合同的成立、履行及终止,其重要表现形式是重新协商。重新协商能够填补合同空白,使当事人的权利义务恢复均衡,系当事人自行解决纠纷的重要途径。该章论证了法律规定合作义务、重新协商义务的必要性;结合国际或者区域合同示范规则分析合作义务、重新协商义务的具体表现形式,违反合作义务、重新协商义务如何承担责任等问题。该章对政府和社会资本合作(Public-Private Partnership,PPP)项目合同中的重新协商规则进行分析,论证了重新协商在长期合同履行中的重要性。

第五章对长期合同解除及其救济问题予以分析。该章从规范长期合同解除角度阐述面对情势变化,当事人如何维持合同关系,避免解除合同。保持长期合同关系与当事人解除合同自由之间存在矛盾。该章对长期合同当事人行使任意解除权的限制问题,当事人信任丧失能否作为解除长期合同的原因,不履行长期合同的法律后果进行分析,阐明任意解除权应受到限制,信任丧失不宜作为解除长期合同的法定条件(当事人可以自行约定),违约解除长期合同应使守约方获得充分救济。该章对特许经营协议的任意解除权条款进行分析,论证了对该条款进行限制的必要性。

第六章对完善我国长期合同规则提出建议。该章分析我国法律解决长期合同纠纷存在的不足,并提出完善建议。根据前几章的分析意见,提出的建议主要有:我国应对长期合同进行规范;应对合同内容的确定性、合同漏洞填补规则予以完善,以规范长期合同开放性条款;应改变对合同调整的严格态度;应明确当事人有合作义务,规范合作与协商义务的履行标准;应规范长期合同任意解除权的行使及不履行长期合同的赔偿责任等。

结论是长期合同是社会协作生产的产物，当事人需要合作和动态调整合同，以应对履行中的不确定性，国际统一规则及我国应制定符合商业实践、满足当事人预期的长期合同规则，使当事人能够动态维持合同关系。

第一章
长期合同规则的特殊问题及规范的必要性

在社会经济生活中,长期合同是一种重要的合同形式,在现代经济生产中所占比例呈上升趋势。长期合同在国际交易中受到青睐,具有标的额大,涉及专用性投资,受到不同国家政治、经济变化影响的可能性大等特点。长期合同是一种有效率的经营方式,其能够应对变化,保持稳定关系,使当事人之间的信任和合作义务更强,能够达到近似企业的效率,从而满足当事人的投资或者贸易需求。对长期合同明确进行规范首先出现在国际示范规则《通则》中,也说明长期合同在国际交易中的重要地位。长期合同履行面临极大的不确定性,为应对这一问题,当事人约定了特殊条款,法律对此如何进行规范,是长期合同规则的核心问题。

第一节 长期合同之识别及特殊性

一、长期合同的识别

法律上尚未对长期合同进行严谨的定义,《通则》也仅给出描述性概念。经济学、社会学、法学研究中经常提到长期合同。经济学家张维迎教授并未从时间长短界定长期合同,他认为,短期合同当事人的权利义务可同时实现,而长期合同当事人的权利与义务的实现有时间间隔,因此信用问题特别重要。[1] 英国学者约翰·贝尔认为,长期合同是社会学概念,不是法律上的分类,但是这类合同产生特殊的法律问题。理解长期合同的概念需从其与即时履行合同(短期合同、一时合同)的区别入手,其中长期合同与短期合同没有严格的区分,它们各自处于合同关系的一端。[2] 约翰·贝尔认为,长期合同可分为履行期限较长合同、展期履行合同,以及关系性合同(包含众多权利义务的合同)。[3] 我国学者高蔚卿认为,"长期合同是合同法从合同履行期间的角度对某些交易关系的描述"[4]。《美国法典》从合同未能在应纳税年度完成角度对长期合同予以定义。[5] 我国台湾地区学者黄立按照时间因素对债的关系的影响,将债分为长期之债和立即履行的债,长期之债的履行和形成之间有较长时间。对于长期之债,其所列举的类型多为长期

---

〔1〕 参见张维迎:《产权、激励与公司治理》,经济科学出版社 2005 年版,第 67~69 页。

〔2〕 See John Bell, *The Effect of Changes in Circumstances on Long-term Contracts—English Report*, in Donald Harris & Denis Tallon, Contract Law Today Anglo-French Comparisons, Clarendon Press, 1989, p. 195.

〔3〕 See John Bell, *The Effect of Changes in Circumstances on Long-term Contracts—English Report*, in Donald Harris & Denis Tallon, Contract Law Today Anglo-French Comparisons, Clarendon Press, 1989, p. 196 – 197.

〔4〕 高蔚卿:《长期合同问题研究》,载王利明等主编:《合同法评论》(总第 2 辑),人民法院出版社 2004 年版,第 129 页。

〔5〕《美国法典》第 26 – 460 条规定:"在本节的目的下,长期合同一词是指合同双方订立了在应纳税年度内未完成的制造、建造、安装、施工等合同。"参见韩婷:《长期合同中的价格调整问题研究》,对外经济贸易大学 2016 年硕士学位论文,第 1 页。

合同,并注意到此类合同不完全履行的频率较高,可因信赖基础消失而终止。[1]

许多英美学者在提及长期合同时,通常并不对长期合同的概念予以界定,而是直接阐述长期合同引发的特殊问题,提出解决的方法。如长期合同的内容不完全能否导致合同不成立,法院如何填补合同漏洞?在情势变化时,司法机构能否对合同约定价格进行调整?如何避免当事人采取机会主义行为?从这些著作中提及的长期合同问题,可以总结长期合同有一些共性:内容具有不完全性,不能对全部风险进行分配,当事人可能采取机会主义行为,当事人有维持合同关系的现实需求等。

(一)《通则》对长期合同的界定

《通则》于2016年修订时,对第1.11条进行了修改,增加了长期合同的概念,并增加了评注3予以具体阐释。根据《通则》的规定,长期合同是履行持续一段时间,并在不同程度上具有复杂性和关系性的合同。该规定系描述性定义,具有灵活开放的特点,以适应多种类型的合同,核心要素是履行时间长,对其他两个要素(关系性和复杂性)的程度不作统一要求。有些当事人义务,如合作义务,适用于当事人之间存在关系,且权利义务复杂的长期合同。有些条款的适用(如合同终止后的恢复原状义务)对关系性和复杂性不作要求,合同具备长期性特征即可。

《通则》对长期合同的类型予以列举,包括商事代理、分销、外包、连锁式特许经营、租赁(如设备租赁)、框架协议、投资或者特许合同、专业服务合同、操作或者维修合同、供应合同(如原料供应)、建筑/土建工程、工业合作、合营合同等。[2] 从当事人之间形成的法律关系角度讲,长期合同系已有合同类型的特殊形式。

长期合同是从履行时间角度对合同进行定义的,与一时合同相对应。

---

〔1〕 参见黄立:《民法债编总论》,中国政法大学出版社2002年版,第5~7页。

〔2〕 See UNIDROIT 2016 C. D. (95)3 Annex 1, comment 3.

时间对法律关系的内容影响主要表现在：一时合同当事人的权利义务在合同签订时确定，一次履行完毕即能完成给付，时间的延续并不会影响法律关系的内容；对长期合同当事人而言，合同签订时可能并不能完全确定法律关系的内容，随时间延续而逐渐确定。

《通则》对长期合同的定义能够准确阐释长期合同的特征，即以履行时间长作为其基本特征，并且其在一定程度上存在复杂性和关系性。即时履行的交易关系的权利义务单一且能够相互对应，而长期合同中当事人权利义务涉及的内容比较多，呈复杂性，合同文本不能对所有细节予以列明，需在履行中逐渐确定。长期合同的关系性主要体现在当事人通过签订合同建立长期协作关系，会对交易进行专属投资，该投资难以转移到其他交易之中。另外，长期合同与社会关系能够相互影响。

(二) 长期合同的作用

长期合同适应现代经济发展，具有稳定性和确定性，能够降低供求关系变化和价格波动的交易风险，保护专用性投资，起到激励合同当事人投资的作用。

第一，长期合同降低签订合同的费用。签订多个短期合同需要当事人多次协商，相较而言，签订一个长期合同更有效率。[1] 当事人每次协商均会产生成本，产生调查和谈判费用，签订长期合同显然能够降低这些费用。第二，长期合同有利于分配风险。当事人承担风险的能力不同，有些当事人更愿意承担特定风险，长期合同将风险分配给愿意承担或者有能力承担的当事人。如能源(天然气、石油等)的生产商相对于用户控制能源价格所花费的成本更低，而用户则更易于控制使用能源的数量。故双方能够达成协议，用户在合同期内以固定价格购买能源，并约定最低购买数量。生产商承担固定价格的风险，而用户承担最低数量的风险。第三，长期合同能够保护专

[1] 参见[美]科斯：《企业、市场与法律》，盛洪等译，三联书店上海分店1990年版，第6页。

用性投资方利益，促进投资行为。当事人履行合同需投入资本，如能源生产商需要勘探、打井、建设生产设施，连锁式特许经营合同的被特许人需培训员工、建设店面、成立经营实体。如果产品和服务有完全竞争的市场，则投资易于收回成本。如果投资依赖于特定主体，则缔约方适宜签订长期合同，以保证投资有足够时间收回。短期合同则容易滋生机会主义行为，一方利用重新签订合同的机会要挟交易对方，攫取交易中较大份额的利益。[1] 例如，在天然气供应合同中一般签订长期合同，原因是对销售方而言，初始投资较大，只有签订长期供应合同保证销售渠道才能进行投资；对购买方而言，如果货物市场供不应求，签订长期合同能够保证供应链稳定。[2] 第四，长期合同有利于社会协同生产。现代经济发展需要较大资金投入，需要多个主体协同完成。各个主体之间协作的需求更为明显，长期合同使各方能够建立长期合作关系，共同完成项目。第五，长期合同与公司形式相比更为灵活，适合跨国交易。当事人选择交易方式时，可以选择在其他国家成立公司，以保证原料供应或者产品销售，但是由于不同国家和地区政治、经济、法律、文化、语言存在差异，如劳工标准、环境保护标准等均有不同，成立公司存在诸多障碍，采取长期合同的形式更为灵活。这既能够获得稳定的供应和销售渠道，又不会受到国内法关于公司的强制性规范的约束。

日本学者内田贵认为，有两种主要经济学理论论证了长期合同的作用。一是威廉姆森教授提出的专属投资的概念，因专属投资仅对特定的投资关系才有意义，交易关系解除对双方不利，双方需要尽量保持交易关系，而长期合同有助于稳定交易关系。二是重复博弈理论，在单次博弈中背叛对方有利，但是在重复博弈中，背叛对方会遭到报复，采取长期合同的形式，当事人不会因为一时的利益而背叛对方，以免遭到报复，即长期合同能够降低当

---

〔1〕 See David Goddard, *Long-term Contracts: A Law and Economics Perspective*, 1997 New Zealand Law Review 423 (1997), 423.

〔2〕 参见郝郁：《国际 LNG 贸易合同及定价研究》，载《国际石油经济》2004 年第 12 期。

事人背叛对方的欲望。[1] 因此,长期合同增强了合同关系的稳定性,降低了风险,有利于投资行为。

当然长期合同的优势也不是绝对的。如果当事人均能从长期合同中盈利,则合同的长期性有助于维持良好的关系,增进效益。如果一方发生亏损,却无法从交易中脱身,则会采取拒绝履行等行为。另外,长期合同为应对不确定的未来,内容往往有弹性,当事人有较大裁量权,有采取机会主义行为的可能。因此,有必要用法律规范长期合同当事人的行为。

(三)典型的长期合同

1. 政府和社会资本合作项目合同

政府和社会资本合作是政府和社会资本之间建立的长期合作关系,[2] 包括特许经营、购买服务、股权合作等方式。政府和社会资本的特许经营协议仅是 PPP 模式的一种,两者并不等同。PPP 模式是基础设施建设中较为常见的融资和运营模式,其能够吸引社会资本,解决政府资金不足及管理能力欠缺的弊端,在基础设施建设中有较大适用空间。PPP 项目合同履行期较长,一般长达二三十年,当事人之间的权利义务复杂。为应对风险,合同一般约定弹性价格条款,在符合一定条件或者年限时,价格自动调整。即便如此,当事人仍须在合同履行中逐渐调整双方关系。社会资本的投入仅能通过项目运营收益,政府也无法再另行寻求其他合作伙伴,双方均依赖于项目的成功运营。一旦合作失败,社会资本的投入将成为沉没成本,政府还需要另行寻找合作伙伴和资金,这对双方而言均是损失。因此,PPP 项目当事人

---

〔1〕 参见[日]内田贵:《契约法的现代化——展望 21 世纪的契约与契约法》,胡宝海译,载梁慧星主编:《民商法论丛》第 6 卷,法律出版社 1997 年版。

〔2〕 根据《国家发展改革委关于开展政府和社会资本合作的指导意见》(发改投资〔2014〕2724 号)的规定,PPP 模式是指政府为增强公共产品和服务供给能力、提高供给效率,通过特许经营、购买服务、股权合作等方式,与社会资本建立的利益共享、风险分担及长期合作关系。通常政府部门通过招投标或者磋商谈判与社会资本签订协议,共同组建项目公司,项目公司负责融资、建设,政府部门特许其在经营期内运营,收益按照合同约定分配,特许经营期满后项目经营权及设施所有权移交政府部门。

需进行合作、互相信赖,利益冲突特征淡化。

关于 PPP 项目合同的性质问题,我国理论界存在争议,有的认为其是行政协议,有的认为其是民事合同。根据《中华人民共和国行政诉讼法》的规定,[1]行政机关不履行或者违法变更、解除政府特许经营协议的,应提起行政诉讼。因此,很多学者认为特许经营协议和 PPP 项目合同是行政协议。笔者认为,《中华人民共和国行政诉讼法》的规定并不妨碍在合同法领域对 PPP 项目合同进行研究。一是上述规定并不能涵盖 PPP 项目合同的所有纠纷。PPP 项目合同不仅包括特许经营,还包括政府外包和私有化。并且,对于特许经营合同,如果政府要求运营者按照合同约定履行义务,也无法通过行政诉讼解决。故不宜将 PPP 项目合同排除在合同法的研究之外。二是《中华人民共和国仲裁法》第 3 条规定,应由行政机关处理的行政争议,不能仲裁。国际上特许经营协议通常可以选择仲裁,如美国 PPP 项目合同系政府合同(遵循政府采购法,与民商事合同有区别),仍然可以进行仲裁,并且当事人在诉讼之前有协商义务。[2] 我国政府部门发布的文件也允许 PPP 项目合同纠纷采取仲裁模式。[3] 实践中,很多学者主张特许经营协议可以仲裁,说明特许经营协议引发的争议不仅是行政争议,其具有混合性。三是无论 PPP 项目合同如何定性,合同责任是相通的。例如,在大陆法系国

---

[1] 《中华人民共和国行政诉讼法》第 12 条第 1 款规定:"人民法院受理公民、法人或者其他组织提起的下列诉讼:……(十一)认为行政机关不依法履行、未按照约定履行或者违法变更、解除政府特许经营协议、土地房屋征收补偿协议等协议的……"

[2] 参见刘承韪:《美国公私合作关系(PPP)的法治状况及其启示》,载《国家行政学院学报》2018 年第 4 期。

[3] 例如,《政府和社会资本合作模式操作指南(试行)》(财金〔2014〕113 号)第 28 条规定:"……(三)争议解决。在项目实施过程中,按照项目合同约定,项目实施机构、社会资本或项目公司可就发生争议且无法协商达成一致的事项,依法申请仲裁或提起民事诉讼。"《国家发展改革委关于开展政府和社会资本合作的指导意见》的附件——《政府和社会资本合作项目通用合同指南》(2014 年版)第十四章"争议解决"规定:"……协商或调解不能解决的争议,合同各方可约定采用仲裁或诉讼方式解决……"

家,PPP 项目合同通常被认为是行政合同,但是仍然可以准用私法合约规则。[1]《通则》将特许经营协议也包括在长期商事合同范围内,所以本书仍然将 PPP 项目合同作为研究对象。

2. 连锁式特许经营合同

连锁式特许经营合同系由特许人与被特许人就商标、商号、经营模式等签订的许可使用协议,被特许人向特许人支付许可使用费。连锁式特许经营具有长期性,持续的时间较长。被特许人投入较多资金,需在一定的时间内持续经营,以便收回投资。特许人投入商标等知识产权,也只能通过持续经营才能获利。当事人权利义务关系具有复杂性。特许经营合同包括经营细节,特许人对特许关系的经营行使控制权,确定经营模式、产品设计、质量标准等,特许人的义务包括培训、推广产品和服务、确定独占经营区域等,但是特许经营双方无法对每一个经营细节作出约定。在合同履行过程中,仍然需要当事人协商确定履行细节,以弥补合同漏洞。特许人和被特许人存在利益冲突,特许人行使控制权会影响被特许人的投资,被特许人如果不能按照特许人要求的质量提供产品或者服务,会影响特许人积累的声誉,两者相互依赖。

3. 长期供应合同

长期供应合同是国际贸易中的重要合同类型,有助于稳定能源供应、销售渠道。其主要涉及能源(煤、天然气、石油等)的供应,供应合同的核心条款是数量和价格,由于长期供应合同的履行期较长,如有的天然气供应合同长达二三十年,所以数量和价格均保持一定调整空间。为灵活适应市场变化,有的数量条款约定按需供应,即按照买方的需求予以供应,或者按照卖方的产出决定供应数量。价格条款则多采用浮动条款,如根据某价格指数

---

〔1〕 参见张琦、王涯茜:《基础设施特许经营合约的违约救济研究》,载《重庆建筑》2010 年第 6 期。《德国联邦行政程序法》第 62 条规定:只要第 54 条至第 61 条未另有规定的,适用本法其余的规定。另外,补充适用《德国民法典》的有关规定,即行政诉讼可以适用《德国民法典》的规定。

条款确定价格，或者更为复杂，根据某几种成本的指数价格确定货物的价格。长期供应合同中的重要条款是免责条款，即当事人提前约定在何种情况下，当事人能够免除履行义务，对构成不可抗力、情势变更、艰难情势的条件进行约定。

4. 国际工程合同

国际工程合同是国际投资领域中的重要合同形式，是业主与承包方就工程建设签订的合同，其履行期长，涉及的当事人多，关系复杂，合同履行具有持续性。履行期虽不如长期供应合同那样长，但是关系的复杂程度超过长期供应合同，与一时合同有较大区别。当事人的具体权利义务会在履行中确定，并且需要监理等第三方作出评判。履行过程中成本价格容易发生波动，需要变动设计、增加费用，另外双方签约时未预料的事情也会发生，如地质情况与勘测不同，政府政策发生变化，从而对合同履行产生影响。

国际长期合同大多与国际投资密切相关，通常外国投资者因特定的投资项目与东道国的私人公司或者东道国政府签订特许协议、能源开采协议、基础设施协议等。国际投资受国际政治、经济影响较大，一旦发生区域争端、外交事件、经济危机、国家政策变化等，投资合同即受到影响。如德国决定停止建设核电站，导致投资者的投资无法获得预期收益。这些合同的共同特点是，履行期长，合同履行中面临的不确定性大，当事人的合同权利义务比较复杂，对关系存续有依赖。当事人应提前进行风险防范，法律也需对当事人的利益提供公平保护。

二、长期合同的主要特点

（一）长期合同的履行期较长

《通则》对长期合同的定义规定了履行期长这一条件。由于履行期长，当事人的依赖关系加强，对合作的要求增强；当事人为应对不确定的未来，会增加调整、协商条款，合同条款更加复杂；合同的漏洞会越来越多，诚信履行显得更为重要。履行期的特殊性使长期合同产生一系列问题。长期合同只是一个相对概念,履行需持续一段时间,但是何为长期,并不存在明确的标准,不同类型的合同期限长短并不相同。长期能源供应合同如天然气供应合同,一般合同期长达20年,而国际工程施工合同履行期仅三四年,但均可认为是长期合同。

(二)当事人之间的权利义务复杂并具有不完全性

长期合同往往涉及比较复杂的权利义务。当事人难以对权利义务进行详细描述,须在合同履行中继续协商、完善合同条款。即便是长期供应合同,一方交付货物,另一方付款,由于合同履行期长,情势容易发生变化,当事人也须对风险负担等作出约定,合同中须加入较一时合同更为复杂的条款,如价格指数条款、艰难情势条款、重新协商条款等。对于特许经营合同、投资合同等,并非简单的给付货物与支付货款关系,有些权利义务无法在签约时予以明确,须根据合同履行中的新情况确定,呈现复杂性。从理论上来说,合同均具有不完全性,只是长期合同的不完全性更为明显。关于该特征,在不完全合同理论及其对长期合同规则的影响部分详述。

(三)当事人之间存在关系性

关系性产生的主要原因是长期合同当事人会进行专用性投资。例如,长期煤炭供应合同的卖方需要投资煤矿等以保证长期的货源供应,买方购买煤炭是为了维持投资建设的发电厂的原料供应;天然气供应合同中当事人需铺设能源管道;连锁式特许经营合同中当事人需对经营场所进行投资;长期原材料供应合同的供应方需要投资生产设备等。存在专用资产投资的交易与互不相识的买卖双方在市场上按照市场价格进行的一次性交易不同,这种投资使交易双方形成双边依赖。专用性投资增进当事人的合作和信赖关系,增强维持关系的必要性,在社会经济发生变化时能够通过重新协商等方式,调整合同关系。在合同存续期间,双方有共同的目标,利益冲突的特征淡化。

关系性还体现在双方的权利义务可能超出合同文本范围。当事人根据过往或者现在的商业交易和商业关系形成预期。该预期可能缩小或者扩大合同的明确承诺,从而影响合同关系。因此,商业关系规范会整合至合同文本中去。

(四)长期合同依赖自动履行机制

长期合同往往建立产权控制、利益共享等机制促进当事人自动履行合同。长期合同当事人脱离了完全竞争的市场,并且有专用性投资,会产生挟持问题。持有专用性投资的一方可能用形成的优势挟持对方,如菲舍公司与通用汽车公司的纠纷。菲舍公司是向通用汽车公司提供特定的密闭式汽车车身的独家供应商,通用汽车公司为降低成本,请菲舍公司迁移至离装配基地近的位置,但是菲舍公司提出苛刻条件,即利用其专用性投资挟持通用汽车公司。[1] 投入专用性投资的当事人也会被挟持,因为其投资不能转移至其他领域,对合同关系有依赖。如果对方违约,即便能够起诉获得违约赔偿,通常也不足以弥补当事人的全部损失,无法实现预期利益。为避免损失,投入专用性投资的一方可能被迫接受对方提出的条件。为避免挟持事件发生,长期合同须设置特殊条款,如产权控制、单方解除、利益共享等,抑制当事人采取机会主义行为的欲望,激励当事人为双方利益履行合同。

合同关系持续时间较长时,当事人需要建立信任关系,并更多依赖非诉讼方式处理问题。当事人清偿债务并不仅是因为其有该法律义务,如果不清偿会受到制裁,还因为如果不清偿债务其会失去信用。[2] 长期合同当事人比较注重声誉,能够通过诉讼外或者合同外的方式解决双方的争议。一方当事人的行为如果违反对方当事人的合理预期(合作协商等),可能遭受

---

〔1〕 参见[美]本·克莱因:《契约与激励:契约条款在确保履约中的作用》,载[美]科斯等:《契约经济学》,李风圣主译,经济科学出版社1999年版。

〔2〕 参见[奥]凯尔森:《法与国家的一般理论》,沈宗灵译,中国大百科全书出版社1996年版,第1、25页。

声誉损失,失去未来交易机会。如果一方当事人采取机会主义行为,另一方可能采取报复,而不是诉诸法院。一份长期合同更像一次婚姻或者合伙关系,当事人为了维持这种关系,会自我克制,避免机会主义行为。[1]

如果当事人能够建立信任关系,自动履行机制即可解决履行中出现的问题。如果当事人诚信不足,则应保证各方的控制权大致均衡,从而免受机会主义行为的伤害。资产所有权、资产专用性和合同的明示条款等均能够对控制权产生影响。[2] 例如,汽车制造商需要其他小厂商长期供应零部件,为避免小厂商以拒绝提供特定零部件为由提高供应价格,汽车制造商可以提供(租赁)专门的设备给小厂商,如果小厂商不予提供零部件,则汽车制造商可以收回设备,转租给其他供应商,[3] 即通过产权方式获得控制权。产权控制和建立信任关系主要系经济学对长期合同的研究成果,上述机制能够避免专属投资产生“套牢”问题。尽管当事人在长期合同中设立制约或者激励机制以避免发生纠纷,但是相应的合同条款仍然会产生法律问题。例如,连锁式特许经营中特许人与被特许人约定任意解除权,意图起到制约被特许人行为的作用。一旦特许人行使任意解除权,被特许人会提出任意解除权条款显失公平或者特许人不当行使解除权等抗辩。司法机构在认定特许人行使任意解除权是否适当时,亦应考虑当事人约定该条款的目的,平衡特许人和被特许人的利益。

三、长期合同的特殊条款及对合同规则的影响

一时合同是自洽的,对当事人的权利义务作出明确约定,其条款具有确定性:(1)合同期限明确;(2)标的、数量、价格明确;(3)合同对价确定;(4)权利

---

〔1〕 参见[美]罗伯特·考特、托马斯·尤伦:《法和经济学》,张军等译,上海人民出版社、上海三联书店1994年版,第334~335页。

〔2〕 参见贾敬华:《不完备合同的经济分析》,人民出版社2006年版,第122页。

〔3〕 参见[美]罗伯特·考特、托马斯·尤伦:《法和经济学》,张军等译,上海人民出版社、上海三联书店1994年版,第337~339页。

义务确定;(5)不强调当事人之间的依存关系、将来的合作、团结等;(6)不产生身份关系;(7)合同基于缔约方的意志成立。[1] 而长期合同条款的内容具有不确定性。长期合同的特殊条款及对合同规则的影响主要有以下几点。

(一)长期合同的开放性条款影响合同内容的确定性及解释规则

长期合同风险难以预测、当事人信息不对称,导致长期合同的内容不完全,具有不确定性。为应对上述问题,长期合同中常常包括开放性条款,如价格调整、尽最大努力、善意履行条款等,这些条款与合同法要求的合同内容确定有一定冲突。该类条款建立在双方有较强信任关系的基础上,即彼此信任对方会善意履行合同。一旦发生争议,因为其内容不明确,司法机构需要通过解释合同确定其含义。传统合同漏洞填补,是指对非必要条款或者无效条款导致的空白进行填补,[2] 但是长期合同的漏洞填补经常是对主要条款,如价格、数量、履行标准等的填补,法律须提供相应的解释规则。

(二)长期合同的重新磋商和调整条款影响合同的履行规则

长期合同当事人对所有未来可能发生的偶然事件作出约定所需成本很高,如果事件确实发生,事后调整更节约成本。即便对未来不确定事件作出明确约定,仍然不能避免发生机会主义行为。因此,长期合同当事人经常约定在履行期内重新磋商和调整。该条款同样具有极大的不确定性,在当事人可以自由决定是否终止谈判的情况下,难以判断当事人是否诚信履行了协商义务。另外,当事人如果未约定明确的调整公式,或者约定的调整公式仍然不公平,法院能否为当事人制定合同条款?法律应对上述问题作出回应。

(三)长期合同的解除条款影响合同的解除规则

长期合同当事人往往对合同解除条件进行明确约定,以保障专属投资

---

〔1〕 See Ewan Mckendrick, *The Regulation of Long-term Contracts in English Law*, in Jack Beatson & Daniel Friedmann eds., Good Faith and Fault in Contract Law, Clarendon Press, 1997, p. 308－309.

〔2〕 参见王利明、崔建远:《合同法新论·总则》,中国政法大学出版社1996年版,第496～497页。

不会受损。例如，约定最短经营期限，提前通知解除的时间，解除应有正当理由等。另外，由于签约地位不同，长期合同往往赋予一方当事人较多裁量权，如特许经营权人对合同解除有较大的裁量权，这能够保证特许经营权人对合同履行进行控制。一方当事人有可能以终止合同为由威胁投入专用资本一方，以期获得额外利益，法律需对任意解除权的行使进行限制，防范机会主义行为并考虑投资一方的利益。此外，长期合同当事人之间往往需要建立高度的信任关系，当双方失去信任时，应否准许双方解除合同，如何平衡双方的利益，也是合同解除规则需要解决的问题。

(四)长期合同当事人存在默示合同影响合同的主要义务

合同法系以提供违约救济方式威慑当事人履行合同。长期合同当事人主要依赖自动履行机制维持合同关系，减少机会主义行为。长期合同交易方通常采取默示合同作为合同文本的补充。默示合同区别于显性合同，依靠自动履行机制防范机会主义行为。例如，缔约方事先约定激励机制，为可能采取机会主义行为的一方提供预期收益，该预期收益大于合作破裂的收益。此外，交易伙伴违反合作义务时，则终止合作关系，使其失去将来的交易机会或者声誉受损，从而施加惩罚。

默示合同促使当事人尽量采取合作的态度，避免终止合同。长期合同当事人不仅受合同法的约束，还受当事人之间关系的约束。古典合同法保护因当事人承诺所形成的合理预期，因此违约救济具有重要作用；而长期合同不强调合同救济，因为长期合同解除的损失往往难以计算和弥补，所以更强调保持交易关系。

长期合同的特殊条款既是当事人应对不确定性的方式，也是长期合同需要特殊规范的原因之一。有学者认为，古典合同法适合小规模的商事主体从事交易签订的个别合同，通过明确的规则和法律推理确定合同权利。长期合同当事人组织大规模的生产，其中涉及的经济关系复杂，当事人采用开放性条款确立合同义务，以非正式的方式设立和修改合同义务。长期合同要求法律承认当事人作出的灵活性的约定,并支持当事人尽到合作义务。[1]

第二节　相关合同理论对长期合同规则的影响

长期合同与继续性合同、关系性合同、不完全合同存在交叉,长期合同具有上述合同的部分特征。学者对继续性合同、关系性合同、不完全合同的研究较为深入,所提出的相关理论可适用于长期合同。

一、继续性合同理论及其对长期合同规则的影响

(一)继续性合同的理论

继续性合同的概念主要在大陆法系国家适用。

1. 德国关于继续性合同的理论和规定

《德国民法典》中提到"继续性债务关系",[2]不过并未对继续性债务关系进行定义,因为对其界定比较困难,可能影响该概念的继续发展。德国的通说认为,继续性债务关系,是指在债务存续期间不间断产生给付义务,时间要素具有重要意义,如租赁、雇佣、合伙、保管、保险等合同,[3]即继续性合同的给付内容并不能自始确定,受合同持续期限决定。德国学者认为,分期和部分履行的合同不属于继续性合同,因其给付内容自始已经确定。[4]

德国学者梅迪库斯(Medicus)教授认为,长期合同是继续性合同的一种。其按照时间因素的影响将债务关系分为即时清结的债务关系和继续性债务关系(自债务发生到清结有一段时间)。继续性债务关系分为:(1)复杂

[1] 参见[英]休·柯林斯:《规制合同》,郭小莉译,中国人民大学出版社2014年版,第218～219页。

[2] 参见《德国民法典》第313条、第314条。本书《德国民法典》法条均引自陈卫佐译注:《德国民法典》(第4版),法律出版社2015年版。

[3] 参见杜景林、卢谌:《德国新债法研究》,中国政法大学出版社2004年版,第118～119页。

[4] 参见[德]迪尔克·罗歇尔德斯:《德国债法总论》,沈小军校,中国人民大学出版社2014年版,第286页。

长期合同,债务关系从发生到清结持续一段时间,履行期较长,出现给付障碍的概率大,通常适用给付障碍法即可,不需要特别调整。但是对于复杂长期合同,当事人的义务需要在工作进行过程中确定,即“债务内容渐次确定”,在某些情况下,需重新磋商如何应对给付障碍,如建造机场等合同。(2)由时间确定履行给付的范围,如租赁、保管、合伙等合同。(3)继续供应合同,其特点是在缔约时,供货数量并不确定,如酒店按照需要向啤酒厂购买啤酒,矿山按照产量向用户供应煤炭。(4)电、水、气、瓦斯与电话等供应合同,交付的数量由消费者决定,且供应单位总是处于随时给付供应状态。[1] 梅迪库斯教授注意到长期合同履行期长,关系复杂,出现给付障碍概率大,需要重新协商,与其他的继续性合同存在区别,但仍然将长期合同归入继续性债务关系。

2. 法国关于继续性合同的理论及民法典的定义

法国对继续性合同的研究是围绕解除的溯及力、合同中止、不可预见理论、破产对当事人的影响、风险负担等具体问题展开的,学者对于其概念也有不同的主张,如有“当事人在一定期间完成连续给付或者间隔反复给付”“合同当事人在特定时间内被拘束”等不同定义。[2] 有学者认为,继续性合同解除不溯及既往;不可预见理论适用于继续性合同。还有学者认为,即时履行合同的当事人不得随意解除。继续性合同如果未约定期限,任何一方可随时解除,但是构成权利滥用的除外。[3] 也有学者反对继续性合同与即时履行合同的区分,认为解除的溯及力问题、不可预见理论等不足以区分继续性合同与即时履行合同,两种合同均存在上述问题。如果当事人之间无其他合意,解除合同均产生溯及力。[4] 理论上的争论说明法国关于继续性

---

〔1〕 参见[德]迪特尔·梅迪库斯:《德国债法总论》,杜景林、卢谌译,法律出版社2004年版,第10~13页。

〔2〕 参见王文军:《继续性合同研究》,法律出版社2015年版,第17~19页。

〔3〕 参见张民安:《法国民法》,清华大学出版社2015年版,第329页。

〔4〕 参见王文军:《继续性合同研究》,法律出版社2015年版,第19页。

合同理论仍然存在较大争议，其与即时履行合同的区分存在困难，但是继续性合同理论的存在证明时间因素影响合同规则，如合同的解除规则。《法国民法典》在2016年债法改革时增加了即时履行合同和持续履行合同的定义。其第1111－1条第1款规定："即时履行的合同是指合同义务可以通过一次给付履行完成的合同。"第2款规定："持续履行的合同是指合同义务至少需要缔约一方在合同履行期限内为多次给付得完成的合同。"[1]这是从给付的次数对持续履行和即时履行的合同进行定义。

3. 我国学者对继续性合同的研究

我国学者对继续性合同也有较多研究。例如，王利明教授认为，继续性合同非一次履行可终止。继续性合同通常存在于长期存续交易关系中，包括当事人在框架协议下，订立单独合同的交易情形。一时合同与继续性合同的主要区别有：履行是否有时间上的持续性，债务总额能否在合同关系成立时确定，是否存在信赖利益的持续保护，存续期间是否特定等。另外，两种合同的解除事由、法律后果、抗辩权的行使等均存在差异。[2] 崔建远教授认为，继续性合同的特点之一是具有不确定性，法律应放宽对合同成立内容确定性的要求，以适应复杂的交易。[3]

学者屈茂辉、张红认为，继续性合同具有不确定性，总给付内容随时间延展逐步确定，系动态的过程化合同，具有关系性合同、不完全合同的属性。其与一时合同的本质区别是不确定性，合同内容不能自始确定，需通过履行或者重新协商确定合同内容。[4]

---

〔1〕秦立威等译注：《〈法国民法典：合同法、债法总则和债之证据〉法律条文及评注》，载李昊、明辉主编：《北航法律评论》总第7辑，法律出版社2017年版。本书所引法国2016年债法改革后《法国民法典》条文除特别标注外，均引自上述文章。

〔2〕参见王利明：《合同法研究》（第1卷）（第3版），中国人民大学出版社2015年版，第33～36页。

〔3〕参见崔建远：《合同法》，北京大学出版社2012年版，第29页。

〔4〕参见屈茂辉、张红：《继续性合同：基于合同法理与立法技术的多重考量》，载《中国法学》2010年第5期。

继续性合同的理论观点比较多,对于其是否需要特别规范也有不同观点。学者认为继续性合同的特点主要有:合同给付需长期继续进行,[1]时间因素决定给付范围和内容。[2] 多数学者注意到,继续性合同的给付存在持续性,债务总额、债务内容具有不确定性,继续性合同解除的原因和解除后果均与一时合同不同。

(二)长期合同与继续性合同辨析

1. 相同之处

长期合同与继续性合同均有履行期间较长的特点,均以时间因素对合同作出区分。前面提及有学者认为继续性合同具有不确定性,具有过程性、关系性、不完全性。[3] 从这个角度讲,继续性合同与长期合同的特性基本相符。《通则》成立工作组制定长期合同规则的初衷是尽量将更多类型的合同囊括在长期合同范围内,对复杂性、关系性的要求并不严格,并未明确区分长期合同和继续性合同,两种合同均与一时合同存在区别。虽然其采用长期合同的概念,但是内涵应包括继续性合同。例如,对于长期能源供应合同,当事人可能投入专用性资产,存在长期合同特有的问题,如挟持、价格调整等。同时,长期能源供应合同的给付持续进行,也可以认为是继续性合同。

2. 不同之处

长期合同与继续性合同的不同之处如下:一是二者系在不同的领域提出的概念。大陆法系国家和地区多使用继续性合同概念,英美法系国家和地区的学者多使用长期合同的概念。长期合同在跨国交易中使用较多,《通则》使用了长期合同的概念。二是两者涵盖的合同类型不完全相同。长期

---

〔1〕 参见邱聪智:《新订民法债编通则》(上),中国人民大学出版社2003年版,第28页。

〔2〕 参见王泽鉴:《债法原理》,中国政法大学出版社2001年版,第132页。

〔3〕 参见屈茂辉、张红:《继续性合同:基于合同法理与立法技术的多重考量》,载《中国法学》2010年第5期。

合同多指能源开采、购销、基础设施建设、技术许可、特许经营、代销等商事经营主体之间订立的合同,一般会有专用性投资。继续性合同主体则不限于商事主体,保管、承揽、租赁、雇佣、供应水电、保险等均属于继续性合同,当事人的专用性投资并非一个重要考虑因素。对于分期付款合同,如果从履行时间长这一特征分析,可以认定为长期合同,但是德国学者认为其不属于继续性合同,因为其给付内容在合同签订时已经确立。三是对二者研究的侧重点不同。英美法系国家和地区的学者研究长期合同,关注其不完全性、关系性、复杂性,以及合同条款的调整、漏洞填补等。继续性合同强调给付的持续性,但并不关注合同权利义务的复杂性,以及合作和调整的必要性。研究继续性合同的学者关注时间对给付内容的影响,履行和解除上的特殊性,合同解除能否产生溯及力,以及抗辩权的行使等问题。另外,继续性合同大多未从经济学角度进行分析,而经济学对长期合同有较多研究。例如,如何防止"套牢""敲竹杠""搭便车"等问题,美国有学者对这些问题进行研究,从法律规范角度提出适用诚信原则,防范当事人的机会主义行为。继续性合同、长期合同的概念在发展之中,有不同的理论观点,目前尚难作出准确界定,且两者重合之处较多,难以对继续性合同与长期合同作出明确区分。长期合同比继续性合同能更直观地反映时间因素对当事人权利义务的影响。当然,对于长期合同研究的重点不在于概念的辨析,而是以解决长期合同中的实际问题为重点。对长期合同规则的研究,有助于进一步厘清其与其他合同的区别。

(三)继续性合同理论对长期合同规则的影响

继续性合同与长期合同均将履行时间作为一个考虑因素,二者具有高度相似性。学者论证继续性合同需要制定的特殊规则大多可以适用于长期合同。继续性合同理论认为,继续性合同的解除及法律后果、抗辩权的行使与一时合同不同,一次违约行为未必构成根本违约,不足以产生解除权。继续性合同解除通常不产生溯及既往的法律效果。另外,日本学者认为,因继续性合同关系发生纠纷,当事人应重新协商,以维持合同关系的稳定。[1] 这些规则均能够适用于长期合同。例如,长期合同当事人部分违约,并不构成根本违约,当事人不能行使合同解除权;出现履约障碍时,当事人有重新协商的必要;终止合同后,可能无法溯及既往等。此外,长期合同当事人和继续性合同当事人均有提前终止合同的需要。《通则》长期合同工作组曾试图借鉴德国的因重大事由终止继续性合同规则,规范长期合同的解除问题。虽然最终未获得通过,但是也能够说明长期合同和继续性合同具有高度相似性,规则具有相通性。

综上,继续性合同理论对长期合同有重要影响,其中比较重要的影响体现在解除(终止)制度上。本书第五章对此进行详细分析。

二、关系性合同理论及其对长期合同规则的影响

(一)关系性合同理论

1. 麦克尼尔等学者的关系性合同理论

社会学、经济学、法学学者对关系性合同均有研究。麦克尼尔教授在20世纪60、70年代发表了一系列著作,阐述关系性合同及关系性合同法问题。其提出从关系角度理解合同,分析了古典合同法、新古典合同法存在诸多缺陷,不适宜调整关系性合同,并提出了关系性合同理论。

关系性合同所使用的"关系"与我国通常说的"关系"并不相同,我国通常说的"关系"是为人处世之道,即如何协调相互之间的关系。关系性合同理论中的"关系"是"人们通过社会的或者其他相互连接发生作用的处境,或者通过情景、感情等的关联"[2]。麦克尼尔教授从关系角度对合同进行定义,认为合同是规划未来交换的过程中的当事人之间的各种关系。与美国

---

[1] 森田修『契約規範の法學的構造』(有斐閣,2007年)318頁参照。转引自王利明:《论合同法组织经济的功能》,载《中外法学》2017年第1期。

[2] 孙良国:《关系契约理论导论》,科学出版社2008年版,第84、178页。

《合同法重述二》的合同概念相比,麦克尼尔教授的合同概念将特定的关系包括在内,而法律上的合同只是合同关系的内在组成部分。麦克尼尔教授强调,社会是合同产生的根源、维持秩序的制度、货币、使承诺兑现的制度等,创造共同的需求和爱好,提供交流手段。[1]

麦克尼尔教授将关系性合同与个别合同相区分,个别合同当事人之间无任何关系,突出交换关系的分离性和自利性。个别合同(交易)独立于所有过去、现在和将来的关系。例如,一手交钱一手交货的买卖合同,当事人彼此不认识,在交易前后均不再发生关系。这种交易关系在现代化经济中发挥的作用比较小。现代化经济需要专业化和计划性,使交换具有关系性,彼此信任。[2]

麦克尼尔教授将合同法分为三种,古典合同法、新古典合同法及关系性合同法,分别调整古典合同、新古典合同和关系性合同,其划分也获得了许多合同法理论学者的赞同,在学术研究中采用。关系性合同理论系在对古典合同法、新古典合同法理论进行批判的基础上发展的。

古典合同法调整个别合同,注重增强合同的个别性和现时化。个别性,是指将合同权利义务与交易背景、当事人意思表示之外的要素相分离。现时化,是指提前预见未来情况,并制定对策,签订完备的合同条款。古典合同法根据所预见到的未来可能发生的情况制定详细全面的合同条款。主要特点有:(1)不考虑交易双方的身份。(2)将合同标的商品化、交易化,如将雇佣作为短期商品,雇佣合同未约定期间的,解释为可以任意解除。(3)严格限制确定交易内容的来源,解释合同时,书面合同优于口头约定,协议优于交易惯例等。(4)限制救济方式,对合同未履行的法律后果进行明确约

[1] 参见[美]Ian R. 麦克尼尔:《新社会契约论》,雷喜宁、潘勤译,中国政法大学出版社2004年版,第1、4、7、11页。

[2] See Ian R. Macneil, *Contracts: Adjustment of Long-term Economic Relations under Classical, Neoclassical, and Relational Contracts Law*, 72 Northwestern University Law Review 854(1978), 856.

定。(5)不鼓励引入第三方解决双方的合同关系。麦克尼尔教授对古典合同法提出批判,认为其假设当事人在签订合同之时,即能够对风险分配等所有合同内容进行约定,并不符合合同的基本特征。

很多美国学者认识到古典合同法存在诸多问题,事实上,以《合同法重述二》为代表的新古典合同法已经进行了改进。新古典合同法修正了古典合同法:(1)当事人在合同中采用特定第三人制定的标准规范双方的权利义务,如建筑企业采用行政主管部门颁布的规则或者标准。(2)由独立于双方当事人的专家决定合同的内容,如建筑行业采用的监理制度。(3)认可当事人约定的重新协商条款的效力。当事人无法对合同细节达成协议,但如果表达了继续进行交易的意愿,则可通过协商方式解决。

麦克尼尔教授认为,新古典合同法仍非调整关系性合同的最佳规则。关系性合同当事人无法制订完善计划,不得不采用一些程序性的或者技术性的方式使合同保持灵活性,适应可能发生的各种状况。关系性合同逐渐增强的地位,要求法律体系能够作出回应。由于古典合同法及新古典合同法的限制,公司法和劳资双方的集体谈判等关系性合同均脱离了合同法的领域。[1] 根据麦克尼尔教授提出的关系性合同理论,关系性合同对法律提出的主要需求是:放宽对合同成立中确定性的要求,强调当事人之间的合作,尽量维持合同关系等。

除麦克尼尔教授之外,戈茨教授和斯科特教授等其他学者也对关系性合同从合同解释等不同角度进行了研究。戈茨教授和斯科特教授运用经济分析方法分析关系性合同,发现了填补关系性合同漏洞的方法。戈茨教授和斯科特教授研究在关系性合同条款内容不确定的情况下,当事人如何履行合同义务以提升共同利益,法院应对当事人约定的“尽最大努力”条款、任

---

〔1〕 See Ian R. Macneil, *Contracts: Adjustment of Long-term Economic Relations under Classical, Neoclassical, and Relational Contracts Law*, 72 Northwestern University Law Review 854 (1978), 863 - 864, 866 - 870, 885.

意解除条款如何解释;[1]论证关系性合同的解释方法与古典合同解释方法存在区别。

2. 关系性合同理论与经济学理论的相互影响

关系性合同理论不仅影响法律,还对经济管理理论有影响。关系性合同理论被威廉姆森教授运用到经济学分析中,分析了专属投资与关系性合同的密切关系。威廉姆森教授借用了麦克尼尔教授对合同的分类(古典合同、新古典合同、关系性合同),论证了关系性合同适用于一体化治理或者双边治理(交易各方权益得到维护)。威廉姆森教授分析了不同合同对应不同的交易类型:古典合同是完全合同,对应交易条件能够事先确定的交易;新古典合同是不完全合同,对应不能对所有事件作出约定的交易,但是其能够通过第三方如仲裁机构或者法院,按照一定的程序确定;关系性合同对应仅对关系约定框架,在履行中才能确定权利义务的交易。[2]

威廉姆森教授根据投资的性质和频率对交易类型予以划分,认为对于投资专用化程度高、交易频度高的交易,采用关系性合同较好,当事人一方面保持独立地位,另一方面通过合同维持关系。如果投资专用化程度及交易频度非常高,则直接采用企业组织形式更有利。此外,威廉姆森教授发现专属投资的存在会导致机会主义行为的产生,如果不存在专属投资,当事人发现对方的机会主义行为,可以解除合同,并以较低的成本在市场上寻求其他合同主体,满足需要。[3] 但是,专属投资使当事人难以转向与其他合同主体合作,交易一旦失败,资本就会沉淀。

威廉姆森教授的理论关注到关系性合同有利于投资的特点,论证了关系性合同在经济上的合理性,但是其价值基础仍然是效率,不足以阐释关系

---

〔1〕 参见[日]内田贵:《契约的再生》,胡宝海译,中国法制出版社2005年版,第130页。

〔2〕 参见费方域:《交易、合同关系的治理和企业——威廉姆森交易成本经济学述评之二》,载《外国经济与管理》1996年第6期。

〔3〕 See Oliver E. Williamson, *Transaction-Cost Economics, the Governance of Contractual Relations*, 22 Journal of Law & Economics 233 (1979), 239 - 240.

性合同的其他价值。美国斯派德尔教授将威廉姆森教授的专属投资理论用于论述关系性合同的特征上，证实专属投资的存在是关系性合同当事人应进行合作、调整、维持关系的重要理由。[1]

关系性合同理论在国际投资、贸易关系中受到关注。投资专用化程度直接影响当事人之间的依赖程度。投资越大，当事人之间越应该保持紧密关系。例如，国际液化天然气产业多采用长期合同，上游产业油气田的勘探、开发、建设，运输中使用的专用船，下游产业接收站和输气管网建设和运营，均涉及专属投资。这种巨额的投资应采用关系较强的企业组织形式或者长期合同形式，以保证投入能够正常回收。由于液化天然气交易的主体在不同国家，且投资巨大，难以采用企业组织一体化治理模式，故长期合同是最佳模式。[2] 这里的长期合同也是关系性合同。

关系性合同理论既有助于解释为什么具有关系性合同特征的长期合同在有专属投资的交易中得到更广泛的运用，也有助于交易参与者不断完善合同条款和规则，建立合作关系。

3. 关系性合同的特征

关系性合同具有如下几个基本特征：一是当事人知道履行中情况会发生变化，与签订合同时的计划不符，所以均能够接受合同内容存在弹性，权利义务可以在履行中逐渐确定。二是关系性合同是一种协作关系，而不仅是分配风险的工具。当事人不是处于此消彼长、相互对立的地位，而是类似于合伙关系。当事人有共同利益时，需合作解决履行中的纠纷，不得采取机会主义行为。三是关系性合同当事人解决争议的方式以协商变更为主，不能因为短期失利而终止合同关系，需尽量维持合同关系。关系性合同看重

---

〔1〕 See Richard E. Speidel, *Court-imposed Price Adjustments under Long-term Supply Contracts*, 76 Northwestern University Law Review 369(1981 - 1982), 369.

〔2〕 参见梁永宽、郭开华、皇甫立霞：《国际 LNG 产业关系合同的治理模式与启示》，载《天然气工业》2009 年第 11 期。

的是长远利益。美国学者迈克尔·D. 贝勒斯认为，合同一般被认为是正值交易，即交易完成后存在的价值较之前增加。关系性合同的整体如果被期待为正值，则交易过程中的独立交换可以不是正值。[1] 这是长期合同多为关系性合同的原因之一，关系性合同能够维持长期交易。

(二)长期合同与关系性合同的联系与区别

1. 共同点

关系性合同与长期合同均系组织社会化生产的重要方式，二者具有共同特征：多数关系性合同是长期的合同安排，多数长期合同具有关系性，两者大多存在专属投资，部分重合。关系性合同与长期合同所面临的问题具有相似性，均需要在履行过程中根据情况进行协商调整，处理好合同内容确定性与风险的不确定性之间的关系。二者均鼓励当事人为共同利益履行合同。

2. 不同点

长期合同系根据时间因素对合同予以定义，关系性合同从当事人之间的关系角度阐释合同的特征。关系性合同的本质特征是其内容受到社会关系的影响。[2] 从广义上说，所有合同均处于关系之中。按照麦克尼尔教授的主张，处于系谱一端的关系性合同，虽与长期合同相似，但是由于各自关注的重点不同，也存在差别。尽管长期合同比短期合同更符合关系性合同的特点，但是仅具有履行期长这一特征，并不一定是关系性合同。[3] 短期合同当事人之间也可能存在密切关系，如短期的承揽、定作合同。有些长期合同当事人之间的关系并不密切。因此，两者仅存在交叉关系，并不互相包

---

〔1〕 参见[美]迈克尔·D. 贝勒斯：《法律的原则——一个规范的分析》，张文显等译，中国大百科全书出版社1996年版，第171页。

〔2〕 参见[美]Ian R. 麦克尼尔：《新社会契约论》，雷喜宁、潘勤译，中国政法大学出版社2004年版，第9页。

〔3〕 See Charles J. Goetz & Robert E. Scott, *Principles of Relational Contracts*, 67 Virginia Law Review 1089 (1981), 1091.

含,有专属投资的长期合同多为关系性合同。

长期合同的拘束力来源仍然是当事人的合意或者允诺,虽然与一时合同相比,更强调其规则的特殊性,但仍然通过合同的解释规则、履行规则、诚信原则、公平原则等对当事人的合同义务施加影响。关系性合同理论试图构建新的理论,从关系角度理解合同,不局限于允诺理论,系指交易中产生的各种关系,因社会规范的影响,始终处于变动状态。关系性合同理论为合同法提供新的价值观念,但是并未形成明确的合同法规则,缺乏规则的确定性及可预见性。

关系性合同适用的领域更为广泛,麦克尼尔教授的关系性合同理论认为,公司内部组织之间的合同、婚姻等都应该纳入合同法的范围。但是长期合同以商事合同为主,不包括具有身份关系的合同。

(三)关系性合同理论对长期合同规则的影响

关系性合同理论对长期合同规则有重要影响,关系性合同理论对古典合同法理论的批判,也是长期合同理论对古典合同法理论的批判。长期合同规则应吸收关系性合同理论的理念。长期合同与关系性合同在缔约时均面临较高的不确定性,合同内容在履行中逐渐完善,需要根据情况进行调整、重新协商;均有专属投资,而当事人为了避免专属投资成为沉没成本,有合作和保持关系的义务;合同关系均会对当事人以外的人产生影响。关系性合同理论特别适合特许经营、分销、长期供应等长期合同,为长期合同规则提供了理论支持,从动态维持交易关系角度论证了合作、协商、调整、限制解除等规则对长期合同履行的重要意义。借鉴关系性合同理论,长期合同规则应关注当事人的预期是在保持一定弹性的情况下维持合同关系,并以合作方式履行合同。

关系性合同理论主张社会关系是合同的基础,应赋予其法律效力;关系性合同的外部规范理论,影响合同当事人解决合同纠纷的方式,当事人会因为外部规范的存在而不主张合同文本约定的权利。上述理论同样适用于长期合同，长期合同当事人受商业惯例、交易过程规范，受社会声誉制约，这是长期合同得以顺利履行的关键。

综上，关系性合同理论对长期合同规则有重要影响，其中较为重要的是合作、调整、动态维持合同关系的理念。

三、不完全合同理论及其对长期合同规则的影响

（一）不完全合同的相关理论

1. 不完全合同的特征及产生原因

完全合同的主要特点：合同当事人对合同履行中可能遇到的所有风险均已经分配，且所有信息都已经披露。司法机构应该强制执行合同，如果法院变更合同条款，将使双方的境况恶化，无法达到帕累托效率，[1]并且会给当事人带来额外签约成本。完全合同存在的条件是个人理性，合同当事人有稳定的偏好、追求自身效用最大化，但是因资源稀缺，当事人的偏好仅能部分实现。完全合同不存在外溢效应，不影响第三人。完全合同存在众多现实和潜在的交易伙伴、零交易成本。[2]

不完全合同与完全合同相对，不完全合同未能明确描述各种可能性，存在遗漏，导致履约困难。完全合同当事人对将来发生的所有情况约定了权利义务，在发生新情况时，不需要重新协商变更合同；不完全合同当事人则需要重新协商。威廉姆森等学者根据交易成本理论对不完全合同产生的原因予以分析，得出这是三种因素作用的结果：（1）未来具有不可预测性，当事人无法就可能发生的各类情况进行规划；（2）即便能够预测的相关事实可能发生，双方也难以达成协议；（3）当事人难以将规划描述清楚，使外部机构如

---

〔1〕 帕累托最优（Pareto Optimality），也称为帕累托效率（Pareto Efficiency），是判断资源、利益、责任分配优劣的标准，如果不存在另外一种状态，使在未使任何人境况变坏的前提下，而至少一个人变得更好，即帕累托最优状态。参见张维迎：《产权、激励与公司治理》，经济科学出版社2005年版，第3页。

〔2〕 参见柴振国：《契约法律制度的经济学考察》，中国检察出版社2006年版，第95～103页。

法院能够强制执行。[1] 即由于存在预见成本、缔约成本和证实成本,合同有不完全的特征。

哈特进一步证明了为什么缔约方选择不完全合同,而不选择完全合同。一是一些情况下,签订不完全合同可以实现不低于完全合同的最佳结果;二是即便不完全合同无法实现最佳结果,签订完全合同也不能改善情况,故没有必要签订完全合同。因此,不完全合同是人们的最优选择。[2]

2. 经济学上解决不完全合同问题的方法

不完全合同会导致当事人采取机会主义行为,由于专用性投资不容易转移,当事人会减少专用性投资,避免发生套牢问题。[3] 为解决上述问题,经济学家通常建议作出复杂的合同安排或者成立公司。产权使所有人在重新谈判中具有决定权,从而解决套牢问题。如哈特主张,因为合同的不完全性,事后的权利分配(如果一方不履行合同,另一方可以选择的措施)会影响重新谈判的结果。完全合同可以解决套牢问题,但是现实中完全合同并不存在,故对资产享有产权能够提高重新谈判中的地位。如在菲舍公司与通用汽车公司的纠纷中,通用汽车公司为了解决菲舍公司利用专用性投资要挟提高价格的问题,兼并了菲舍公司。这样,通用汽车公司在重新谈判中取得优势地位,菲舍公司不能再要挟通用汽车公司。[4]

虽然经济上可以采取收购合同相对方等方式解决不完全合同产生的挟持问题,但是通过其他合同安排以及法律设计,不完全合同仍然可以顺利履行,如完善重新协商机制,将机会主义行为认定为违反诚信义务的行为等。

---

〔1〕 参见[美]O. 哈特:《企业、合同与财务结构》,费方域译,上海三联书店、上海人民出版社2006年版,第25~26页。

〔2〕 参见费方域、蒋士成主编/翻译:《不完全合同、产权和企业理论》,格致出版社、上海三联书店、上海人民出版社2011年版,"译者序"。

〔3〕 See Scott Baker & Kimberly D. Krawiec, *Incomplete Contracts in a Complete Contract World*, 33 Florida State University Law Review 725 (2006), 726.

〔4〕 参见[美]O. 哈特:《企业、合同与财务结构》,费方域译,上海三联书店、上海人民出版社2006年版,第35、37~38页。

（二）长期合同与不完全合同的联系和区别

1. 联系

长期合同与一时合同均可能是不完全合同，但是长期合同的不完全特征更为突出。长期合同的不完全性主要体现在两点：一是对合同当事人义务约定不完全，如未约定价格、数量、交货时间、具体履行行为等；二是风险负担不完全，如对未来的意外事件缺乏预估或者彼此信任对方会共担风险。

采用长期合同形式能够使不完全合同顺利履行。用博弈论分析，长期合同使当事人避免实施机会主义行为，因为即便当事人因一次博弈获得好处，对方也可能在随后的履行中采取机会主义行为进行报复。因此，采取合作态度能够使双方的利益最大化，是当事人的最佳选择。长期合同当事人均知道合同条款不完全，并愿意协调解决合同的不完全性，填补合同空白，以及通过重新谈判等方式解决意外事件对合同均衡产生的影响。[1]

长期合同和不完全合同均要求当事人有更强的信任关系，诚信有助于长期交易关系（不完全合同）的履行。经济学理论认为诚信的主要作用体现在：一是降低谈判成本，包括交易开始之时以及交易过程中的谈判；二是减少机会主义行为；三是双方能够对预期成本和收益达成共识，减少"第三方不能验证"的情况。[2] 因此，诚信原则对长期合同和不完全合同的履行更为重要。

2. 区别

对不完全合同的研究主要在经济学领域，而经济学和法学对长期合同均有研究。经济学上的合同不完全与法学上的合同不完全存在区别，经济学上的合同不完全是指合同不能对参与者未来可以采取的行为作出约定，法学上的合同不完全主要是责任上的不完全。[3] 经济学上解决合同不完全

---

〔1〕 参见贾敬华：《不完备合同的经济分析》，人民出版社 2006 年版，第 120 ~ 121 页。

〔2〕 参见颜光华、林明：《合同、诚信和双边长期交易关系的管理》，载《财经研究》2002 年第 12 期。

〔3〕 参见杨瑞龙、聂辉华：《不完全契约理论：一个综述》，载《经济研究》2006 年第 2 期。

的方案之一是赋予产权者剩余控制权,即由产权者获得决定权。法学则通过合同的解释填补长期合同的空白,通过诚信原则限制当事人的机会主义行为等。

（三）不完全合同理论对长期合同规则的影响

完全合同理论认为合同当事人具有完全理性,能够自行获得签订合同必要的信息,如果合同不能继续履行,当事人可以从市场上获得替代品。不完全合同理论则使人们认识到,由于人的有限理性、信息不对称以及交易成本等问题,合同具有不完全性;完全合同理论所假设的当事人签订合同时已经对所有风险和责任进行了分配,并不准确。

长期合同的不完全性与法律责任的完全性必然发生矛盾。法院认为,合同在义务上是完全的,如果不能通过合同解释填补合同缺漏,则当事人未达成合意,合同无法履行。合同实质上的不完全与形式上的完全对司法产生重大影响。司法机构应如何处理合同未分配的风险,应否对长期合同进行调整,理论和实践均存在较大分歧。不完全合同理论证明风险负担和责任均是不完全的,对长期合同进行调整及当事人对风险进行分配符合客观经济规律。

不完全合同理论会影响重新协商机制。在长期合同履行中,当出现合同漏洞或者意外事件影响合同均衡时,当事人有义务重新协商,提出切实可行的方案。

不完全合同产生的原因可能会影响合同的解释规则。如果是缔约成本较高导致的合同不完全,法律可以提供公平合理的“缺省规则”。如果是双方信息不对称造成的合同不完全,司法机构通过裁决可以迫使拥有信息的一方向另一方披露信息。[1] 如果当事人作出约定成本低,法院事后确定合同内容成本高,采取的规则应促使当事人作出约定,当事人未作约定则作出

---

〔1〕 参见杨瑞龙、聂辉华:《不完全契约理论:一个综述》,载《经济研究》2006 年第 2 期。

对当事人不利的解释。

不完全合同理论影响诚信原则的内涵。长期合同不完全导致当事人可能采取机会主义行为,用诚信原则规范机会主义行为是长期合同规则的一项重要内容。

综上,不完全合同理论主要影响长期合同的履行规则以及合同解释规则。

第三节　长期合同的相关法律规则

从事长期合同交易的当事人需要选择解决纠纷的准据法,对于现有的长期合同规则进行研究分析,可以确定适宜解决长期合同纠纷的规则。

一、长期合同的法律适用规则

如果长期合同存在国际因素(当事人、标的物、法律事实等),〔1〕当事人可以选择解决合同纠纷适用的准据法。关于合同可以适用的准据法,有不同的理论。客观论认为,合同与一定的客观标志相联系,因而合同应适用与其有最密切联系的国家的法律,如签订地、履行地、住所地等的法律。主观论则认为,当事人有权选择适用的法律。另外,当事人能否对同一合同选择适用不同的法律,也有不同理论。单一论认为,一个合同应该适用一国法律;分割论认为,当事人的行为能力、合同的效力等可以适用不同的法律。〔2〕

联合国国际贸易法委员会通过的《海牙原则》第 1 条第 2 款规定,“国际合同”定义为只排除那些没有任何国际因素的合同,即排除那些合同双方当

〔1〕 国际合同,是指含有国际因素的合同,主要表现在以下几个方面:(1)合同当事人方或双方具有外国国籍或者虽然不具有外国国籍,但住所或者营业所在外国;(2)合同标的是位于外国的物、财产或需要在外国完成的行为;(3)合同当事人权利义务关系据以产生的法律事实发生在外国。参见章尚锦、徐青森主编:《国际私法》(第 4 版),中国人民大学出版社 2011 年版,第 205~206 页。

〔2〕 参见章尚锦、徐青森主编:《国际私法》(第 4 版),中国人民大学出版社 2011 年版,第 206~207 页。

事人都来自同一国家,并且当事人之间的关系和其他相关因素,除法律选择外,都只与一国存在联系的合同。[1]

《海牙原则》只适用于商事合同的法律适用问题。《海牙原则》第 2 条的规定采纳了主观论和分割论,即当事人可以选择合同适用的法律,该法律与交易不必存在客观联系。选择的法律可以适用于全部合同或仅适用于部分合同。[2]

对于当事人选择"法律"的范围,根据《海牙原则》第 3 条的规定,允许当事人选择的"法律"范围广泛,并不局限于"一国法律",还包括了国际商法中的准则、习惯和原则以及普遍接受的商业惯例、习惯等。[3] 根据该规定,当事人可以选择国内法或者国际公约,也可以选择国际或者区域合同示范规则。

合同法多为任意性规则,当事人可以排除适用,但是也有强制性规范,如诚信原则和公平交易原则,通常不能排除。合同准据法对条款效力的规定,填补合同空白的规则,以及法院能否对合同进行调整、合同解除条件、赔偿等问题的不同规定,直接影响长期合同当事人的权利义务。国际合同当事人不必受一国国内法的限制,可以选择适宜解决双方纠纷的法律,前提是了解各国的国内法、国际公约、国际或者区域合同示范规则。

---

[1] 《海牙原则》第 1 条第 1 款、第 2 款规定:"本原则适用于每一当事人进行其行业或职业事务就国际合同作出的法律选择。本原则不适用于消费者或雇佣合同。就本原则而言,合同系国际合同,除非每一当事人的营业所在同一国家,并且当事人的关系以及其他所有相关要素不论所选择的法律均只与该国有关。"参见《国际商事合同法律选择原则(海牙国际私法会议,2015 年 3 月 19 日)》,载中俄法律网 2015 年 8 月 12 日, http://www.chinaruslaw.com/CN/International/2015812125857_906261.htm。

[2] 《海牙原则》第 2 条规定:"1. 合同由当事人选择的法律管辖。2. 当事人可选择:(a)适用于合同全部或仅适用于合同一部分的法律;和(b)针对合同不同部分的不同法律。3. 可随时作出选择,也可随时修改所作的选择。合同订立后作出选择或修改,无损于合同正式效力或者第三方权利。4. 不要求所选择的法律与当事人或其交易之间有关联。"

[3] 参见李凤琴:《国际合同法律适用发展趋势研究——以意思自治原则为中心》,安徽师范大学出版社 2013 年版,第 33 ~ 35 页。《海牙原则》第 3 条规定:"当事人所选择的法律可以是国际、跨国家或区域范围内作为一套中性、平衡规则被普遍接受的法律规则,除非诉讼地法律另有规定。"

二、长期合同的实体法规则

国际合同的当事人可以选择的法律或者规则极为广泛,国内法、国际公约、国际或者区域合同示范规则等均可选择。这些法律或者规则是否适宜解决长期合同纠纷,需进行详细分析。

(一)国内法

从大的分类讲,合同法主要有普通法系和大陆法系两种法律体系。在大陆法系国家中,《德国民法典》第 313 条、第 314 条对继续性合同作出规定(可以适用于长期合同),其债法分则也能照顾到继续性合同的某些特点,即已经在部分规则中区分了继续性合同与一时合同,但是并未对继续性合同的概念进行定义,未形成系统性规范。普通法系国家的学者对长期合同有较多研究,司法案例也认识到长期合同在调整、解释等方面的特殊性,但是普通法系并未将长期合同作为一种特殊的合同予以规范,并未将调整长期合同的规则与其他合同规则予以区分。日本内田贵教授认为,将何种合同视为典型范例理论对普通法系意义更为重大,因为普通法系不存在合同法分则,未对典型合同进行分别规定,合同法理论原则上对所有合同均予以适用。[1] 这可能是美国学者对长期合同以及关系性合同研究讨论较多的原因之一。我国民法理论中虽然有继续性合同的分类,对履行期长的合同也有一些特殊规则,但是《民法典》并未规定继续性合同或者长期合同。

《商法典》[2]尽管未区分长期合同与一时合同,但是其对法律规则的适用有详细的评注,对长期供应合同的特殊条款(数量待定、成本变化等),提供了更为具体的处理方案,其规定的合同解释规则能够适用于长期合同的解释。而且《商法典》大量适用诚信原则对当事人的行为进行规范,能够约

---

〔1〕 参见[日]内田贵:《契约的再生》,胡宝海译,中国法制出版社 2005 年版,第 117 页。

〔2〕 《商法典》由美国法学会和美国统一州法全国委员会于 1952 年合作制定,后被美国各州采纳,属于制定法,具有法律拘束力。这在相当程度上体现了英美法系的商事法律原则。

束长期合同当事人,防止其利用长期合同漏洞较多的特点,采取机会主义行为。《通则》新修订的长期合同规则也借鉴了《商法典》的规定,例如,履行行为对合同解释的作用。美国1980年颁布的《合同法重述二》[1]吸收了很多《商法典》的规定,自身对合同法也有发展,能够较好规范长期合同法律关系。

尽管大多国家国内法未对长期合同制定特殊规则,但是相关制度或者规则会用于解决长期合同纠纷,如合同变更或者调整规则。有的国家对于当事人请求变更合同持宽松态度,这有利于长期合同当事人根据情况的发展、变化,调整权利义务关系;有的则较为严格。不同国家对司法机构能否主动调整当事人的权利义务的规定也存在差异。因此,无论国内法是否制定长期合同规则,都会因合同法规则之间存在差异,影响长期合同当事人的权利义务。

(二)国际公约和示范规则

调整合同关系的国际统一规则主要有《销售合同公约》及国际统一私法协会理事会编纂的《通则》。两者成功地融合了两大法系的合同法律制度,在国际交易中有重要影响,并影响国内法的制定和修改。《销售合同公约》是由联合国国际贸易法委员会主持制定的国际公约,调整国际货物销售合同关系,中国、美国、德国、法国等80多个国家核准和参加了该公约。《通则》是国际统一私法协会于1994年编撰的一部法典化的国际商事合同法律重述,经历了2004年、2010年、2016年三次修订,解决了商人法零散、不成体系的状态,可以作为国际商事合同惯例。《通则》适用于商事合同,包括建筑、并购、技术服务、建筑服务等合同,涉及的交易范围更为广泛。《通则》在

---

[1] 美国法律研究院制定的法律文件,其并非立法机关制定,但是系在法典化的呼声中出台。其不具有法律拘束力,但是有很大权威性。著述和案件中经常引用合同法重述。《合同法重述二》系1980年颁布,报告人是美国范斯沃思教授。参见刘承韪:《美国合同法重述:徘徊于法典法与判例法之间》,载梁慧星主编:《民商法论丛》第36卷,法律出版社2006年版。

1994 年颁布时，在导言中称，其为商事交易提供最佳解决办法。[1] 尽管多数国家未对长期合同予以规范，但是《通则》注意到其特殊性，并经过长时间的慎重研究对长期合同作出规范，说明其确实能够及时发现商事交易的最新变化并提供解决方案。

2013 年 5 月，国际统一私法协会理事会注意到，《通则》过于注重一次清结的传统合同类型，如买卖合同，忽略了在国际商事交往中日益重要的继续性债务关系/长期合同，尤其是投资合同。《通则》(2010 年)虽然已经包含了一些对继续性债务关系/长期合同的规定，但是远远不能满足实践需要，因此有必要增补相关规定。国际统一私法协会成立工作组将长期合同列入工作计划，工作组就长期合同部分内容完成起草工作，并将报告提交理事会。该报告增加了长期合同的界定、内容待定合同、预约磋商协议、嗣后校正、外力事件以及合作义务、因重大事由终止合同、长期合同终止后的救济等内容。2016 年 5 月，国际统一私法协会理事会召开第 95 次会议，批准了工作组提交的大部分草案，但是未批准增加“因重大事由终止合同”条款的草案。[2]《通则》所增加的长期合同规则适应国际商事交易的需要，对于指导长期合同的理论和实践具有重要意义。

(三) 区域合同示范规则

区域性的统一规则包括《原则》《共同框架》，是欧盟为统一区域内的合同法和民法规则起草的优秀范本。《原则》《共同框架》与欧盟指令不同，对于欧盟指令，成员国负有转化为国内法的义务。例如，德国 2002 年颁布《德国债法现代化法》将欧盟指令转化为国内法。《原则》是欧洲合同法委员会(也称兰多委员会，兰多教授为主席)起草的，目的是建立一套系统的欧洲合

[1] 《通则》试图专门提供一套规则，以适应国际商事交易的需要，这些规则使那些最佳解决办法(被认为是)具体化，即使它们还未被普遍接受。参见张玉卿主编：《国际统一私法协会国际商事合同通则 2010》，中国商务出版社 2012 年版，第 47 页。

[2] See UNIDROIT 2016 C. D. (95) 15.

同法法典,服务欧洲统一内部市场。该规则于2001年2月全部完成。《共同框架》是由欧洲民法典研究组的专家和欧盟现行私法研究组的欧洲学者共同起草的民法典文本,在欧洲合同法委员会前期研究成果基础上,加入了有名合同、非合同责任法和物权法等相关领域的示范规则,涵盖了与欧盟现行私法相关的规则。《原则》《共同框架》注意到,长期合同与一时合同存在不同,其中一些规定主要适用于长期合同,如规定当事人的合作义务、发生情势变更后的协商义务等。《共同框架》还在有名合同部分对特许经营合同等长期合同作出特别规定,对合同当事人的合作义务、合同解除等制定了更适宜规范长期合同的规则,对长期合同与其他合同进行区分。

综上,各国的合同法大多并未将长期合同作为一种典型合同予以系统规范。有些国家如德国对继续性合同规定了特殊条款,但是仍然欠缺系统性。有些国家如美国关注到长期合同的特殊性,对长期合同的一些特殊条款提供了处理方案。从国际(区域性)规则看,国际统一规则如《销售合同公约》并未区分长期或者短期买卖合同,仅对长期供应合同中出现的弹性数量条款进行了规定;《通则》修订时增补了一些评注,以适用于长期合同;《共同框架》有一些规范反映了长期合同的特点。但总的来说,长期合同规则仍然处于零散状态。由于长期合同与一时合同存在差异,长期合同对当事人的合作义务、协商义务、诚信义务等有更高要求,长期合同的解释、履行、解除等需要秉持不同的理念,对现有规则进行比较研究,进而完善长期合同规则,能够更妥善解决长期合同纠纷。尤其是长期合同在现代经济中的地位越来越重要,长期合同规则应在合同法中占有更重要的地位。

第四节　对长期合同进行规范的必要性

一、长期合同是否需要特别规范的主要观点

长期合同是否需要特殊的法律规范,观点存在分歧。一些学者认为,长

期合同具有独特性，其法律规则具有特殊性。长期合同履行中会遇到诸多特殊问题，如合同价格调整、当事人的合作与协商义务、情况变化导致一方履行负担较重可否解除合同等。长期合同规范的特殊性主要体现在合同的解释、合同的调整、当事人的合作与重新协商义务、合同的终止等领域。但是有的学者认为，长期合同不需要特殊规则，当事人能够自行规范，法律仅需确认当事人约定条款的效力即可。具体理由有：(1)关于合同的灵活性，当事人应约定灵活性条款使长期合同能够适应将来可能发生的意外情况，法院仅需认可这种条款的效力，不轻易否定其效力即可。(2)关于调整合同的需求，合同履行中会发生意外事件，但是法院并不必须调整合同。当事人应自行约定风险的分配，虽然当事人无法准确预见具体的意外事件，但是对于发生意外后如何分配风险是可以约定的。如果当事人对调整合同的方式作出约定，如签订不可抗力条款、艰难情势条款，司法机构的作用是解释这些条款，而不是在欠缺这类条款时，主动调整合同。(3)关于合作的必要性，当事人努力保持交易关系并非关系性合同(长期合同)所特有的，在其他合同中当事人同样有保持交易关系的愿望。如果当事人为保持关系自愿放弃权利，并不意味着法律应该主动介入令其放弃权利。保持交易关系的需求并不会改变合同法的规则。[1]

二、长期合同需要特别规范的主要理由

通过前文对长期合同的概念、作用、特征以及其对合同法的影响等的介绍，可知长期合同与一时合同有较大区别。一时合同内容确定，当事人关系对立，合作与调整的必要性并不明显。长期合同内容存在较大不确定性，需要不断调整以适应新的情况，当事人之间有较强的合作义务。二者均强调

〔1〕 See Ewan Mckendrick, *The Regulation of Long-term Contracts in English Law*, in Jack Beatson & Daniel Friedmann eds. ,Good Faith and Fault in Contract Law, Clarendon Press,1997, p. 310 – 315.

维持合同关系。但是一时合同维持合同文本约定即可;长期合同需通过适当调整,动态维持合同关系,而不是固守在合同签订之时的状态。对于二者的纠纷处理,应区别对待。合同成立、解释、调整、协商、解除等规则均应存在一定差异。关于长期合同不需要特殊的法律规则的观点仍然建立在合同自由的理念基础之上,其认为当事人有足够理性对未来进行规划,签订完全合同。法院仅需确认当事人签订的条款的效力,对其进行解释,而不能为当事人制定合同。笔者认为上述观点是不全面的。

(一)确认长期合同条款的效力并不足以解决当事人的争议

经济学理论已经论证了合同具有不完全性:当事人在缔约时并不能预见到所有风险,即便能够预见到也不能约定有效的价格调整条款,故无法提前对风险进行准确分配。法院是应假定债务人自愿承担风险,还是认为双方应分担风险?长期合同当事人经常约定开放性条款,如尽最大努力条款、数量待定条款。当事人对于履行有较大裁量权,如果仅采取司法机构认可当事人约定条款的效力的方式,并不足以确定长期合同的内容。法律应该提供填补长期合同漏洞的解释方法。

(二)司法机构应否对长期合同进行调整的问题

诚实信用、公平交易是商事合同的重要原则。长期合同当事人在大多情况下能够自行约定调整条款,并通过双方对合作关系以及商誉的重视解决履行中出现的各种问题,但是需要诉诸司法机构解决纠纷的情况仍然很多。当事人由于信息不对称或者缔约能力不同,可能无法签订足以保护自身权利的条款。不平等的磋商能力会导致条款对一方有利,这需要法律进行必要的干预,对当事人恣意行使权利的行为作出限制。合同履行中可能出现意外情况导致履行成本急剧增加,即便当事人约定了价格调整条款,该价格条款也未必能够反映所有意外变化,即情况变化可能超出当事人的预见范围。在当事人无法协商一致的情况下,司法机构对当事人约定的价格条款进行调整,有利于长期合同的继续履行。长期合同有时约定一方当事人有权确定合同价格或者合同的履行方式，法律规则应对当事人行使裁量权进行规范。

（三）关于合作的必要性问题

长期合同当事人之间有共同利益。合作系长期合同当事人的主要义务，其并非让当事人放弃自己的权利，而是因为合作符合双方共同利益，能够提升合同的安全性。长期合同是组织社会化生产的重要工具，对当事人及社会经济生活的影响与一时合同不可同日而语。例如，一项提供清洁能源的长期合同会影响能源使用人的利益，一项天然气供应合同会影响上游和下游诸多企业的利益，即长期合同涉及的利益范围超出了合同当事人的范围。保持长期合同关系不仅对当事人有益，还对社会有益。当事人对共同利益的关心，以及实质公平理念超越了古典合同法的"当事人意思自治""个人利益至上"理念。在社会化大生产模式下，不能再固守小商品经济的合同法规则，长期合同当事人的履行行为应有利于合作双方的利益以及社会利益。因此，对长期合同进行特别规范是必要的。

综上，长期合同履行面临很大的不确定性，当事人如何进行防范以及法律如何规范是长期合同需要着力解决的核心问题。长期合同条款既要使当事人受到合同的约束，维持合同关系，又要留有调整的空间。法律亦应提供有利于促进长期合同继续履行的法律规则。首先，长期合同规则涉及合同的内容与解释，即当事人应如何履行开放性条款，司法机构如何填补长期合同漏洞。其次，在意外情况导致合同均衡发生改变时，如何促使当事人自行达成新的协议？如果当事人不能自行解决问题，司法机构应否进行干预？最后，如何对待当事人约定的单方（任意）解除条款以及双方信任丧失的情况？如何使当事人诚信履行合同？对违约解除合同的行为如何进行救济？笔者在下面几章中将对长期合同的解释、调整、合作与协商、解除等规则逐一进行分析，论证如何促使通过当事人合作、调整，达到动态维持合同关系之目的。

第二章
长期合同之开放性条款及其规则研究

长期合同的订立采用包括多元事项、解决问题、收益最大化的磋商谈判方式。[1] 当事人成立合同的意愿有合同文本作为依据,但是很多关键条款具有灵活性和开放性。由此产生的主要问题:一是如何协调其与合同内容确定性的要求,即开放性条款是否影响合同成立;二是如何确定合同内容,即合同的解释方法。当事人避免争议的最佳解决途径是提前在合同中作好约定,但是长期合同的特点是双方期待在履行中确定合同内容,同时维持合同关系,所以合同的解释不可避免。本章对长期合同中的开放性条款的种类及影响,与合同内容确定性的协调及解释问题进行探讨。

---

〔1〕 参见[美]E. 艾伦·范斯沃思:《美国合同法》(原书第3版),葛云松、丁春艳译,中国政法大学出版社2004年版,第114~115页。

第一节　长期合同中的开放性条款与合同内容的确定性

一、长期合同中的开放性条款

（一）主要表现形式

长期合同的开放性条款表现形式多样，主要体现在：一是合同未约定固定价格。长期合同多采用价格浮动条款，当事人提前约定调整条件，根据成本增长或者市场价格变化等情况自动调整或者满足一定条件时重新协商。符合合同约定的条件时，价格可以再调整。例如，连锁式特许经营的特许人收取的费用可能根据被特许人的收入按照比例计算，并非以固定价格计算。在研究和开发或者提供新技术、非标准产品的合同中，当事人可能仅达成意向，而未就具体的条款进行协商，即开始履行。如果当事人达成明确协议，可以溯及此前的履行行为。如果当事人未能达成协议，法院可能采取合理价格。[1]

二是合同数量不确定。例如，按需供应合同及按产出供应合同。按需供应合同是按照买方的需求确定供货数量。如航空公司与燃油供应商签订的购买燃油的长期合同，航空公司难以确定所需具体数量，双方仅确定价格，数量则根据航空公司的需求确定。按产出供应合同，在开采能源合同中较为常见，开采商与销售商签订合同，销售商按照一定价格购买开采商开采出来的矿产资源，数量根据开采的矿产资源的数量确定。在这种情况下，一方当事人对数量有决定权。在长期能源供应合同中，当事人需要根据经营状况确定供货或者需求数量，合同中约定根据需方的需求或者供方的产量

---

〔1〕 See John Bell, *The Effect of Changes in Circumstances on Long-term Contracts—English Report*, in Donald Harris & Denis Tallon, Contract Law Today Anglo-French Comparisons, Clarendon Press, 1989, p. 205.

确定数量。

三是合同条款无法对当事人的义务进行详细具体描述,而是确定一个标准。例如,在长期代理销售合同中,代理人处理事务有较大的自由裁量权,委托人无法对代理人的具体行为进行规定,故约定代理商应“尽最大努力”推销产品。

长期合同条款内容,除由当事人协商外,还可以由第三人确定。例如,在建设工程合同中,对于可能存在的设计变更、增减工程量等问题,当事人约定由第三方(如监理)决定相关事项。

现代交易中广泛采用框架合同[1],其条款的开放性具有典型性。当事人仅就双方的合同关系形成基本框架,具体权利义务待日后另行签订合同予以细化。例如,双方可就一段时间内的购销关系达成协议,但是对于每一次购买货物的数量或者价格另行签订合同。框架合同也是当事人为建立长期合作关系,避免多次磋商的缔约成本而采取的变通方式,合同的确定性要求进一步放松。[2] 框架合同并非预约合同。两者主要区别是,根据预约合同,当事人仅负有签订本约的义务,如果当事人签订了本约,预约的效力也会终止。而框架合同的效力在交易期间一直具有约束力。[3] 框架合同是建立和维持长期交易关系的有效模式,在维持关系的同时,还能够保持灵活性。

(二)开放性条款的风险及当事人的防范措施

开放性条款的优势是履行的标准和风险的分配可以根据市场的变化而确定,能够保证在环境变化时,长期合同所确定的权利义务仍然符合当事人

---

[1] 法国2016年债法改革时,对《法国民法典》增加了框架合同的定义。该法典第1111条规定:框架合同,是指由缔约人仅先就其未来合同关系的基本特征达成合意,而合同的具体履行方式由未来的实施合同予以明确的契约。

[2] 参见陈进:《德国法上框架合同理论的演变及其启示》,载《政治与法律》2013年第3期。

[3] 参见高蔚卿:《长期合同问题研究》,载王利明等主编:《合同法评论》(总第2辑),人民法院出版社2004年版。

的预期。当事人可以不花费过多的成本进行事前评估价值、风险等事宜。[1]开放性条款的风险也比较明显。当事人可能因为开放性条款的存在而放弃降低风险的努力,可能利用条款的开放性谋取个人利益,损害对方利益。例如,当事人约定价格依据成本确定,则供应商就不会在降低成本方面付出努力。另外,在连锁式特许经营中,如果约定特许人的收入依据被特许人的经营收益计算,则被特许人可能通过提高成本等方式降低收益,减少向特许人支付的费用。

为防范当事人恣意行使权利,长期合同往往约定相互制约的条款。如果价格依据成本确定,购买方须对成本进行监督或者提供激励措施,使供应商愿意降低成本。[2] 在委托合同中,开放性条款虽然将裁量权赋予一方当事人,但是存在其他制约机制,如利益分成条款,其促使行为人能够为合同当事人的共同利益而履行。另外,当事人任意解除合同的权利也能够促使另一方当事人为双方利益履行合同。例如,如果委托合同约定当委托方认为代理商未为委托人利益提供服务时,可以单方解除合同,无须证明代理商有根本违约行为,代理商就会更加勤勉,避免委托方行使解除权。除此之外,社会声誉和未来的交易机会也会促使当事人不滥用开放性条款,谋求单方利益。

(三)开放性条款对法律规则的影响

古典合同法理论注重形式,强调合同内容的确定性。古典合同法理论将与法律规则有关的事实从社会关系中抽离出来,形成逻辑严密的、自洽的法律体系。合同具有正式性和外在性,只有具备特定形式,合同才能成立,

---

〔1〕 See Mark P. Gergen, *The Use of Open Terms in Contract*, 92 Columbia Law Review 997 (1992), 997.

〔2〕 See John Bell, *The Effect of Changes in Circumstances on Long-term Contracts—English Report*, in Donald Harris & Denis Tallon, Contract Law Today Anglo-French Comparisons, Clarendon Press, 1989, p. 205.

才会产生合同责任。[1] 即通过对合同成立的严格要求,限制合同责任的范围。如英美法系古典合同法采用镜像原则,要求要约与承诺完全一致,否则合同不成立。大陆法系国家所说的合意理论,具有类似功能。合同条款是判断当事人是否履行了合同,是否应承担违约责任的依据。如果当事人对合同关键条款未作出约定,则难以认定合同成立,后续的合同责任也就缺乏依据。从经济学角度分析,在合同条款不确定的情况下认定合同不成立是有效率的规则,其促使当事人约定完善的条款,避免发生诉讼后,法院认定合同无法履行。[2]

长期合同的开放性条款与合同内容确定性的要求存在冲突。古典合同法假设允诺包括所有义务,涵盖所有能够预测的风险,并对风险负担进行分配。该假设在长期合同情形下并不成立。由于交易方式的复杂性以及风险巨大,长期合同无法做到内容确定,当事人无法预见或者有意不作约定。当事人成立合同的意图是明确无疑的,只是希望在各项情况更为明朗的时候再确定合同内容。经济学家威廉姆森教授认为,古典合同法并不适宜调整长期合同,因为长期合同当事人无法预见所有情况;在意外事件实际发生之前,当事人无法对其提前约定应对措施;由于上述原因当事人无法形成合意,其均有采取机会主义行为的倾向,彼此无法信任。即古典合同法,一方面,对于合同成立要件要求过于严格,不符合当事人成立合同的意图;另一方面,对于当事人的弹性约定缺乏规范,无法约束当事人的机会主义行为。

开放性条款不仅影响合同成立规则,还影响合同的解释、调整、解除等规则。这主要表现在:一是司法机构需要对当事人约定的按需供应、尽最大

---

〔1〕 参见[美]格兰特·吉尔莫:《契约的死亡》,曹士兵等译,载梁慧星主编:《民商法论丛》第3卷,法律出版社1995年版。

〔2〕 See Ian Ayrest & Robert Gertnertt, *Filling Gaps in Incomplete Contracts: An Economic Theory of Default Rules*, 99 The Yale Law Journal 87(1989 – 1990), 98.

努力、善意履行等条款进行解释，确定当事人的履行是否符合合同约定。二是司法机构需要确定是否有必要对合同进行调整。例如，合同约定了调整条款，但是仍然无法应对情势变化，此时风险由债务人负担还是双方分担？法院可否对合同进行调整？三是司法机构需要确定是否有必要限制当事人解除合同的自由。如果合同约定特许权人可以单方决定解除合同，但未对解除条件进行约定，法律应否对任意解除权进行限制？产生这些问题的主要原因在于开放性条款内容缺乏确定性，当事人不能对履行中可能发生的所有情况提前进行约定，未能制定充分的应对措施，一方当事人采取的行为可能并不违反合同的明文约定，但是会背离签订合同时另一方当事人的预期以及诚信和公平交易原则。这样，依据合同文本追究当事人的违约责任比较困难，需要从签订合同的目的、长期合同当事人的合作义务等角度进行分析。

综上，开放性条款具有灵活性，更能够适应情况的发展变化，但是其具有的不确定性也带来一系列问题，需要对其予以规范。

二、开放性条款对合同内容确定性规则的影响

（一）合同法对内容确定性要求的演变

随着社会经济的发展，古典合同法对形式的注重有所缓解，合同法在逐渐改变对合同形式的严格要求。

1. 英国对合同确定性的规定

根据英国法，缺乏某些条款，如价格、履行期限（交货期、付款期），并不一定导致合同不成立。尤其是商人之间，只要当事人有明确的意向，愿意受合同约束，法院就能够根据公平和合理的原则提供必要条款。商事习惯或者惯例可以作为确定条款的依据。[1] 在英国外贸银行诉诺维克斯案中，法

---

〔1〕 参见［英］P. S. 阿狄亚：《合同法导论》（第5版），赵旭东、何帅领、邓晓霞译，法律出版社2002年版，第116～117页。

官认为,“通常如果当事人约定按照双方同意的价格履行义务,即使协议有效,但不具有约束力。但是如果一方履行了义务,双方未就价格条款达成协议,应认为双方有默示合同条款,即支付合理价格”〔1〕。根据《英国货物买卖法》(1979 年)第 8 条的规定:买卖合同的价格可以在合同中确定,或者以合同约定的其他方式确定,或者在交易过程中确定;如果不能按照前述方式确定,则买方应支付合理价格。〔2〕 该规定表明价格并非合同成立的条件。如果当事人未确定价格,则法院认为存在默示条款,即支付合理价格。

2. 美国对合同确定性的规定

美国新古典合同法放松了古典合同法所要求的确定性,只要当事人确实有成立合同的意愿,则法院会通过对合同条款的解释,以合理的价格、合理的履行时间等弥补当事人意思表示的不足,这体现了尽量使合同成立的理念。

对于合同成立,《商法典》仅要求缔约各方需具有签订合同的意图。〔3〕欠缺合同其他要素,如果能够通过合理方式确定,则不影响合同成立。而且协议在成立时并不一定具有确定性,在履行期届满时,具有确定性即可。例如,在一个政府招标项目中,当事人未就某个问题达成协议,一方当事人主张合同不成立,法官未予以支持,主要理由是:如果公正解读,并辅之以适当的解释方法,可以确定合同的内容。〔4〕

---

〔1〕 British Bank for Foreign Trade v. Novinex, [1949]1 All E. R. 155(K. B.). 转引自[德]海因·克茨:《欧洲合同法》(上卷),周忠海等译,法律出版社 2001 年版,第 67 页。

〔2〕 《英国货物买卖法》(1979 年)第 8 条(价格的确定)规定:(1)买卖合同中的价格可由合同确定,也可留给合同所认同的其他方式确定,或者还可以由双方当事人在交易过程中来确定。(2)如果价格并未依上述第 1 款得到确定,则买方必须支付合理的价格。(3)合理价格是依特定案件中的具体情况而定的一个事实问题。

〔3〕 《商法典》第 2-204 条第 3 款规定:一项买卖合同,即使缺少某些条款,只要当事方确有订立合同的意图,并且存在合理确定的办法,可以提供适当的救济,合同即不因缺乏确定性而不能成立。

〔4〕 参见[美]E. 艾伦·范斯沃思:《美国合同法》(原书第 3 版),葛云松、丁春艳译,中国政法大学出版社 2004 年版,第 206、208 页。

3. 法国对合同确定性的规定

法国法对于合同确定性的要求较高。根据《法国民法典》的规定,合同应具备确定的标的,[1]买卖合同价格应"可确定"。法院的解释是,可确定是指根据客观因素确定,如当事人指定第三人、官方公布的价格指数、市场价格等,如果还需受当事人的意愿影响,则属于不可确定。[2] 因为法国认为民法典并未授权法官确定价格,所以如果买卖合同双方约定价格以后协商确定,则买卖合同不成立。[3]

法国实践中也认可有些合同条款内容本质上具有不确定性,如技术转让合同约定提供设备及能够实现的改进,医生应提供符合当时医疗水平的谨慎且专业的服务。[4]

4. 大陆法系其他国家对合同确定性的规定

有些国家区分当事人是对合同主要事项未达成一致,还是对附属事项未达成一致。例如,《瑞士债法典》第 2 条第 1 款规定,如果当事人就基本问题达成一致,对附属事项的保留不影响合同的有效性。由于长期合同主要条款内容存在不确定性,该种规范方式并未清除认定长期合同成立的障碍。

---

〔1〕 2016 年债法改革前,《法国民法典》第 1108 条规定,下列四个条件为契约有效成立的必要条件:负担债务当事人的同意;订立契约的能力;构成约束客体的确定标的;债的合法原因。2016 年债法改革后,《法国民法典》第 1128 条规定,合同生效必须具备以下条件:(1)缔约各方的同意;(2)缔约人具有法定缔约资格;(3)合同内容合法且确定。

〔2〕《法国民法典》第 1163 条规定:债的标的是指当前或未来的给付。给付必须是可能且确定或可确定的。若给付可以从合同中推知,或者通过参考习惯或缔约各方以前的关系获知,则属于可确定的。否则,缔约各方必须重新就此达成合意。

〔3〕 参见[德]海因·克茨:《欧洲合同法》(上卷),周忠海等译,法律出版社 2001 年版,第 62 ~ 64 页。

〔4〕 See Isabelle de Lamberterie, *The Effect of Changes in Circumstances on Long-term Contracts—French Report*, in Donald Harris & Denis Tallon, Contract Law Today Anglo-French Comparisons, Clarendon Press, 1989, p. 224 – 225.

《德国民法典》未作这样的规定，根据其第154条的规定，[1]当事人应对一方或者双方认为应该达成合意的所有事项达成一致。不过当事人可以证明虽然合同对有关事项有遗漏，但是其愿意受合同约束。例如，当事人已经开始履行就能够证明其愿意受合同约束。[2] 根据德国法的规定，当事人可以约定买卖的价款由合同当事人一方或者第三方规定。该当事人应依公平裁量确定价款，如果一方或者第三方确定的价款显失公平，可以请求法院裁判。[3] 也就是说，价格条款是可以在履行中确定的，而不必在合同签订时即予以确定。德国法适应商业实践，放宽了合同确定性的要求，将当事人愿意受到合同约束作为确认合同成立的主要条件。

5. 国际合同公约或者示范规则对合同确定性的规定

国际合同公约或者示范规则大多认为，合同条款缺乏确定性并不影响合同成立，并提供了确定合同内容的相关规定。《销售合同公约》认为，缺乏价格约定时，可以参照订立合同时此种货物在有关贸易的类似情况下销售的通常价格。[4]《销售合同公约》第14条官方评注认为，按需购买合同中的数量条款是可以确定的，应根据诚信原则结合实际情况予以确定。[5]《通则》认为，欠缺价格条款的合同能够成立，可引用缔约各方订立合同时相关

---

〔1〕《德国民法典》第154条（明显的不合意；欠缺证书的做成）规定：(1)只要双方当事人未就合同所有个点达成合意，而按照哪怕仅指一方的表示，应就所有个点作出约定的，有疑义时，合同未被订立。即使已进行记录，关于个别之点的协议也没有约束力。(2)所打算的合同之做成证书已被商定的，有疑义时，到证书做成时方止，合同未被订立。第155条（隐蔽的不合意）规定：在双方当事人认为已被订立的合同的情形下，双方本应就某一点作出约定，而实际上并未就此点达成合意的，以须认为合同纵无关于此点的条款也会被订立为限，所作的约定有效。

〔2〕参见［德］海因·克茨：《欧洲合同法》（上卷），周忠海等译，法律出版社2001年版，第62页。

〔3〕参见《德国民法典》第315~317条。

〔4〕参见《销售合同公约》第14条、第55条。本书《销售合同公约》法条均引自张玉卿编著：《国际货物买卖统一法：联合国国际货物销售合同公约释义》（第3版），中国商务出版社2009年版。

〔5〕参见张玉卿编著：《国际货物买卖统一法：联合国国际货物销售合同公约释义》（第3版），中国商务出版社2009年版，第114页。

贸易的通常价格或者合理价格。[1]《共同框架》第2－4:101条、第2－4:103条规定,[2]合同成立要求当事人有意形成具有拘束力的法律关系或者产生其他法律效力,达成充分的合意(对合同条款作了约定,或者合同条款能够以其他方式被充分确定)。《原则》第6:104条也规定,如果缺乏价格和价格的确定方式,则采用合理价格。[3]

(二)评析

各国及国际公约、国际或者区域合同示范规则的规定均放宽了对合同成立的确定性要求,司法机构通常不会以合同内容不确定为由,否定合同的效力。法国属于对合同确定性要求较为严格的国家,如果价格还要受当事人的意志决定,则认为不可确定,买卖合同不成立,但是其也认识到有些合同本质上具有不确定性,需要通过合同解释逐渐放宽严格的条件。大陆法系其他国家一般认为对主要条款达成一致,合同即成立,其他条款可以通过合同的解释予以确定。德国法也表明合同价格可以在履行中由一方当事人或者第三人确定。英美法系一般认为只要当事人形成合意,合同即成立,价格等条款可通过填补合同空白的方式确定。国际合同公约及示范规则均在一定程度上放宽了对合同数量、价格确定性的要求。这符合促进交易原则

---

〔1〕《通则》第5.1.7条第1款规定:如果合同未规定价格,也无如何确定价格的规定,在没有任何相反表示的情况下,应视为当事人各方引用在订立合同时相关贸易中可比较的情况下比照此类履行时通常收取的价格,或者若无此价格,应为一个合理的价格。

〔2〕《共同框架》第2－4:101条(合同的成立要件)规定,合同符合下列条件即成立而无须其他要件:(a)当事人意欲形成有拘束力的法律关系或者引起其他法律效果;(b)当事人达成了充分的合意。第2－4:103条(充分的合意)规定,(1)满足如下条件,合意就是充分的:(a)合同中的条款被合同当事人充分约定;或者(b)合同的条款或者合同当事人的权利和义务可以被充分地确定。(2)如果一方当事人拒绝达成合同,除非当事人就某一特别事项达成一致,则不存在合同,除非对上述事项的合意已经形成。《共同框架》的条文均引自欧洲民法典研究组、欧盟现行私法研究组编著:《欧洲私法的原则、定义与示范规则:欧洲示范民法典草案》(第1、2、3卷),高圣平等译,法律出版社2014年版;欧洲民法典研究组、欧盟现行私法研究组编著:《欧洲私法的原则、定义与示范规则:欧洲示范民法典草案》(第4卷),于庆生等译,法律出版社2014年版。

〔3〕《原则》第6:104条规定:如果合同没有规定价格或者确定价格的方法,当事人则被认为已同意了一个合理的价格。本书引用的《原则》条文,主要参考韩世远教授翻译的版本。

的要求，也符合当事人的意图，体现了合同法理论从注重形式到注重实质的转变，有利于确认长期合同的成立和效力。

合同法存在大量的任意性规则，即便当事人对价格、质量、争议解决未予以约定，只要当事人未排除合同法规则，即可以适用。另外，交易惯例也可以补充合同内容。不过，由于合同法规则多以一时合同为范例制定，长期合同较为复杂，其存在的空白通常不能适用法律规定的缺省规则，需要当事人协商或者司法机构填补合同空白。

第二节　填补长期合同空白规则

一、长期合同空白填补的特殊性

因约定不明确，长期合同当事人可能对风险的负担、价格、数量的确定、是否尽到最大努力、行为是否违反诚信原则等发生争议。合同纠纷的解决都会涉及合同的解释规则问题，风险负担及合同终止等也会涉及合同的解释规则问题。本节内容主要阐述解释规则，以及确定开放性条款的内容。关于风险负担及终止等内容，分别在第三章和第五章中结合具体问题予以详细评述。长期合同解释的特殊问题主要体现在如下几方面。

（一）长期合同解释需要填补合同空白的情形较多

长期合同具有不完全性，存在大量的缺漏，在认定合同成立的情况下，司法机构需要通过合同解释确定合同内容，从而使双方能够继续履行长期合同，维持交易关系。长期合同的解释方法与一时合同的解释方法存在区别。一时合同权利义务较为简单，通常采取文义解释、体系解释等方法，探寻当事人的真实意思，即可确定合同内容。长期合同的内容经常需要在合同履行中确定，如价格条款由提供服务一方确定，或者第三方确定。长期合同当事人还会在履行中根据情况变更履行方式，即明示条款会被履行行为所变更。还有些当事人未作明确约定，尤其是对风险未进行分配，此时司法机构需要确定风险负担方式。所以,长期合同采取填补漏洞的解释方式的情形较多。此外,大多数情况下合同法的任意性规则足以满足一时合同填补漏洞的需求,但长期合同比较复杂,更多需要根据合同的目的和性质,适用诚信原则和公平原则等予以解释。又因长期合同当事人的预期不同,所以在判断当事人的行为是否符合诚信原则时,标准也会存在差异。

(二)长期合同的解释需要规范机会主义行为

长期合同当事人对合同的价格、数量、履行标准往往有裁量权,因此有较多机会采取机会主义行为。例如,在按产出供应合同中,买卖标的物市场价格上涨,卖方以产量不足为由减少供应量;在特许经营合同中,被特许人对销售货物未尽到最大努力。另外,长期合同通常远离完全竞争的环境,在履行中一方可能要挟对方,如在建筑合同中,承包方在建设过程中以情况发生变化为由,提出增加合同价款,发包方不能另找其他承包方,只能同意。识别当事人的机会主义行为,并予以防范和规制,是当事人和司法机构应予高度重视的问题。很多机会主义行为违反诚信义务。在美国的一个案件中,法官认为有两种情形违反诚信原则:一是一方先付出成本,另一方要挟其付出更多代价,以交换自己的给付(如上述承包人加价行为);二是利用合同相对方的弱点。[1]

为了避免机会主义行为,当事人会采取一定的方法予以防范,如在合同中对各种机会主义行为进行列举并明确限制,但是这样的成本比较高。另外,当事人的声誉是一种制约,如果当事人采取了机会主义行为,其将无法保持长期合同关系,而且将来与其进行交易的人会减少。但是,如果当事人不注重长期的合同关系和声誉,隐性机制就无法起作用。因此,法律应对机会主义行为予以规范。

---

〔1〕 Industrial Representatives, Inc. v. CP Clare Corp., 74 F. 3d 128, 129 - 130(7th Cir. 1996). 参见[美]E. 艾伦·范斯沃思:《美国合同法》(原书第3版),葛云松、丁春艳译,中国政法大学出版社2004年版,第507页。

(三)长期合同空白填补缺少适当的解释方法

合同法大多会规定填补漏洞的解释规则,在当事人未作出约定时予以适用。另外,在有些领域如消费者权益保护或者雇佣领域,法律对于合同内容会有强制性规定,保护消费者和雇员的利益,法院也会对合同条款作有利于弱势一方的解释,但是长期合同通常无法适用已有的缺省规则。在长期合同中,缔约程序是平等的,不存在信息不对等,一方处于优势地位等情形,语言也是清楚无歧义的。填补空白需要依赖于难以证实的信息,法院无法制定当事人均能够接受且普遍适用的条款填补当事人留下的合同空白。法院通常认为,当事人比法官更善于决定彼此的权利义务。[1] 例如,法院对某种情形是否构成履行困难难以判断时,如果当事人认为某种情形构成履行困难,则应在合同中予以约定,若未约定,法院不会轻易认定合同存在漏洞,为当事人制定免责条款。

综上,长期合同解释的主要问题是长期合同有大量空白需要填补,而司法机构缺少可以适用的解释方法,从而无法确定合同内容,导致长期合同的履行出现障碍。

二、长期合同空白填补规则

(一)国内法规定的填补空白规则

对于合同空白的填补,大陆法系使用合同漏洞填补方式,英美法系采用默示条款方式。尽管解释方法的名称不同,但目的均是在符合一定条件下,通过解释确定合同内容。

1. 大陆法系国家的解释规则

《德国民法典》第 154 条规定,当事人应就合同要点达成合意,否则合同不成立。解释上认为,如果合同当事人对某些条款未作约定,存在漏洞,通

---

〔1〕 See Alan Schwartz, *Relational Contracts in the Courts: An Analysis of Incomplete Agreements and Judicial Strategies*, 21 the Journal of Legal Studies 271 (1992), 273, 313 - 314.

常可通过法律规定予以补充,若法律未予以规定,应对合同进行补充性解释。[1] 补充性解释并非对当事人意思表示及其含义的解释,而是对合同确定的“客观规则”的解释。其特别适用于那些不属于法律规定的合同类型(无名合同),或者与法律规定的合同类型有较大差异的合同。[2] 在作补充解释时,应遵守诚实信用原则,并参照交易习惯。[3] 诚实信用原则要求合同当事人根据合同目的,并考虑对方当事人所能够理解的交易习惯履行合同。德国联邦法院认为,补充解释的目标就是根据“合同的目的”确定当事人假设的合意。[4]

《法国民法典》规定,解释应探求当事人的共同意愿,[5]可依公平原则、习惯或法律对合同予以补充,[6]该法典还有补充当事人合同内容的任意性规范。现代法国司法实践中,解释更多建立在“公平”基础上,即推定公平是当事人的真实意愿。[7] 合同缺漏可以通过当事人的共同意思弥补,但是法院也可以予以弥补,如长期合同选择的决定价格的指数不存在、未获得官方认可时,法院会选择最接近的、获得官方认可的指数,以弥补合同条款缺漏。[8] 另外,大陆法系国家还规定,履行应遵循善意原则。例如,《意大利民

---

〔1〕 参见[德]海因·克茨:《欧洲合同法》(上卷),周忠海等译,法律出版社2001年版,第62页。

〔2〕 参见[德]卡尔·拉伦茨:《德国民法通论》(上、下册),王晓晔等译,法律出版社2003年版,第750~752页。

〔3〕《德国民法典》第157条(合同的解释)规定:合同必须照顾交易习惯,以诚实信用所要求的方式予以解释。第242条(依诚实信用给付)规定:债务人有义务照顾交易习惯,以诚实信用所要求的方式履行给付。

〔4〕 参见刘勇:《合同补充解释的理论构造及立法选择》,载《浙江社会科学》2017年第3期。

〔5〕《法国民法典》第1188条规定:合同解释不应拘泥于术语的文字含义,而应依据缔约各方的共同意愿。若缔约人意愿无法揭示,合同按照一个处于相同情势下的合理人所应表示的意思解释。

〔6〕《法国民法典》第1194条规定:具有拘束力的内容不仅包括合同中明确表述的事项,而且包括公平原则、习惯或法律赋予合同的所有后续结果。

〔7〕 参见尹田:《法国现代合同法:契约自由与社会公正的冲突与平衡》(第2版),法律出版社2009年版,第305页。

〔8〕 参见[德]海因·克茨:《欧洲合同法》(上卷),周忠海等译,法律出版社2001年版,第173页。《法国民法典》第1167条规定:若合同价格或其他要素的确定必须参考一个不存在、不再存在或不再可获知的指标,则以最相近的参考指标替换之。

法典》第66条规定:"应当根据诚实信用原则解释合同。"

大陆法系的上述规定表明,交易习惯、诚实信用原则、公平原则、当事人的合同目的,在填补合同漏洞时发挥着重要作用。

2. 英美法系国家的解释规则

英美法系通过默示条款弥补合同的不完全,普通法早期遵循"法官不为当事人制定合同"的规则,如果合同中未包括某个条款,则说明当事人无意将其作为合同内容,但是上述原则被逐渐突破,在合同当事人未作出明示约定时,推断当事人如果预见到相关情势可能如何约定,或者根据公平正义原则补充当事人的约定。[1] 默示条款与当事人约定的明示条款相对称,通常由司法机构决定当事人是否存在默示条款。默示条款并非通过分析确定合同条款的含义,而是填补合同缺漏。法律规定的默示规则称为"缺省规则",类似于大陆法系的任意性规则。

默示条款根据来源的不同可分为三种。(1)事实上的默示条款。法院确认合同中应包括的条款,主要有两个标准:一是其不言自明,二是缺少该条款会导致交易不能产生其应有的商业效果。例如,轮船主租用码头,即便当事人未约定该码头应在低潮时也是安全的,但这是必然要有的条款,违反该义务构成违约。(2)法定的默示条款。立法机构编纂到法典中的条款,如《英国货物买卖法》中包括的适销性默示条款就是法定的默示条款。[2] (3)习惯上的默示条款。合同应遵循惯例,尽管其未在合同中约定。惯例可以是商业领域的,也可以是其他领域的。[3]

美国法重视商业习惯(惯例)、交易过程(商业往来)、履行过程(当事人的履行行为)对合同解释的影响。《合同法重述二》规定,善意与公平交易义

---

[1] 参见[美]E. 艾伦·范斯沃思:《美国合同法》(原书第3版),葛云松、丁春艳译,中国政法大学出版社2004年版,第500~501页。

[2] 参见傅静坤:《二十世纪契约法》,法律出版社1997年版,第104~106页。

[3] 参见汪渊智、李洁:《两大法系合同漏洞补充规则的探讨》,载《山西大学学报(哲学社会科学版)》2004年第5期。

务、惯例、合理性原则均可用于补充合同内容。[1]《商法典》改变了普通法的口头证据规则。口头证据规则最基本的意思是,通常情况下以当事人签订的书面协议作为当事人权利义务的依据。《商法典》则直接将商业习惯、交易过程、履行过程引入法律对"协议"所作的定义,即明示的条款并不能构成整个合同,商业习惯、交易过程、履行过程均能用于解释合同。[2] 在解释时,尽量使明示条款与交易过程、商业习惯相互协调、得出合理的一致解释,如果出现矛盾,则认为明示条款优先、交易过程其次、商业习惯再次。交易过程是指当事人在合同签订前和在履行合同过程中形成的交易行为。履行行为最能够体现当事人对合同的理解。[3] 履行行为系一种实践解释,一方当事人采取的履行行为能够使对方当事人产生信赖,并采取相应行为,根据禁反言原则,前者不能撤回。即便前者的履行行为与合同约定有所出入,但是后者未提出异议,则视为其接受该履行行为,但是该履行行为与明示条款抵触的除外。[4]

在美国纳纳库利铺路和岩石公司诉壳牌石油公司案[5]中,当事人签订了长期供货合同,合同约定价格按照供应商交付时公布的价格确定,但是购买方主张当地存在交易惯例,需实行保护价格,供方价格提高后,应预留一段时间或者一定数量的货物,仍然适用原来的价格。购买方主张对于其已经要求购买的货物仍然按照原价格,因为其与他方签订合同时,已经使用了该价格。法院认定确实存在上述交易惯例,而且双方的履行行为也显示在

---

[1] 参见《合同法重述二》第 204 条、第 205 条、第 221 条。

[2] 参见《商法典》第 1－103 条(一般法律原则应作为本法的补充)、第 1－201 条(一般定义)、第 1－205 条(交易过程和行业惯例)、第 2－208 条(履约过程或实践解释)。本书《商法典》条文和评注参见美国法学会、美国统一州法委员会:《美国〈统一商法典〉及其正式评述》(第 1 卷),孙新强译,中国人民大学出版社 2004 年版。

[3] See John D. Calamari, Joseph M. Perillo & Helen Hadjiyannakis Bender, *Cases and Problems on Contracts*, West Academic Publishing, 1989, p. 368－369.

[4] 参见雷继平:《论合同解释的外部资源》,中国法制出版社 2008 年版,第 36 页。

[5] Nanakuli Paving & Rock Co. v. Shell Oil Co., United States Court of Appeals, Ninth Circuit, 664 F. 2d 772(1981).

执行上述交易惯例。该交易惯例并未否定合同的明示条款，两者能够协调适用。从该案例看出履行行为具有补充、澄清明示条款的作用，前提是履行行为与明示条款不存在明显矛盾。

美国合同解释也重视当事人的预期。范斯沃思教授指出，在推断当事人未约定的内容时，“当事人真实的期待”是首要基础。只有在当事人的预期存在重大分歧或者无法判定时，才有可能适用客观的判断标准，即一方当事人对对方预期的合理预见。[1] 诚信原则是大陆法系国家普遍采用的合同解释原则，美国在制定《商法典》时，开始较多适用诚信原则。诚信原则对于规范商事行为发挥了重要作用。根据《商法典》的规定，诚信原则是为了指导法院在合同订立、履行和执行的商业背景下解释合同，并不另外创设一项公平与合理义务。在履行合同中，当事人有不诚信行为会构成违约，或者违反诚信义务的当事人不享有救济或者权利。[2]

英美法系国家的解释规则表明交易惯例、当事人的预期、诚信原则会影响合同的解释。《商法典》及其实践重视履行过程对合同解释的作用，其为长期合同解释提供了方法。

（二）国际或者区域合同示范规则的相关规定

国际或者区域合同示范规则在规定合同的解释方法时，都注意到了交易习惯在合同解释中的重要作用。《销售合同公约》第 9 条[3]、《通则》第 1.9 条、《原则》第 6:102 条和《共同框架》第 2－9:101 条均规定，解释合同时，将惯例、当事人之间的交易习惯作为解释合同依据的来源。《共同框架》和《原则》的解释原则中，也包括诚信和公平交易。

---

〔1〕 参见刘勇：《合同补充解释的理论构造及立法选择》，载《浙江社会科学》2017 年第 3 期。

〔2〕 参见《商法典》第 1－203 条评注。

〔3〕 《销售合同公约》第 9 条规定：(1) 双方当事人业已同意的任何惯例和他们之间所确立的任何习惯做法，对双方当事人均具有拘束力。(2) 除非另有协议，双方当事人应视为默示地同意对他们的合同或合同的订立适用双方已知道或理应知道的惯例，而这种惯例在国际贸易上已为有关特定贸易所涉同类合同的当事人所知并经常遵守。

《通则》于2016年对有关长期合同的解释问题予以完善,以适应长期合同的独特性。在价格由第三人和当事人一方确定的情况下,《通则》允许当事人和司法机构进行合理性审查,为长期合同的解释提供了具体指引。在合理价格的确定上,考虑到长期合同的时间延展性,应根据履行过程中的市场价格确定,而非合同订立时的价格确定。

1. 填补长期合同空白的方式

《通则》对长期合同当事人约定的开放性条款补充了一些规定。(1)对第2.1.14条(特意待定的合同条款)[1]予以修改,规定合同缺漏的条款可能嗣后由一方当事人确定,如在提供服务的合同中,签订合同时并不能确定服务的内容,需嗣后确定服务价格。(2)对第2.1.14条增加评注4,在长期合同的情形下,当事人经常特意将价格等条款留在以后确定,此时应适用第4.8条(补充空缺条款)[2]、第5.1.2条(默示义务)[3]确定。

《通则》第5.1.6条(质量的确定)、第5.1.7条(价格的确定)、第6.1.1条(履行时间)、第6.1.4条(履行顺序)、第6.1.6条(履行地)、第6.1.10条(未约定货币)规定了填补空白的方式,如当事人对质量、价格、履行时间、地点、货币等未予约定时,《通则》规定了相应的确定方式。在长期合同情形下,可能适用上述条款无法填补空白,或者与合同的性质或者当事人的期望不符,则应适用《通则》第4.8条或者第5.1.2条确定权利义务。《通则》第

---

〔1〕《通则》第2.1.14条(特意待定的合同条款)规定,(1)如果当事人各方意在订立一项合同,但却有意将一项条款留待进一步谈判商定或由第三人确定,则这一事实并不妨碍合同的成立。(2)考虑到当事人各方的意思,如果在具体情况下存在一种可选择的方法合理地确定此条款,则合同的存在亦不受此后发生的下列情况的影响:(a)当事人各方未就该条款达成协议;或(b)第三人未确定此条款。

〔2〕《通则》第4.8条(补充空缺条款)规定,(1)如果合同当事人各方就一项确定其权利和义务的重要条款未达成一致,应补充一项于相关情况下适当的条款。(2)在决定何为适当条款时,除其他因素外,应考虑以下因素:(a)各方当事人的意思;(b)合同的性质和宗旨;(c)诚实信用和公平交易原则;(d)合理性。

〔3〕《通则》第5.1.2条(默示义务)规定,默示的义务源自:(a)合同的性质与宗旨;(b)当事人各方之间确立的习惯做法,以及惯例;(c)诚实信用和公平交易原则;(d)合理性。

4.8 条规定了合同漏洞的补充问题，第 5.1.2 条规定了默示义务条款，即考虑当事人的意图、合同的性质和目的、诚信和公平交易原则、合理性、当事人的交易习惯、履行中的行为等多方面因素确定当事人的权利义务。从该规定看，《通则》仍然把当事人的意图放在重要位置，不过在当事人发生争议时，当事人的共同意图难以确定，还需依据其他情况进行推定。确定当事人的共同意图主要通过对合同文本、谈判情况等进行判断。如果根据相关证据无法确定当事人的共同意图，则应根据合同的性质和目的、诚信和公平交易原则，以及合理性予以补充。

《通则》《销售合同公约》规定，填补合同价格时，以订立合同时的市场价格为参照依据。[1] 在长期合同情形下，价格难以沿袭上述做法，一则由于产品的独特性，可能缺乏市场价格；二则由于履行期较长，订立合同时的价格并不能反映交易时的客观价格，也难以推定此为当事人意图采纳的价格。例如，合同仅约定第一年的价格，但是未约定第二年及以后年份的价格，此时不能依据合同成立时的价格确定，而应参照第一年结束时的价格确定。[2]《通则》的修改考虑到了长期合同内容在履行中逐渐确定的特点。

2. 司法机构能够对价格是否合理进行审查

《通则》在第 5.1.7 条规定了价格的确定方式，如果一方当事人确定的价格明显不合理，司法机构(法院或者仲裁机构)可以合理价格代替。另外，长期合同不容易找到相近的市场价格，因为其提供的技术、服务等可能是独特的。此时，应该采用合理价格或者由一方确定合理价格，但要受司法机构

---

[1] 《通则》第 5.1.7 条第 1 款规定：如果合同未规定价格，也无如何确定价格的规定，在没有任何相反表示的情况下，应视为当事人各方引用在订立合同时相关贸易中可比较的情况下比照此类履行时通常收取的价格，或者若无此价格，应为一个合理的价格。《销售合同公约》第 55 条规定：如果合同已有效订立，但没有明示或暗示地规定价格，或规定如何确定价格，在没有任何相反表示的情况下，双方当事人应视为已默示地引用订立合同时此种货物在有关贸易的类似情况下销售的通常价格。

[2] See UNIDROIT 2016 C. D. (95)3, Annex 2, Article 2.1.14, illustrations 3.

的审查。《通则》于2016年修订时,对第5.1.7条增加评注3,如果合同约定由第三方主体确定价格,当事人可以约定确定价格的标准和程序,第三方主体应予以遵守。如果第三方主体违反当事人约定的标准和程序,当事人可提出异议。当事人也可以约定,在什么情况下可对第三方主体确定的价格提出异议。例如,当事人可以约定,如果第三方确定的价格明显不合理,则可以提出异议。因此,第三方确定的合同价格应符合合同约定的程序、标准,并具有合理性,否则当事人可以提出异议。为避免确定价格权利滥用,司法机构的审查具有必要性。

3. 履行行为对合同解释的影响(发展的合同条款)

《通则》对当事人的履行行为对长期合同解释的意义作出了规定:

(1)履行行为作为解释来源。《通则》对第4.3条[1]增加评注3,当事人签约之后的履行行为在解释长期合同时具有相关性。长期合同包括复杂的权利义务,本质上需要根据履行情况进行调整。长期合同的履行行为具有重复性,对方当事人如果认为行为与约定不符,应当及时提出异议。当事人签约后形成的履行惯例仅能解释合同,不能与合同最初约定的条款相抵触。例如,甲公司与乙公司(购物中心)达成协议,甲公司提供盐用于清扫乙公司的停车场和道路上的冰,在前两个冬天,甲公司提供的化冰物质并非盐,但是乙公司未提出异议,这说明合同中约定的"盐"包括该化冰物质。[2]

(2)当事人对合同变更机制进行约定。为避免嗣后履行行为对合同解释带来不确定性,当事人应确定履行过程中变更合同内容的机制。例如,申请变更方应向对方的代表递交正式的变更要约,在对方认可的情况下才能产生变更的法律后果,或者成立独立的机构(包括当事人代表或者独立专

---

〔1〕《通则》第4.3条(相关情况)规定,适用第4.1条和第4.2条时,应考虑所有情况,包括:(a)当事人之间的初期谈判;(b)当事人之间已确立的习惯做法;(c)合同订立后当事人的行为;(d)合同的性质和目的;(e)所涉交易中通常赋予合同条款和表述的含义;(f)惯例。

〔2〕See UNIDROIT 2016 C. D. (95)3, Annex 4, comment 3, illustrations 5.

家)监督履行行为或者在意外事件发生时提出修改合同的建议。如建设施工合同的业主和承包商约定,业主代表有权利对增减或者修改工程作出指示,只要该代表作出的指示在合同约定的工作范围内,承包商就应按照指示履行,这些指示具有改变原合同约定的效力。

(3)履行行为与合并条款、口头证据规则的关系。《通则》对履行过程与合并条款或者口头证据规则的关系作了规定。《通则》分别在第2.1.17条和第2.1.18条[1]对合并条款和口头证据规则予以规定。合并条款,是指约定合同文本包括了当事人同意的所有条款;口头证据规则,是指不能口头变更合同条款,即所有合同变更均应采取书面形式。《通则》通过增加评注方式规定,对于合并条款,合同成立前的谈判虽然不能与合同文本相抵触,但是仍然可以用来解释合同。对于不能进行口头变更的条款,如果一方当事人的行为导致另一方当事人信赖并采取行动,则前者不能援引该条款对后者的行为不予认可。[2]

合并条款和口头证据规则均将合同文本作为主要解释依据,体现了合同注重形式的理念。《通则》的规定避免了上述规定的机械适用,当事人签订合同之前的谈判能够用于解释合同,履行中的行为如果使对方当事人产生信赖,也可以用于解释合同。长期合同存在重复履行行为,履行行为更贴近合同当事人的真实意思。《通则》较好地协调了长期合同解释规则与合同形式化的冲突。

(三)对长期合同解释规则的评析

理论上认为,大陆法系的合同解释强调意思主义,即应探求当事人的意

---

[1] 《通则》第2.1.17条(合并条款)规定:若一个书面合同中载有的一项条款,表明该合同包含了各方当事人已达成一致的全部条款,则此前的陈述或协议均不能作为证据对抗或补充该合同。但是,该等陈述或协议可用于解释该书面合同。第2.1.18条(特定形式修改)规定:如果书面合同中载有的一项条款,要求任何协议修改或协议终止必须以特定形式作出,则该合同不得以其他形式修改或终止。但是,如果一方当事人的行为导致另一方当事人信赖并合理行事,则在此限度内,该方当事人因其行为不得主张该条款。

[2] See UNIDROIT 2016 C. D. (95)3, Annex 4, comment 4.

思,不拘泥于文字。英美法系的合同解释强调表示主义,即确定当事人在合同文本中使用的词语的含义。[1] 但两者的差别并没有那么明显。大陆法系国家在探求当事人的意思时,在双方意思不一致时,会考虑通情达理的人处在同样情况,会如何理解当事人的表述,也会考虑习惯、平衡原则等客观因素。[2] 英国在对合同文本进行解释时,如果其含义与通常含义不同,也会采取当事人均认可的含义,从而对合同文本进行修正。[3] 对于长期合同,上述解释方法的区别并不明显,长期合同当事人故意留下合同空白,既无合同文本约定,也难以推断出其意思,其解释方法较为特殊。

1. 填补长期合同空白主要系对当事人意思予以拟制

根据合同自由原则,法院不能为当事人制定合同,只能进行解释,探求当事人的真实意思。但是对于长期合同,探求当事人真实意思方式并不足以填补空白。法院填补合同漏洞时均采取推定当事人意思的方式,但在某种意义上司法机构实际上也在为当事人"制定"合同。大陆法系和普通法系填补合同空白的规则具有一定共性:都具有对当事人意思进行拟制的功能,并且均会考虑商业习惯等,合同解释都强调遵守诚实信用原则,都在合同目的范围内进行解释。

大陆法系填补合同漏洞有一定的顺序。例如,在德国,首先根据法律规定的任意性条款确定,其次进行补充性解释。但该顺序与其特有的理论和民法典的体例相关,实际并不严格。[4] 美国在确定解释依据时也有顺序,通常是明示条款优先、交易过程其次、商业习惯再次。当然,实践中应尽量避

〔1〕 参见王越宏、李媛:《论合同漏洞的补充》,载《中国法学》2001 年第 5 期。

〔2〕 参见[德]海因·克茨:《欧洲合同法》(上卷),周忠海等译,法律出版社 2001 年版,第 159 ~ 160 页。

〔3〕 参见[德]海因·克茨:《欧洲合同法》(上卷),周忠海等译,法律出版社 2001 年版,第 157 页。

〔4〕 参见刘勇:《合同补充解释的理论构造及立法选择》,载《浙江社会科学》2017 年第 3 期。德国优先适用任意性条款的理论是基于德国法上合同"类型化"的基础性思维,并以补充解释的客观性为其理论前提。

免通过解释顺序来确定,而应使三者能够相互协调,得出一致意见。[1]

2. 履约过程对长期合同解释的重要作用

长期合同的特点之一是内容在履行中逐渐确定,因此履约过程是合同解释的重要来源。

在美国,法院经常用履约过程、交易历史和不成文行业惯例确定合同内容。在不与合同明示条款相矛盾时,上述因素能够澄清、证明或补充明示条款;在合同明示条款对某个问题未予约定或合同本身是通过履约过程订立时,这些因素能够确定合同中的默示条款。此外,有些情况下,履约过程可以表明对与其有矛盾的条款进行修改或放弃。可以说,履约过程决定合同明示条款的内容和范围。[2]

《通则》(2016 年)的修订与《商法典》的规定具有高度重合性,增加了将当事人的履行行为作为解释来源的规定。履约过程不仅能够对明示条款予以澄清,而且在合同未对交付时间、价格等条款进行约定时,相应条款能够根据当事人履行情况予以确定。例如,甲是电力公司,决定建新的发电站,向乙公司购买发电机,发电机的安装应等待基础设施建设完毕。双方约定发电机的交付时间应由双方协商,如果双方事后未能就履行时间达成协议,则应参照发电厂房建设完成的时间确定交付时间。[3]

三、经济分析方法对长期合同空白填补规则的影响

美国学者对不完全合同的空白填补提出了多种规则,如有利于投资者规则、惩罚性缺省规则等,这些规则多采用经济分析方法。经济分析法学理论将经济学方法运用于法律分析,其以效率为价值取向,验证法学对经济的

---

〔1〕 参见《商法典》第 2 – 208 条(履约过程或实践解释)第 2 款。

〔2〕 参见吴思颖:《国际商事合同法统一化:原理、目标和路径》,法律出版社 2011 年版,第 200 页;《商法典》第 2 – 208 条(履约过程或实践解释)第 3 款。

〔3〕 See UNIDROIT 2016 C. D. (95)3, Annex 2, Article 2.1.14, illustrations 4.

影响。新古典经济学认为,在自由市场条件下,当事人为谋求各自经济利益的最大化进行自愿交易,使资源分配给其认为价值最大的人,增进社会福利。[1] 因此,经济分析法学理论建议采取有助于增加经济价值和提高经济效率的规则,以增进社会福利。法律规则应促使当事人将来采取有利于价值最大化的行为。经济分析方法对合同法的贡献之一是,为漏洞填补理论提供分析方法。经济分析方法提供的漏洞填补理论是从降低交易成本、提高效率等角度提出建议的。

自愿的合同交易有助于促进效率。合同法意图使个人利益最大化,降低谈判风险,便利风险负担。在当事人未对风险进行分配时,采取有利于提高效率的风险分配方式。除了风险负担,当事人对于其他内容也会遗漏(如数量、价格、损害赔偿等),经济分析方法也从促进效率的角度提出了解决方案。

(一)从降低签订合同成本角度确定缺省规则

合同法对合同内容的确定性要求已经放宽,合同条款不确定时,并不直接认定合同不成立,而是通过合同解释确定条款内容。合同缺省条款通常的确定原则是"如果当事人进行协商会同意的条款",当事人不需要付出成本进行协商,法院会采用当事人可能同意的方案,审查相似合同会如何约定,考虑商业合理性、交易惯例等。

学者将合同不完全的原因主要归咎于签订合同的成本,对于意外情况签订明确的合同,所需交易成本高于可以获得的利益,包括法律费用、谈判费用、缔约费用、调查意外情况发生的可能性及后果的费用、当事人及法院证明意外情况发生的费用等。另外,如果意外情况发生的规模或者可能性比较小,即便交易费用不高,当事人也会置之不理。在这种情况下,学者建议采用大多数人都同意的条款作为缺省条款,因为其可以降低交易费用。

---

[1] 参见[美]罗伯特·A.希尔曼:《合同法的丰富性:当代合同法理论的分析与批判》,郑云瑞译,北京大学出版社2005年版,第208~209页。

在有些情况下，当事人事前约定所花费的成本，低于法院在纠纷发生后确定合同条款的成本。法院应采取措施促使当事人事前对相关条款作出约定，如果未约定，将适用对某一方当事人不利的缺省条款。[1] 例如，当事人约定数量条款比较容易，法院事后推断当事人意思比较困难，如果当事人未约定数量，法院应认定合同不能成立，这样有利于督促当事人约定合同数量。

（二）缺省条款对当事人重新谈判地位的影响

学者分析了《商法典》的规定，认为缺省条款能够对重新谈判中的当事人权利进行分配。例如，当事人未约定价格条款，卖方的成本上涨，其会拒绝履行合同。根据《商法典》第2－305条的规定，法院认定合同成立，应采用合理价格，在卖方不愿意履行合同的情况下，该规定使买方处于有利地位，尤其在买方有专属投资又不能从市场上获得替代产品的情况下。如果当事人未约定数量条款，但是约定了商品价格，在卖方成本上涨的情况下，其可能拒绝履行。根据《商法典》第2－201条的规定，法院应认定合同不成立。这使卖方在重新谈判中有优势地位。如果买方不能获得替代品也不能获得完全赔偿，其希望继续履行合同，则需补偿卖方增加的费用。[2]

长期合同当事人经常需要在合同履行中重新协商，缺省条款会对其应否重新协商以及采取何种协商策略产生影响。

（三）防范机会主义行为的解释方法——有利于投资者的解释方法

有学者提出有利于投资者的解释方法，该解释方法有利于防范非投资方采取机会主义行为，促进投资。

1. 有利于投资者的解释方法的内容

在当事人将投资情况告知对方当事人的情况下，对于合同中的模糊条

---

〔1〕 See Ian Ayrest & Robert Gertnertt, *Filling Gaps in Incomplete Contracts: An Economic Theory of Default Rules*, 99 The Yale Law Journal 87(1989－1990), 92－93.

〔2〕 See Scott Baker & Kimberly D. Krawiec, *Incomplete Contracts in a Complete Contract World*, 33 Florida State University Law Review 725(2006), 734－735.

款作有利于做出专属投资一方的解释。这样在重新协商时,做出专属投资一方具有谈判优势,有助于鼓励当事人进行投资。该规则对于非投资一方也予以保护,其要求投资方告知投资情况,避免过度投资,如果非投资一方认为对方投资缺乏必要性,可以予以拒绝。如果非投资一方默许投资,即表明非投资一方愿意承担不完全合同带来的风险,作有利于投资者的解释。当事人也可在合同中约定,如果发生意外,终止合同,在确定损失时,不予考虑投资。即由非投资一方承担澄清合同条款,排除默示规则适用的义务。[1]

2. 有利于投资者的解释方法的意义

该方法可用于衡量当事人行为是否符合诚信原则。《合同法重述二》第205条规定,合同履行中当事人应遵守诚实信用原则,[2]在涉及投资的案件中,有利于投资者的解释方法有利于界定当事人是否诚信履行合同。如东方航空公司诉海湾石油公司案,[3]海湾石油公司是供应方,东方航空公司是购买方,双方签订合同约定,在海湾石油公司加油站所在的地点,按照东方航空公司的需要供应飞机燃油。供应方应在约定的机场,供应购买方需要的所有燃油,购买方不得向其他客户购买燃油。双方未约定合同数量。由于政府控制燃油价格,每个城市的燃油价格不同,东方航空公司采取携带燃油飞行的方式操纵需求,如果海湾石油公司供应站点的燃油价格比出发站(非海湾石油公司供应站)的高,东方航空公司会加载多余的燃油,避免到海湾石油公司供应站点加油。如果海湾石油公司供应站点的燃油价格比非海湾石油公司供应站的低,东方航空公司会在海湾石油公司供应站点多加载燃油,避免在非海湾石油公司供应站加载燃油。由于遭受损失,海湾石油公司希望重新协商价格,东方航空公司拒绝。双方争议的焦点之一是,东方航

---

〔1〕 See Scott Baker & Kimberly D. Krawiec, *Incomplete Contracts in a Complete Contract World*, 33 Florida State University Law Review 725(2006), 744.

〔2〕《合同法重述二》第205条(善意行事与公平交易的义务)规定:合同的每一方当事人在履行合同或强制执行合同时都负有善意行事和从事公平交易的义务。

〔3〕 Eastern Air Lines, Inc. v. Gulf Oil Corp., 415 F. Supp. 429.

空公司是否违反了诚信原则。[1]

法院认为,东方航空公司的行为是正常的行业惯例,如果海湾石油公司希望限制该行为,其应该在合同中予以明确,由于双方未在合同中对此作出约定,视为海湾石油公司允许该种行为。法院系将澄清合同条款的义务施加给投资者,使投资者被套牢,非投资一方容易利用优势攫取利益。

适用有利于投资者的解释方法会得出不同的结论。海湾石油公司在某种程度上依赖双方的供应合同,能够为它新建成的炼油厂提供销售途径,海湾石油公司不容易另行寻找一个长期的销售渠道。如果海湾石油公司的投资具有专属性,如其将加油站建在东方航空公司站点附近,并且通知了东方航空公司,东方航空公司也未予以反对,在合同条款对于携带燃油飞行行为未作约定时,应作有利于海湾石油公司的解释,认定该行为不符合诚信原则。[2]

该方法的优势是,如果法院作有利于投资者的解释,海湾石油公司会更愿意为双方的关系投入资本,这对双方是有利的。东方航空公司知道法院会作有利于投资者的解释,会愿意与海湾石油公司重新协商。该方法使海湾石油公司在重新协商中的地位有所提高。法院所采取的海湾石油公司默示同意东方航空公司行为的解释,不利于鼓励专属投资,反而有利于非投资一方的机会主义行为,在他人投资中获得更多的利益。[3]

对举证责任作有利于投资者的分配,改变了当事人重新协商的地位,鼓励事前投资,同时限制了过度投资。对长期合同进行解释时,应对当事人的投资予以考虑。如果一方当事人的行为损害了对方的投资利益,应予以否

---

〔1〕 See Scott Baker & Kimberly D. Krawiec, *Incomplete Contracts in a Complete Contract World*, 33 Florida State University Law Review 725(2006), 745.

〔2〕 上述案例仅用于阐述有利于投资者的解释方法,该方法假设的情况(海湾石油公司进行了专属投资并通知了东方航空公司,东方航空公司未予以反对)并非法院查明的事实,因此该案判决并无明显不当。

〔3〕 See Scott Baker & Kimberly D. Krawiec, *Incomplete Contracts in a Complete Contract World*, 33 Florida State University Law Review 725(2006), 747.

定评价,从而促进投资。

第三节　长期合同特殊条款的解释

长期合同比较典型的开放性条款包括长期供应合同中的数量开口(按需供应、按产出供应)条款和排他性经销协议中的尽最大努力条款。由于一方当事人有权确定数量和履行标准,当事人可能根据市场和自身生产经营情况采取机会主义行为。司法机构应予以识别并进行规范,诚信原则能够发挥规范机会主义行为的作用。

一、产量合同和需求合同的解释

(一)产量合同和需求合同解释的特殊性

产量合同(卖方按照产出交付货物)和需求合同(买方按照需求购买货物)均是基于经济需要签订的合同。产量合同系按照卖方产出确定货物交易数量,如农产品、矿产销售在签订合同时无法确定产出数量,买卖双方可以签订数量开口的合同。产量合同卖方无须顾及产品销路,还可以按照市场需求调配资金,确定生产数量。需求合同系由买方按照需求确定货物交易数量。由于市场行情变化,买方对货物的需求数量难以精确预测,需求合同能够保证买方的货物供应,同时保持弹性,避免货物供应不足或者供应过剩。在市场情况变化时,买方也可以控制数量和调整交易状况,保持灵活性,使资本获得充分利用。两种合同均能够维持长期稳定的合作关系,并降低寻找新的合作伙伴和重新谈判的交易成本。

产量合同和需求合同的一方当事人对数量有裁量权,容易发生机会主义行为。在市场价格上涨或者下跌时,购买方或者出售方可能操纵交易数量,以达到获得更多利益的目的。另外,即便市场价格未发生变动,在买方有其他货物来源时,买方有可能不当降低需求。实务中,当事人会对数量作一些限制,如约定最低或者最高需求数量,确定调整标准等,但是数量仍然有被操纵的空间。

(二)法律上的解决方案

当事人订立合同后情况发生变化,市场价格发生上涨或者下跌,卖方的产出和买方的需求也会发生变化。当事人可能基于正当的商业原因调整产量或者需求,也可能作出降低自己损失或者试图提高自己盈利的自利行为。

处理这类纠纷的基本原则是当事人行使裁量权确定数量必须基于善意原则,而非投机行为。《商法典》第 2 - 306 条第 1 款规定,当事人确定的产量或者需求量系基于诚信而实际发生。同时,该条规定列举了参照标准。如果当事人事先有估算的数量,则履行中确定的数量不得与预估数量产生不合理的差异;如果当事人未估算数量,则应该参照通常的或者过去的产量或者需求量,不能与前述数量产生不合理的差异。[1]《商法典》第 2 - 306 条评注 2 还对具体行为进行了列举,在市场价格下跌之时,需求合同的买方为了减少损失停止营业是不适当的,但是如果买方因缺乏订单而停业是适当的。买方增加需求量不能因为想囤积,减少需求量不能仅因为所需资金用于他处对买方更有利。一方面,《商法典》要求当事人的行为是诚信的,应有合理的商业原因,而不是操纵行为;另一方面,需考虑当事人的预期,受"合理数量标准"的限制,不能过分高于或者低于当事人预估的数量。

如果买卖双方签订按需供应合同本是为了保证买方工厂的供应,在价格上涨的情况下,买方大量增加需求数量,从中赚取市场价格波动带来的巨大利益并卖给别人,超出卖方的预期,则视为滥用需求合同的不诚信行为。在美国某公用事业单位诉石油公司案中,原告与被告石油公司签订了按需

---

〔1〕《商法典》第 2 - 306 条第 1 款规定:根据出卖人的产量或者买受人的需求量确定货物数量的条款,系指基于诚信而实际发生的产量或者需求量,但是出卖人所交付的数量或者买受人所要求的数量不得与任何双方事先估算的数量发生不合理的差异;在没有该估算数量时,不得与任何通常的产量或者需求量,或者过去的其他可比产量或者需求量发生不合理的差异。

求供应合同,被告按照原告的需求提供石油,合同约定了固定价格,合同期为4年,并预估了每年需求量。原告系将天然气作为主要能源,而不是石油。合同预估的供应量是在考虑上述因素基础上确定的。合同开始履行以后,油气价格都急剧上涨。合同履行1年4个月之后,石油市场的最低价已经是合同约定价格的两倍。原告开始降低天然气的使用量而使用石油,并且把剩余的天然气卖给第三方赚取利益。原告使用的石油数量是合同预估数量的两倍。后来,对于原告超出合同预估数量10%的购买要求,被告予以拒绝,原告遂提起诉讼。法院认为,根据《商法典》第2－306条第1款的规定,按需供应合同应该遵守诚信原则,市场价格上涨,买方不能增加数量用于投机营利,原告的行为不诚信,且所购买的数量过分高于预估的数量。[1] 该案属于比较典型的滥用确定数量权利的行为。买方的需求数量超出了卖方的预期,这不是善意的行为,而是损人利己的行为。

如果买方由于错误估计所需商品数量,增加需求并非为了从中获益,则属于善意行为。在市场价格降低的情况下,买方可以降低需求数量,但是如果双方对需求数量有预估,买方需求的数量与预估需求数量不能存在不合理的差异;如果没有预估数量,则不能与其他可比数量存在不合理的差异。如果买方降低需求数量是技术进步造成的,则应认为是基于合理的商业原因,且未超出当事人的期待。[2] 例如,西南天然气公司诉俄克拉何马波特兰水泥公司案,俄克拉何马波特兰水泥公司从西南天然气公司购买汽油用于燃料、取暖和运行工厂的其他用途。在与西南天然气公司签订需求合同时,俄克拉何马波特兰水泥公司将使用的锅炉产生的余热释放到空气中。当锅炉需要更换时,俄克拉何马波特兰水泥公司安装了一个新的系统,它的锅炉

[1] See Orange & Rockland Utilites, Inc. v. Amerada Hess Corp., 59 A. D 2d 110, 397 N. Y. S. 2d 814 (App. Div. 1977).

[2] See Steven J. Burton, *Breach of Contract and the Common Law Duty to Perform in Good Faith*, 94 Harvard Law Review 369 (1980), 396－397.

更靠近工厂,工厂可以使用锅炉产生的废热,从而大大减少了向西南天然气公司购买汽油的需求量。法庭认为这种替代是善意的。[1] 该案例也记载在《商法典》第 2 – 306 条评注 2 中。

(三)有利于投资者的解释方法的适用

前述有利于投资者的解释方法能够帮助法院判断当事人是否违反诚信原则。在卖方为了买方的需求进行投资时,买方未予以反对,履行过程中,买方降低需求,要求卖方降低价格。此时,通常会要求卖方证明买方存在恶意,但是根据有利于投资者的解释方法,应要求买方证明其有合理的商业理由降低需求。反之,如果是买方进行了专属投资并告知卖方,卖方减少供应,则应举证证明有正当合理的理由,否则认为其存在恶意。[2]

有利于投资者的解释方法将是否损害投资者利益作为判断是否有不诚信行为的一种方法。无论按需供应还是按产出供应,在解释合同时应考虑与合同当事人的预估数量、以往交易数量、通常交易数量等相比较是否差异过大。另外,应考虑对方当事人的专属投资是否受损。当市场行情发生变化时,一方不能为了己方利益,而不考虑对方的投入,急剧减少需求或者增加需求,应在履行中购买相应数量,以便让对方经营下去。否则,可以认为数量的变化系不诚信行为。

综上,按需供应和按产出供应条款的解释说明,判断当事人的行为是否符合诚信原则与当事人的预期相关。一方不应剥夺另一方当事人期待从合同中获得的正当利益。而当事人的期待需根据谈判过程、合同内容、履约过程、是否有专属投资等进行判断。

---

〔1〕 See Southwest Natural Gas Co. v. Oklahoma Portland Cement Co. ,102 F. 2d 630(10th Cir. 1939).

〔2〕 See Scott Baker & Kimberly D. Krawiec, *Incomplete Contracts in a Complete Contract World*, 33 Florida State University Law Review 725(2006), 748 – 749.

二、尽最大努力条款的解释

(一)尽最大努力条款的特殊性

长期合同当事人无法对履行义务作出详细规定,为降低签订合同的成本,当事人采用尽最大努力条款来确定履行标准。排他性经销协议中通常包括尽最大努力条款,因为许可商的报酬完全依赖经销商的努力程度,如果经销商不努力经营,许可商的利益将会受损。根据《商法典》第 2-306 条第 2 款的规定,排他性货物经销协议的出卖人和买受人均有尽最大努力的义务。该条款的履行标准对当事人的权利义务有重大影响。有些合同将债务人未尽最大努力作为解除合同的条件。法院须判断债权人以债务人未尽最大努力为由解除合同是否正当。另外,如果债务人未尽最大努力,可能承担违约责任,赔偿对方的损失。

该条款区别于合同约定取得特定结果的情形,义务人能够证明已经尽到最大努力,即便取得的结果不尽如人意,也不能认定其违约,但何为尽到最大努力,具有较大解释空间。其是否要求行为人采取一切可能的措施?其与诚信原则是否等同?其与忠实信赖义务是否相同?在进行判断时,应以行为人的努力程度为标准还是以理性人为标准?实践中存在一定分歧。

(二)法律上的解决方案

理论上认为,尽最大努力或者合理努力条款,要求当事人根据自己的能力,决定可以采取的措施,并考虑对方当事人的合理期待,尽到合理努力。在美国布鲁尔诉福斯塔夫酿造公司案中,双方约定经销商应以最大努力推销许可商的啤酒并维持高销售量,否则将承担违约责任。经销商在销售啤酒的过程中,发生巨额亏损,故决定削减推广费用支出,啤酒销售量亦大幅下降,许可商起诉要求赔偿,主张经销商违反合同义务。法院认为,经销商推广产品虽有亏损,但是并不能成为其大幅削减推广费的正当理由,其降低推广费用导致啤酒销量下降,完全不顾及许可商的利益,属于未尽最大努力。[1] 法院在解释这类条款时,通常采用客观标准,审视合同和履约过程,当事人的行为是否符合诚信原则及公平交易原则。[2]

《通则》第5.1.4条(取得特定结果义务、尽最大努力义务)第2款规定,尽最大努力是指"尽一个状况相同的合理人在相同情形下将会尽到的努力"。该规定表明,对于一个专业的公司,期望值比非专业公司高。《通则》所举示例中阐述,"尽最大努力销售"是指经销商采取处于相同情况下(产品性质、市场的特点、公司知名度和经验、是否有竞争者)的合理人会采取的一切可以采取的促销措施(发布广告、拜访客户、提供适当的服务)。可见,《通则》采取的应是客观标准。[3]

范斯沃思教授认为,尽最大努力义务比诚信义务更高。诚信义务是合同当事人均应尽到的义务。尽最大努力义务仅对约定了该条款的当事人有拘束力。[4] 笔者认为,"尽最大努力"同样受诚信原则约束,二者是统一的。如果当事人的行为符合交易中合理的行为标准,符合诚信原则,应该认定其已经尽到最大努力。《通则》于2016年修订时,对第5.1.4条增加了评注3。该条规定,在长期合同中,当事人经常约定对履行中发生的新情况,尽最大努力协商解决,该约定相当于当事人应诚信协商(适用第2.1.15条评注3规定)。从《通则》的评注中可以看出,如果当事人诚信协商,可以认为其尽到最大努力协商,两者并无二致。

戈茨教授和斯科特教授通过经济分析认为,"尽最大努力"条款应解释为当事人的行为应使合同关系的共同产出最大化,这样各交易方的利益能够实现最大化。该经济分析能够为法院解释该条款提供帮助,即当事人的履约行为应有利于双方共同利益。"尽最大努力"与忠实信赖义务存在区

---

[1] See Bloor v. Falstaff Brewing Corp., 601 F. 2d 609 (1979).

[2] 参见杨桢:《英美契约法论》,北京大学出版社1997年版,第300~301页。

[3] 参见《通则》第5.1.4条评注2、示例2。

[4] 参见[美]E. 艾伦·范斯沃思:《美国合同法》(原书第3版),葛云松、丁春艳译,中国政法大学出版社2004年版,第504~510页。

别,忠实信赖义务存在于律师和客户、经纪人与委托人、企业的管理层和股东,以及合伙人之间等特定关系中。忠实信赖义务和尽最大努力义务的相似之处是均要求一方考虑另一方的利益。忠实信赖义务的当事人之间存在更强的信任关系,受托人可能在知识技能上占有优势地位,对委托人有影响力,所以忠实信赖义务要求受托人为另一方的利益从事行为。忠实信赖义务系法律的强制性规定,只要存在特定法律关系就应承担该义务,双方没有进行协商变更的余地。尽最大努力义务是约定义务,非法定义务,其要求受托人为双方的利益而行为,比忠实信赖义务的要求要低。[1]

在排他性经销协议中,许可商的报酬通常根据经销商的营业利润确定,双方属于利益共同体,经销商不需要单纯为许可商的利益经营,但也不能仅考虑自己的利益,而不考虑经销商的利益。尽最大努力条款的解释,说明诚信原则要求当事人在履行中顾及他人利益,并不要求完全利他,但是也不能完全利己。

综上,在长期合同解释中,诚信原则与当事人的预期密不可分,当事人期待对方当事人为双方共同利益履行。当事人不能采取违背对方预期,损害对方利益,使自己获利的行为。这与一时合同的解释存在区别。一时合同适用诚信原则,并不要求当事人为双方共同利益履行。

第四节　长期合同开放性条款解释规则构建

长期合同当事人通常是商主体,有较为丰富的专业知识。他们所签订的合同往往存在隐性制约机制,不需要法院过多干预,但是毋庸置疑,当事人并无足够的能力签订一份完全合同,而且在很多情况下,当事人会签订开放性条款。合同当事人的逐利属性又使其无法抗拒利用合同漏洞获利的诱

〔1〕 See Charles J. Goetz & Robert E. Scott, *Principles of Relational Contracts*, 67 Virginia Law Review 1089 (1981), 1126 – 1127, 1149.

惑,故须用社会行为准则规范当事人的行为。从实践和理论的比较分析出发,可以总结如下几条长期合同解释规则。

一、长期合同文本并非唯一的解释依据

长期合同文本并非合同的全部内容,履行行为、商业习惯等构成长期合同解释的来源。

(一)理论分析

从契约哲学理论分析,实证主义契约学说主张合同即法律,推崇意思自治和合同自由。该理论受到新自然法学派、法律现实主义的契约哲学的批判。法律现实主义将公共利益保护纳入合同法,作为合同法新的价值标准,并把商业惯例作为新的事实引入合同法,认为商业实践是确定合同权利和规则的重要依据。美国学者卢埃林在主持起草《商法典》时,将商业习惯放在重要地位,认为其对合同有重塑的作用。〔1〕

美国戈茨和斯科特教授认为,缔约方无法将重要的安排表述为明确的义务。因为缔约时对未来可能发生的风险无法预测,或者即便能够预测意外会发生,也无法事先提出解决方案。〔2〕 哈德菲德教授强调,关系性合同(长期合同亦同)系嵌入关系中的不完全合同,关系性合同的缔约方不是陌生人,他们的很多交易发生在合同之外,其意图不是通过法院强制执行,而是寻求合作与制约,沟通与策略之间的特殊平衡。当合同嵌入特定关系中,如特许合同,合同义务经常被关系规范所修改、补充,甚至取代。关系性合同强调当事人的关系多于明确的合同规范,缔约方相互依存。〔3〕 麦克尼尔

〔1〕 参见傅静坤:《二十世纪契约法》,法律出版社1997年版,第175~178、210~214页。

〔2〕 See Charles J. Goetz & Robert E. Scott, *Principles of Relational Contracts*, 67 Virginia Law Review 1089 (1981), 1090.

〔3〕 See Gillian K. Hadfield, *Problematic Relations: Franchising and the Law of Incomplete Contracts*, 42 Stanford Law Review 927(1989-1990), 927-928.

教授认为,全部合同关系不只体现在当事人最初的合意(合同)之中。[1] 阿提亚教授认为,合同义务的根据超出了当事人的意思和对方的信赖,扩展到社会中。[2]

这些学者都注意到了合同关系不只体现在当事人签订的合同文本中,一方面,是因为当事人没有能力或者不愿意对难以预见的情况提前作出规范,自愿在履行中逐渐完善;另一方面,长期合同当事人存在关系(如长期投资关系、社会关系),关系对合同内容产生影响。因此,在解释合同时,不能仅以合同文本为依据,应考虑磋商过程、履行过程,以及交易习惯等情况,并且社会规范会对当事人的权利义务产生影响。

(二)法律和规则的确认

大多数国家国内法及国际统一示范规则均将交易惯例作为确定合同当事人协议内容的依据。《通则》在修改时,也增加了履约过程作为合同条款的解释依据。理论和法律规定都表明,长期合同文本已经不是唯一的解释依据,商业惯例以及当事人实际履行过程可以修正合同文本,至少可以作为合同文本的补充。

二、适用公平交易原则、诚信原则填补合同缺漏

现代合同法[3]普遍认同法院依据诚信原则、公平交易原则填补合同缺漏。《原则》规定,当事人须遵守诚实信用和公平交易以及体现该原则内容的强制性规则。[4] 《通则》《共同框架》也将诚信原则、公平交易作为基本原则。诚信原则并非仅适用于长期合同,但是在长期合同纠纷中适用诚信原

---

〔1〕 See Ian R. Macneil, *Contracts: Adjustment of Long-term Economic Relations under Classical, Neoclassical, and Relational Contracts Law*, 72 Northwestern University Law Review 854(1978), 888 – 889.

〔2〕 参见[日]内田贵:《契约的再生》,胡宝海译,中国法制出版社2005年版,第109页。

〔3〕 通常指资本主义进入垄断阶段的合同法。参见吴天:《从近代合同法到现代合同法》,载《台声·新视角》2005年第7期。

〔4〕 参见《原则》第1:102条、第1:201条。

则有特殊性。

长期合同存在的不完全性使当事人可能会采取机会主义行为,而诚信原则能够对当事人的行为予以规范。对诚信行为进行定义较为困难,但是司法实践能够对不诚信行为进行总结。美国萨默斯教授认为,不诚信的行为在合同谈判、履行、解决合同争议、解除合同等阶段均会发生。不诚信履约行为包括:规避交易的本意;滥用确定合同条款的权利(如在需求合同中要求不合理的数量),滥用评价对方的履约行为权利,给对方当事人的履行设置障碍或不予配合(如生产商干预代理销售商与客户的合同)等。[1] 例如,需求合同的购买方假装自己没有任何需求,或者突然急剧增大需求量,均违背交易目的,属于不诚信行为。尽管合同对有关履行行为未明文禁止,甚至当事人的行为与合同条款无明显抵触,但如果认定其行为不诚信,不符合合理的商业习惯,也构成违约行为。

当事人的行为是否符合诚信原则的判断方法如下。

(一)从交易惯例判断

德国有学者认为,“通常只有遵守了交易习惯才能被评价为是符合诚实信用的。因为交易习惯建立了正当的行为期待,而个人必须根据诚实信用原则的要求满足这些期待”[2]。反过来,交易习惯规则应当根据诚实信用的规范标准来衡量,如果交易习惯违背了基本的社会伦理要求,则不能作为行为依据。根据《商法典》的规定,对于商人,诚信不仅包括有关行为或交易中事实上的诚实,还包括遵守行业中有关公平交易的合理的商事准则。诚信原则与商业实践密切联系,根据当事人的交易过程、习惯等确定当事人的合理预期,从而对行为是否违反合理预期作出判断。需要注意的是,在不同的

---

[1] See Robert S. Summers, *Good Faith in General Contract Law and the Sales Provisions of the Uniform Commercial Code*,54 Virginia Law Review 195 (1968), 232 - 243.

[2] [德]迪尔克·罗歇尔德斯:《德国债法总论》,沈小军校,中国人民大学出版社 2014 年版,第 30 ~ 31 页。

交易领域,交易习惯并不完全相同。《通则》第1.7条规定,当事人应依据国际交易中的诚实信用和公平交易原则行事。评注3表明,上述原则应结合国际交易的特殊情况予以解释,不同交易领域存在较大差异,同一交易领域,也因交易企业的规模和技术能力,以及所在营业场所的社会经济环境不同,而存在差异。换言之,诚信和公平交易原则根据交易领域的实践确定。[1]

(二)考虑当事人预期

《商法典》关于需求合同与产量合同的规则及评注对决定数量行为进行规范,当事人应基于合理的商业原因作出决策,且不能与当事人签约时预估的数量产生较大差异。这为判断当事人是否基于诚信履行合同提供了依据,行为是否违反诚信原则与当事人的合理预期相关。

诚实的人的合理预期必须得到保护,这虽然不是一个法律规则或者原则,却是合同法的一个目标。保护当事人的预期应该用习惯和预期补充和限制合同权利,在解释条款时,考虑当事人基于市场惯例和争议的商业背景而产生的预期。[2] 长期合同当事人期望从长期交易关系中获得稳定收益。如果一方当事人明知对方的预期,仍然操纵合同条款,满足个人利益,则违反诚信原则。

(三)考虑对方利益

诚信原则本质上涉及的是顾及对方的利益、保护正当的信赖以及保证贸易往来中的一般诚信度。[3] 诚信原则要求当事人应考虑双方的信任关系,均有为共同利益采取行为的义务,不能仅谋求单方利益、采取机会主义行为。长期合同当事人如果有上述行为,则应认定其违反诚信原则。合同

---

〔1〕 参见《通则》第1.7条评注3。

〔2〕 参见[英]休·柯林斯:《规制合同》,郭小莉译,中国人民大学出版社2014年版,第214～215页。

〔3〕 参见[德]迪尔克·罗歇尔德斯:《德国债法总论》,沈小军校,中国人民大学出版社2014年版,第30页。

是双方当事人相互期待获益的正值交易关系，当事人之间应有最低限度的信任，一方当事人能够期待对方当事人是在诚信地参与相互获益的交易，尽管当事人总是尽量为自己多谋取利益。[1]

美国前联邦法院法官波斯纳在市场大街公司诉弗瑞案中认为，当事人不得利用对方当事人对其合同权利的疏忽。但是，当事人不需要以利他方式对待对方当事人，低于信托关系受托人的要求。[2]

因此，长期合同当事人的行为规范与一时合同有所区别，一方不能仅考虑自己的利益，而不顾及对方当事人的利益，这不利于双方的长期关系，进而影响诚信原则的适用。如果长期合同当事人仅为自己利益而损害对方利益，则会违反诚信原则。

三、经济分析方法在长期合同解释中的应用

经济分析方法主张通过确定解释规则对当事人的行为施加作用力，引导当事人采取立法希望其采取的行为。学者对《商法典》相关规定分析后发现，其规定符合经济规律。例如，在当事人未对合同价格进行约定时，采用合理价格，即能够降低签约成本，促使合同成立。法院对长期合同的解释，可考虑规则对社会经济行为可能造成的影响。长期合同涉及投资行为较多，有利于投资者可以作为长期合同解释的一个考虑因素。在对合同进行解释或者进行举证责任分配时，有利于投资者，能够提高其在重新协商中的地位，从而促进投资行为。

长期合同当事人对于履行有较大裁量权，对当事人的履行行为进行经济分析，有助于判断行为是否属于机会主义行为，是否违反诚信原则。例

〔1〕 参见[美]迈克尔·D.贝勒斯：《法律的原则——一个规范的分析》，张文显等译，中国大百科全书出版社1996年版，第223页。

〔2〕 参见[美]E.艾伦·范斯沃思：《美国合同法》（原书第3版），葛云松、丁春艳译，中国政法大学出版社2004年版，第509页。

如，对于"尽最大努力"条款的解释，学者通过经济分析提出为双方共同最大利益履行时，最符合效率原则。如果当事人采取的行为仅对一方当事人有利，或可损害对方当事人利益，则可以认为其未尽最大努力。长期合同投资收回的时间长，并且与投资密切相关，如果对投资者利益不予考虑，则将损害投资欲望。经济分析方法为长期合同的解释提供了新的角度。

四、长期合同解释应符合合同目的

司法机构不能够为当事人制定合同，其对合同解释的正当性在于对当事人的意思予以拟制，即如果当事人能够预见到相应问题会如何进行约定，或者根据公平交易原则予以拟制。故长期合同的解释不能脱离合同的性质和目的。《通则》在解释规则中明确将合同目的列为考虑因素。合同的目的首先是交易目的，即所欲实现的法律效果。例如，在买卖合同中，买方的目的是获得标的物所有权，卖方的目的是获得价款。其次是当事人订立合同的主观目的。主观目的应是双方在合同中意思表示一致的目的，如果双方合同目的不一致，则以各方已知或者应知表示于外部的目的为准。[1]

德国法上，只有某些条款对于实现合同目的是必需的，该条款的缺失才能被视为合同的漏洞。法院或仲裁机构应首先对当事人的合同目的作出判断，确认合同是否存在必要条款缺失的情况。再根据当事人的特定目的拟制当事人的意思，以填补合同的漏洞。裁判者所拟制的当事人意思能够实现"合同目的"，防止法院或仲裁机构的恣意解释。[2]

克茨教授认为，法官进行合同推定解释（包括默示条款解释方法和补充解释方法），应与合同目的和当事人利益一致，与合同已有内容的精神一致，解决尚未发现的问题。推定解释不能破坏合同已有的平衡，超出当事人本

---

〔1〕 参见崔建远：《合同解释论纲》，载王利明等主编：《合同法评论》（总第2辑），人民法院出版社2004年版。

〔2〕 参见刘勇：《合同补充解释的理论构造及立法选择》，载《浙江社会科学》2017年第3期。

意之外。[1] 对于长期合同的解释，法官不能以自己的意志代替当事人的意志，如果能够从合同约定、协商过程等情况分析出当事人的合同目的和利益分配，则合同解释不能与合同目的相抵触。

当事人签订长期合同的目的通常是双方共同合作实现一定经济利益，在合同存在缺漏时，应假定双方风险共担，从而使双方均实现合同目的。单纯依据合同约定的权利义务确定由单方承担风险，仅使单方实现利益，有违合同目的。

综上，由于交易的复杂性，长期合同存在大量开放性条款，当发生争议时，司法机构需更多地运用商业惯例、交易过程、履行行为等填补合同空白，并适用诚信原则、公平交易原则规范当事人的机会主义行为。一时合同与长期合同当事人对相对方的期待并不相同，一时合同当事人更多考虑自己利益，法律并不要求其有利他行为，而长期合同当事人应为共同利益而履行，因此判断当事人的行为是否符合诚信原则、公平交易原则时，会存在差异。如果当事人仅考虑自身利益，违反对方的预期，则应认定其行为不符合诚信原则，并承担相应责任。经济分析方法可以帮助司法机构采取有利于提高效率、降低成本的解释方法，在长期合同情形下，司法机构可采取有利于促进投资的解释方法。

---

〔1〕 参见[德]海因·克茨:《欧洲合同法》(上卷)，周忠海等译，法律出版社2001年版，第174页。

第三章
长期合同之调整规则研究

长期合同的调整是合同履行过程中争议最大的问题。长期合同成立后,可能发生订立合同时未预见的意外事件,导致合同履行发生困难,如果当事人约定了调整条款,按照约定处理即可。如果当事人未约定调整条款,能否请求变更合同约定或者解除合同?根据合同严守原则,合同调整属于特例,仅在显著违反公平原则的情况下,才能进行调整。实践中,法院仅在极少数情况下才会对合同予以调整。美国有一个法院对合同进行调整的案例,引起了巨大争议。但是对于长期合同,调整具有必要性。美国戈茨和斯科特教授认为,关系性合同经常不能跟上形势变化,专属投资使当事人终止关系将付出较大代价,所以关系性合同应具有灵活性,合作与调整是必需的。[1] 长期合同与关系性合同具有相似之处,均需根据情况变化进行调整。在长期合同情形下,确有必要重新审视合同严守原则。本章对长期合

---

〔1〕 See Charles J. Goetz & Robert E. Scott, *Principles of Relational Contracts*, 67 Virginia Law Review 1089 (1981), 1092.

同调整规则进行比较分析，并提出建议。

第一节　长期合同调整的主要争议

一、长期合同调整方式

长期合同调整的方式主要有以下几种：一是当事人签订合同时约定调整条款；二是当事人在履行过程中达成协议，对合同进行调整；三是一方当事人有权单方调整合同；四是当事人请求司法机构调整合同。

（一）当事人约定调整条款

自动调整条款实质上是一种风险分担机制，由双方按照合同约定分担风险。当事人约定的调整条款可分为两种：一种是符合约定条件时，自动调整。例如，石油开发合同中当事人约定产量达到一定标准时，经营者向政府支付高产费；产品分成合同中，东道国与外国公司约定依产量确定产品分成，产量越高，政府分成比例越高。[1] 另一种是符合约定条件时，当事人另行协商解决。例如，约定艰难情势条款和重新协商条款，当履行困难或者符合约定的重新协商条件时，当事人对合同条款重新审查并协商是否进行调整。

自动调整条款既保持灵活性，又不需要另行协商，能够避免协商不成的局面，但是这种条款需要当事人准确预见并且评估不确定性因素对价格的影响，对于长期复杂合同当事人而言，有较大难度。

有的国家，如法国对价格调整条款规定了条件，有效的价格调整条款应具备以下基本的条件：一是考虑的因素能够确定。价格调整条款考虑的因素包括营业额、利润，或者某种货币、黄金等的价值。如有的条款约定，采用竞争者的价格条款，但是未说明如何确定竞争者的价格条款，故该条款无效。二是不依赖于某一方当事人的主观意志。如有的合同条款约定了多种

---

[1] 参见余劲松主编：《国际投资法》（第3版），法律出版社2007年版，第91页。

决定价格因素，其中一个是“合同一方的意愿”，故被认为是无效的。但是有些调整合同价格条款会受到当事人意志的影响，如营业额。三是决定因素应与合同目的或者交易行为相关。[1] 法国的上述规定仍然遵守价格的确定性原则，条件较为严格。司法实践中，法国对确定性的要求也在变化，根据法国最高法院的判决，供应商单方确定的价格可视为确定，除非能够证明供应商滥用特许经营权，非善意履行合同。[2]

（二）当事人在履行过程中自行达成变更协议

当事人在履行过程中能够自行达成变更协议，但该协议的效力有可能被司法机构否认。司法机构会审查变更协议是否属于要挟行为，从而认定是否违反诚信原则。英国法对当事人变更合同的规定比较严格，如英美法的对价理论要求合同变更需有新的对价。如斯蒂克诉迈里克案（Stilk v. Myrick），[3]法院拒绝认可当事人达成的变更合同的效力，认为其缺少新的对价。该案体现的规则是“既存义务规则”，即既存义务不能成为新的允诺的对价。该规则能够避免当事人达成协议后，一方利用对方无其他选择的不利地位，通过拒绝履行原义务要挟对方给其超出原合同金额的补偿。“既存义务规则”虽然能够防止机会主义行为，但是也会使当事人通过平等协商达成的变更协议无法执行。司法实践中，有案件通过扩大对新的对价的解释，以确认变更的效力，缓和僵化处理方式。在威廉姆斯诉罗菲兄弟和尼古拉斯建筑公司案中，原告（木匠）同意为被告承包的房屋重新粉刷。原告完

---

〔1〕 See Isabelle de Lamberterie, *The Effect of Changes in Circumstances on Long-term Contracts—French Report*, in Donald Harris & Denis Tallon, Contract Law Today Anglo-French Comparisons, Clarendon Press, 1989, p. 223.

〔2〕 参见［德］海因·克茨：《欧洲合同法》（上卷），周忠海等译，法律出版社 2001 年版，第 73 页。

〔3〕 该案的基本案情是：由于航行中两名船员逃走，船长与剩余船员达成协议，剩余船员将船驶回目的地后，船长同意将逃走船员的工资分给剩余船员。剩余船员驾驶船回到目的地，但是船长拒绝兑现其承诺。法官认为该协议变更缺乏对价无效。主要理由是增加工资的承诺没有对价，缔约方在达成增加工资的协议时，船员未产生损害，船长未获得额外利益。船员本来就有义务将船开到目的地，船长本来就有权利要求船员履行义务。参见［美］格兰特·吉尔莫：《契约的死亡》，曹士兵等译，载梁慧星主编：《民商法论丛》第 3 卷，法律出版社 1995 年版。

成部分工作后，发现工作报价太低，要求涨价。被告为避免主合同迟延导致承担违约责任，同意额外增加报酬。原告履行完毕后，被告拒绝支付增加的报酬。原告提起诉讼，法院判决被告支付增加的报酬。法院认为被告的允诺有对价，原告帮助被告避免了延误，不需要另找其他人完成工作，被告已经获得实际利益。[1]

英国学者阿狄亚教授认为，英国法对存在持续关系的合同未予以充分考虑。如雇佣合同，须时常对条款予以调整。当事人作出让步，同意变更合同往往有商业原因，如为了将来获得某种利益。对价学说阻碍了法院确认变更合同的效力，法院只能通过扩大解释“利益”，避免不适当的结果。[2]

《合同法重述二》规定，如果合同当事人签订合同时未曾预见的事件发生，当事人因此进行的公平的合同变更是有效的。[3]《商法典》第2－209条第1款规定，货物买卖合同的变更不需要对价支持，不过当事人变更合同应遵循诚信原则。该条评注2强调，禁止当事人恶意逃避原合同条款，变更合同应符合诚信原则，有正当的商业理由。[4] 例如，在一个施工合同中，当事人就挖掘酒窖签订合同，但是在施工过程中，施工人挖掘到坚硬的石头，业主同意施工人可以增加费用，这对双方均是有利的，能够避免施工人破产，或者提供质量不高的工程给业主带来损失，还可以提高业主公平交易的声誉。[5] 但是在有些情况下，当事人达成的变更系一方受胁迫导致的。在上

---

〔1〕 参见［英］P. S. 阿狄亚：《合同法导论》（第5版），赵旭东、何帅领、邓晓霞译，法律出版社2002年版，第136页。

〔2〕 参见［英］P. S. 阿狄亚：《合同法导论》（第5版），赵旭东、何帅领、邓晓霞译，法律出版社2002年版，第147页。

〔3〕《合同法重述二》第89条规定：如果鉴于合同订立时无法预见的情况对任何一方尚未充分履行的合同义务的修改是公平的，则履行该修改了的义务的允诺是有约束力的。

〔4〕《商法典》第2－209条第1款规定：修改本篇范围的合同的协议，即使缺少对价，仍可具有约束力。评注2规定：禁止恶意逃避原合同责任，一方没有商业上的合法理由迫使另一方接受修改，违反诚信原则，是无效的。商人之间以及商人为一方当事人应遵守的诚信标准是“遵循交易中公平合理的商业行为标准”，在一些情况下，合同修改应证明存在客观的可证实的原因。

〔5〕 See Timothy J. Muris, *Opportunistic Behavior and the Law of Contracts*, 65 Minnesota Law Review 521 (1981), 533.

述案例中,假设施工过程中并未有意外情况发生,施工人仅是利用业主无法另外找到其他施工人的境况,与业主达成增加费用的变更协议,这种合同变更就属于恶意逃避原合同义务。司法机构应增加识别能力,注意区分有益的合同变更与受胁迫的合同变更。

古典合同法对合同的变更形式要求过于严格,不利于认定长期合同变更的效力。现代合同法认可当事人协议变更合同的效力,但是应特别防范当事人要挟对方变更合同的情况。例如,在美国的一个案例中,制酒商与买方签订了2年的白兰地销售合同,但是由于市场价格下跌以及数量超出买方所需,买方请求削减供货数量,双方未能达成一致,买方就不肯确定发货时间。制酒商为了减少库存占用以及获得资金生产其他产品,与买方达成协议取消第二年的供货。制酒商向法院主张第二年供货的利润,经过一审、二审,最终法院以合同变更不需要对价为由驳回了制酒商的主张。但是,该案买方变更合同的理由很难认定为善意,履行过程中并未发生双方不可预见的事情,买方系由于自身对行情的判断有误,确定了不适当的供货数量。其利用了制酒商急于处理货物的不利地位达成了变更协议,〔1〕这种情况应认定买方变更合同的行为违反诚信原则,构成违约,支持制酒商的请求。

大陆法系国家认可变更协议的效力。

(三)单方调整合同价格及审查

长期合同可能约定一方当事人对价格有调整权,这在消费者作为一方主体的长期供应合同中较为常见。基于国际市场能源价格、工资、税收等成本增长,原定价格难以弥补供应方的成本,供应方确有必要提高供应能源的价格。但是对供应方的调整权应进行限制。这是因为供应方往往处于垄断地位,消费者可以选择的供应方比较少,且缺乏与供应方进行谈判的能力,不得不被动接受供应方的价格。《德国民法典》第315条规定了一方对履行

〔1〕 See Timothy J. Muris, *Opportunistic Behavior and the Law of Contracts*, 65 Minnesota Law Review 521 (1981), 547.

有决定权的情况,当事人的决定应具有合理性,并受法院的审查,如果一方的决定导致双方权利义务不平衡,法院可以作出决定;如果一方迟延作出决定,法院也可以作出决定。该规定可以适用于单方调整合同价格的情况。从德国的案例来看,对单方调整合同价格的条款,法律可以提供保护。一方面,在程序上,即审查涨价程序是否公开透明以及客户如果不同意涨价,是否有权利终止合同。另一方面,还会进行实质性审查,供应方应该证明成本增长情况以及对价格上涨的影响,是否将成本降低的因素也考虑在内。如果调整条款未约定在成本降低时下调价格,则该调整条款有可能被法院认定为无效。〔1〕

法国在债法改革时,对单方定价合同进行了规定,这是法国司法判例创制的规则,被写进了《法国民法典》,限定在框架合同和服务合同类型内。为平衡单方定价权,法律要求单方权利人有义务向缔约合作方阐明定价依据和理由,并赋予相对缔约人在单方定价权被滥用的情形下请求解除合同和损害赔偿的权利。〔2〕

《通则》在第5.1.7条规定了价格的确定方式,如果一方当事人确定的价格明显不合理,则司法机构(法院或者仲裁机构)可以合理价格代替。在单方有权利调整价格的情况下,该规定亦有适用价值,司法机构应对价格的合理性进行审查,以避免权利滥用。

司法机构对合同一方调整合同价款进行审查,能够防止有权确定或者

〔1〕 See Peter Rott, *The Adjustment of Long-Term Supply Contracts: Experience from German Gas Price Case Law*, 3 European Review of Private Law 717(2013), 717 - 746.

〔2〕 参见秦立威等译注:《〈法国民法典:合同法、债法总则和债之证据〉法律条文及评注》,载李昊、明辉主编:《北航法律评论》总第7辑,法律出版社2017年版。《法国民法典》第1164条规定:在框架合同中,缔约各方可以约定交易价格由缔约一方单方面确定。一旦交易价格遭到质疑,享有单方定价权的缔约人有义务解释确定相关金额的理由。单方定价权被滥用时,法官可以应原告请求实施管辖,以支持当事人的损害赔偿请求,必要时可解除合同。第1165条规定:在服务给付合同中,若缔约各方在合同履行前未能就交易价格达成合意,债权人可以单方确定交易价格,但须负担交易价格遭到质疑时,解释确定相关金额的理由之义务。单方定价权被滥用时,法官可以管辖缔约一方提出的损害赔偿之诉。

调整合同价格一方损害对方当事人的权利,达到制衡的目的。

(四)当事人请求司法机构予以调整

当事人未约定价格调整条款,但是履行中发生了双方未曾预见的事件,导致履行原合同会使一方遭受巨大损失。在双方不能自行协商达成协议变更合同的情况下,一方会向法院起诉或者申请仲裁,请求司法机构予以变更或者免除履行义务。这种情况应否进行调整,存在分歧观点。

通常认为,法官或者仲裁员不得为当事人制定合同,因此也不能主动对合同进行调整。尤其是依据合同缔结后发生的情况修改合同条款与合同严守原则相冲突。合同调整与合同解释不同,司法机构进行合同解释与合同严守原则无明显的冲突,其假定当事人对有关事项未作出约定,法官或者第三方有权力确定合同是否存在遗漏并推定当事人的意思,以填补空白,这并不违反当事人的预期。[1] 实践中对于合同的调整持否定意见的较多。

二、司法机构应否调整长期合同的分歧观点

(一)反对司法机构调整的观点

反对观点认为,因意外事件获利一方并没有义务调整合同。主要的理由有以下几点。

1. 商事合同缔约方有能力作出理性选择,能够对不确定的未来作出评估,分配风险。合同并非共同体的产物,而是个体意见的表达。对于能够预见的意外事件,当事人在缔约时即应确定如何分担损失,法律不应予以干预。对于合同中未明确约定的风险,并不等于当事人未作出分配。当事人未约定风险的原因可能是认为没有必要投入成本去协商,也可能是自愿承担。法院并不能准确判断当事人未对特定风险予以分配的原因,不宜主动

---

〔1〕 See Joachim G. Frick, *Arbitration and Complex International Contracts*, Kluwer Law International, 2001, p. 148.

干预。[1]

2. 因意外事件获利一方并未利用地位信息优势，欺骗、胁迫受损一方，如果法院予以干预，对合同进行调整，则受损方获得了不应得的利益，受损方获得该利益与其自身能力和先前的行为无关。受益方选择的交易模式使其处于有利地位，其获得相应利益是应得的，受益方不应赔偿受损一方的损失。[2] 法院不能基于因情势变化后合同显失公平而对合同进行调整。公平原则并不要求当事人分担意外损失。当事人有义务提前做好规划，法院的调整将导致不确定性，迫使一方当事人放弃权利。合作义务并不要求当事人放弃权利。[3]

3. 当事人签订长期合同是为了避免价格波动，固定风险，有利于当事人进行融资安排。法律不尊重当事人协商的结果，则具有不合理的家长主义特点，使个人的努力受挫。个人原本可以获得更多利益，并增进社会福利。缔约方知道意外事件出现时可以分担损失，则失去投保或者采取足够预防措施避免意外发生的动力。[4]

4. 为了社会公共利益牺牲个人利益应是适当的，长期合同存在外部性[5]，可能因调整使合同之外的人受益，所受利益超出个人损失。例如，第一次世界大战之后，德国发生通货膨胀，货币急剧贬值，法院进行调整。但那是极端的情况，除此以外，法院并不适宜考虑意外事件引发的社会效果。[6]

---

〔1〕 See Clayton P. Gillette, *Commercial Rationality and the Duty to Adjust Long-term Contracts*, 69 Minnesota Law Review 521 (1984 – 1985), 531 – 539.

〔2〕 See Joachim G. Frick, *Arbitration and Complex International Contracts*, Kluwer Law International, 2001, p. 580 – 582.

〔3〕 See Ewan Mckendrick, *The Regulation of Long-term Contracts in English Law*, in Jack Beatson & Daniel Friedmann eds., Good Faith and Fault in Contract Law, Clarendon Press, 1997, p. 315.

〔4〕 See Douglas G. Baird, *Self-interest and Cooperation in Long-term Contracts*, 19 The Journal of Legal Studies 583 (1990), 590.

〔5〕 外部性，是指有人承担了他人行为引起的成本或者获得了他人行为创造的收益。参见张维迎：《产权、激励与公司治理》，经济科学出版社2005年版，第20页。

〔6〕 See Joachim G. Frick, *Arbitration and Complex International Contracts*, Kluwer Law International, 2001, p. 585.

上述理论观点建立在三个基本假设之上：一是合同当事人是自利的，当事人并不愿意在意外事件发生时分担损失。当事人在缔约前有多种选择避免自己的损失，未作出约定并不等于当事人有分担损失的默示约定。该假设认为合同是对个人意志利益的表达，而不是国家强制分担风险的关系，当事人意图通过自己的努力获得更高的利润，而不是用关系性合同理论调整双方关系。二是当事人签订合同时已对风险进行了分配。在协商缔约时，当事人均面临如何决策的问题。有些风险能够预见，有些风险不能预见，或者即便能够预见，也无法确定其发生概率及造成的危害。当事人未预见到风险，并不等于对风险未作出分配。当事人未投入调查成本，未排除特定风险，应自行承担后果。[1] 三是合同通常不会对非合同方施加成本，其外部性很小。因此，意外事件发生时通常是当事人的利益受损，法院不应考虑合同之外的人的利益。

（二）赞成司法机构调整的观点

有很多学者赞同对合同进行调整，主要理由有以下几点。

1. 依据公平原则应假定双方同意对未分配的损失进行分担，因为当事人不会将所有的风险分配给一方承担。尽管签订合同是为了防范未来的风险，但是当事人均不认为债务人会在任何情况下均履行义务。即便有价格调整条款，也是为解决一般的商业风险，难以涵盖所有意外风险。[2]

2. 从长期合同的特点分析，应允许对价格予以调整。长期合同较一时合同更复杂，体现在：(1) 长期合同的当事人难以在合同订立时预见到所有风险并予以分配。合同应保持调整的灵活性。(2) 长期合同包括专用（特异）性投资，如果终止长期合同，不容易找到替代性交易，故长期合同当事人

---

〔1〕 See Joachim G. Frick, *Arbitration and Complex International Contracts*, Kluwer Law International, 2001, p. 527 – 531.

〔2〕 See Robert A. Hillman, *Court Adjustment of Long-term Contracts: An Analysis under Modern Contract Law*, 1 Duke Law Journal 1 (1987), 15.

较其他合同当事人更倾向于选择调整的方式。(3)长期合同能够影响第三人利益和公共利益,长期合同的履行影响与缔约方相关的其他主体,如社会公众以及政府的能源规划。长期合同应予以调整有两项重要理由:一是当事人应该分担意外损失和盈利。当事人签订长期合同如同成立一个企业,有义务分担企业运营中发生的盈亏。当合同对风险未予以分配时,当事人确定合同关系应适用公平、诚信原则。二是借鉴关系性合同规范,当事人事后协商应遵循协作原则,尽量维持合同关系,促使争端解决。[1]

3. 调整价格系经济需要。当事人采用长期合同并不仅仅是为了稳定价格,更多的是为了建立合作关系。价格调整从属于合同目的。价格调整的原因:一是复杂产品的价格受诸多因素影响,在履行期间需不断调整才能反映真实的价值,如复杂的建筑产品受人工、材料、机械等价格的影响。二是避免履行中出现道德风险。部分长期合同的供需数量具有不确定性,如长期供应合同,如果价格不能准确反映市场价值,缔约方可能在供需数量上做文章,采取策略行为,获取利益。例如,合同价格低于市场价时,买方可能会需要更多的产品,产生道德风险。如果可以调整,当事人就不会采取机会主义行为。三是降低事前调查的费用。当事人需花费调查成本确定合同价格,可调价格则使当事人降低这项费用。四是避免履行中出现不合作情况。因情况变化受损一方,可能刁难获益一方,如要求严格遵守合同约定的质量、履行时间等条款,从而导致获益一方成本增加。尤其在当事人不能轻易找到替代履行的情况下,采取合作方式对合同予以调整具有重要意义。[2]

4. 如果当事人未对风险负担作出约定,则由债务人承担风险的假设是不成立的。一是当事人并没有能力预见到所有的风险并对风险进行分配。

---

[1] See Richard E. Speidel, *Court-imposed Price Adjustments under Long-term Supply Contracts*, 76 Northwestern University Law Review 369(1981 - 1982), 421.

[2] See Victor P. Goldberg, *Price Adjustment in Long-term Contracts*, 1985 Wisconsin Law Review 527 (1985), 527.

所以,未分配风险并不意味着债务人愿意承担风险。二是当事人的合同建立在一定的条件基础之上,但是这些条件并没有必要写在合同里。如果因为情势发生变化导致合同修改,并不违反合同严守原则,因为最初缔结的合同对新发生的情况并未作出约定。[1]

上述观点可以归纳为以下几点:一是长期合同的特点决定当事人并不能对所有风险提前作出分配,风险发生时根据公平原则由双方分担是适当的;二是长期合同有专属投资并可能影响第三人利益,解除长期合同导致专属投资受损并影响第三人的利益,不利于增进社会福利,维持合同关系的最好途径是对合同义务进行调整;三是准许事后调整能够降低事前调查、提前分配风险以及谈判成本;四是长期合同是社会协同发展的产物,当事人的目的是建立合作关系,而不仅仅在于从对方获取盈利,允许调整有利于合同目的实现,避免道德风险。

第二节　长期合同调整规则

各国或地区均有相应制度突破合同严守原则。例如,英美合同法有履行不能和合同目的落空制度,除上述两种制度外,大陆法系有情势变更制度。美国有履行不现实制度,《销售合同公约》规定了因障碍免责(近似不可抗力),《通则》规定了艰难情势制度,《原则》《共同框架》规定了情势变更制度。根据上述法律制度,如果合同不能履行,可以免除履行义务。但是对于出现履行困难的情形,能否免除履行义务,有一定分歧。这些制度适用于所有合同,但是长期合同履行中发生意外的概率比较大,故更多适用于长期合同。这些制度的适用条件非常严格,司法机构不会轻易调整合同。

---

〔1〕 See Joachim G. Frick, *Arbitration and Complex International Contracts*, Kluwer Law International, 2001, p. 150 - 151.

一、国内法关于合同调整的规则和实践

(一)英国的合同目的落空(受挫)制度

英国法院对长期合同无权根据意外情况进行调整,其传统理论认为法院仅能对合同进行解释,而不能制定新的合同。[1] 在英国,合同履行情况发生变化时,当事人可主张合同目的落空,从而解除合同。当事人认为解除合同的救济对己不利时,会尽量协商解决,让渡一部分利益给另一方当事人,即英国在合同履行情况变化时对当事人利益的调整是间接的。[2] 法院不会主动进行调整,法律规则能够促使当事人自行调整。

1. 合同目的落空制度的基本理论

英国合同受挫包括因履行不能、非法和共同利益落空导致的合同目的的落空。在合同受挫时,当事人会免除履行义务。

完全履行不能的情况,如租船合同因船舶发生海难不能抵达指定海港,无法履行。如果履行中断延续一段时间,要求当事人在中断事由后继续履行相当于签订一份新合同,法院一般会认定属于合同目的落空。例如,建筑合同因战争而中断,战后情况肯定会发生变化,如原材料价格、人工费等均会有变化,难以按照原合同履行,故应解除合同。但是,如果中断仅占履行期一小部分,法院可能认定合同仍然有约束力。合同目的落空的学理基础是当事人仅需履行其意图承担的义务,意外事件使当事人意图承担的义务发生重大变化,如果继续履行,将使其承担与当事人最初承诺的完全不同的义务。合同目的落空是一种风险分配机制,法院在认定目的落空时,会考虑一些因素。第一,合同目的落空一般是指当事人的共同目的落空。第二,合

---

〔1〕 参见[英]施米托夫:《艰难情势条款与调停条款》,载[英]施米托夫:《国际贸易法文选》,赵秀文选译,中国大百科全书出版社 1993 年版,第 523 页。

〔2〕 See John Bell, *The Effect of Changes in Circumstances on Long-term Contracts—English Report*, in Donald Harris & Denis Tallon, Contract Law Today Anglo-French Comparisons, Clarendon Press, 1989, p. 214 - 215.

同价格影响风险范围。合同价格越高,义务人承担的风险越大,合同金额中会有保险的成分。例如,战争期间租船租金高出原租金近3倍,如果该船出现意外,视为合同目的落空,船主应承担风险,无权索取运费。第三,区分履行不能和履行异常繁重。允诺人(债务人)应承担情况正常变化导致的风险,但无须承担情况异常变化导致的履行不能的风险。如果意外仅使履行异常繁重,不足以认定合同目的落空。[1]

2. 司法实践

英国有一个案例体现了法院在认定长期合同目的落空时的保守态度。该案主要案情是:建筑商为市议会建造房子,约定了价格,预计的施工时间是8个月,但是由于原材料价格上涨和施工人员不足,工期超出预计工期14个月,建筑商成本增加,如果按照原合同约定价格,建筑商就不能获得利润。建筑商希望市议会提高合同价款,市议会不同意,双方因此发生纠纷。该案先进行了仲裁,仲裁员认为当事人合同履行的基础是有充足的熟练工人和原材料供应,该基础发生变化,建筑商有权获得补偿,据此支持了建筑商的请求。法院则驳回了建筑商的请求,理由之一是如果非因议会的原因发生意外,导致履行困难,则有履行义务的一方应承担该风险。固定价格表明建筑商应承担成本上涨的风险,该案不符合合同目的落空的条件。如果法院准许建筑商增加工程款,将损害合同严守原则。[2] 有学者对法院的裁判进行批判,认为在建筑行业,当事人有业主可以适当弥补增加的成本的预期。该案法院未考虑商业背景、市场惯例,而是固守合同严守原则。仲裁员拥有商业惯例知识,所作出的判断可能更符合当事人的预期。如果意外事件根本改变了一方的收益,另一方不应期望双方仍按照原条款履行。[3]

---

〔1〕 参见[英]P. S. 阿狄亚:《合同法导论》(第5版),赵旭东、何帅领、邓晓霞译,法律出版社2002年版,第241~242、249、251~254页。

〔2〕 See Davis Contractor Ltd. v. Fareham Urban District Council, [1956] AC 696.

〔3〕 参见[英]休·柯林斯:《规制合同》,郭小莉译,中国人民大学出版社2014年版,第180~181页。

英联邦国家对适用合同落空原则也持慎重态度。在新西兰的一个电力公司与区议会的案件中,合同双方的先辈在1927年签订协议约定,电力零售商在签约后所有时间,按照1单位1便士的价格向区议会供应电。因为通货膨胀及能源成本上涨,市场上电价远远超过该定价,电力公司请求免除义务,主要理由是:长期合同隐含可以经通知终止的条款;在过去20年间,因为通货膨胀以及新西兰的电力工业重组,无法再按照原价格履行合同,合同目的落空。一审、二审法院均未支持其主张,判决继续按照原合同履行。学者对该案评论认为,法院支持继续履行合同可能缺乏效率,因为电价低于市场价,市议会可能会因此增加需求。[1]

3. 合同目的落空的法律后果

合同目的落空的法律后果比较僵化,将救济的重点放在终止合同和恢复原状,但有时当事人希望能够对合同价格作出调整,而非终止合同。[2] 有些情况下可以采用灵活的救济方式,暂停履行或者纠正有缺陷的履行,尤其涉及较大的投资项目,存在专属投资时,适用合同目的落空制度可能造成社会资源的浪费。

英国承认法院有修改合同的权力仅适用于战争期间。英国商业部成立的调查战争对合同影响的委员会反对赋予法院修改合同的普遍权力,主要理由是缺乏当事人合意。[3]

4. 对英国合同调整规则的评析

英国法院较少依据公平原则对当事人权利义务进行重新分配。英国采取法律有限介入的原则,主要原因是认为当事人能够提前制订计划。这种认识对于一些存在标准合同的专业领域、行业,如建筑或者运输,或者在风

---

〔1〕 See David Goddard, *Long-term Contracts: A Law and Economics Perspective*, 1997 New Zealand Law Review 423(1997), 423.

〔2〕 参见[英]P. S. 阿狄亚:《合同法导论》(第5版),赵旭东、何帅领、邓晓霞译,法律出版社2002年版,第256页。

〔3〕 参见原蓉蓉:《英美法中的合同受挫制度研究》,法律出版社2014年版,第209页。

险能够预见、当事人有能力作出规划的领域,是正确合理的。但是,在有些合同领域,如当事人成立一个合伙企业,或者通过签订合同建立合作关系,无法对未来事项进行具体详细规划,存在不确定性,这种认识与实际情况存在误差。这些领域中的纠纷解决,应尽量通过调整维持合同关系。[1]

长期合同经常遇到的问题不是履行不能,而是履行困难。根据英国法律,履行困难并不足以认定为合同目的落空,也不足以认定为履行不能,故不能免除责任。英国也未赋予法院修改合同的权力,这使长期合同当事人的调整需求无法实现。当事人的解决途径只能是在合同中约定调整条款或者艰难情势条款,在符合合同约定的履行困难条件时,自动调整或者另行协商。

(二)美国关于合同调整的规则和实践

1. 基本理论

美国法导致合同调整的制度有合同目的落空、履行不能和履行不现实。合同目的落空制度与英国的制度相近。履行不现实具有独立地位,与履行不能相区分,通常指履行并非不可能,但是成本过高。目的落空、履行不能和履行不现实的主要区别是:目的落空时,当事人能够履行合同,只是缺乏交易价值;而在发生履行不能和履行不现实时,履行价值未发生变化,但是履行变得不可能或者极度困难。

在矿区土地公司诉霍华德案中,法院对履行不能与履行不现实进行了区分,法官认为:当履行行为行不通时,系履行不可能;当履行行为需以极高的代价完成时,系履行不现实。[2]《商法典》第 2－615 条第 a 项对履行不现

---

〔1〕 See John Bell, *The Effect of Changes in Circumstances on Long-term Contracts—English Report*, in Donald Harris & Denis Tallon, Contract Law Today Anglo-French Comparisons, Clarendon Press, 1989, p. 216.

〔2〕 该案被告在原告土地上开采砾石,被告履行了一半后拒绝履行,因为剩余砾石位于水位以下,开采费用超出正常的 10～12 倍。原告请求继续履行合同,法院未予支持。法院认为履行在商业上不现实。See Mineral Park Land Co. v. Howard, 172 Cal. 289, 1916 Cal.

实进行了规定。[1] 但是,认定构成履行不现实的条件较严格。

美国法认定构成履行不能或者合同目的落空,还要考虑当事人是否有能力防止履行不能或者合同目的落空情况发生。通常当事人有能力采取措施防止履行不能发生时,法院不会支持当事人免责的请求。例如,在某购销合同案中,美国政府禁止印刷机出口,导致买方购买的印刷机无法出口至苏联,虽然卖方知晓买方的目的,但是法院并未支持买方关于合同目的落空的主张,因为买方可以出口至其他国家或者在国内市场销售。[2] 另外,在某国际购销合同案中,中间商承诺向买方供应特定工厂生产的特定数量的货物,履行中,卖方未能供应足够数量,其提出的抗辩是特定工厂未能生产出足够数量的货物,导致履行不能。法院未支持卖方抗辩,因为卖方未能证明其与工厂签订合同,以保证供应。卖方不是因不能控制的事件而不能履行的。上述案件表明,构成履行不现实或者合同目的落空的条件之一是风险系当事人不能控制的。

2. 不予调整的情况

美国法通常不支持债务人资金不足的抗辩,因为这是主观的,不是客观的履行不能。除非当事人破产,所有合同都假设当事人具备履行合同的资金能力。国际交易中,应认定当事人对保持资金充足是可控的。

美国大多案件拒绝认定成本上涨构成履行不现实。如果债务人是大公司,其有能力分散价格波动带来的风险。另外,合同约定价格就是为了防止市场发生波动,原料价格出现波动是能够预见的。[3] 如果当事人约定了固定价格,那么视为履行义务方自愿承担风险,但是如果不可预见的意外事件

---

〔1〕《商法典》第 2-615 条第 a 项规定:如果由于突发的事件而导致履行变得不实际,迟延履行或者不履行不构成违约。

〔2〕See Amtorg Trading Corp. v. Miehle Pringting Press & Maufacturing Co., 206 F. 2d 103 (1953).

〔3〕参见原蓉蓉:《英美法中的合同受挫制度研究》,法律出版社 2014 年版,第 134~137 页。

造成成本上涨使履行发生本质变化，则可能构成履行不现实。[1] 上述规则表明合同是分配风险的工具，合同价格是确定当事人风险负担的一项重要考虑因素。

20 世纪五六十年代，中东战争导致苏伊士运河关闭，承运人将货物在美国和中东之间运输的成本增高，从而引发一系列诉讼案件。承运人在诉讼中往往主张，苏伊士运河关闭超出当事人控制范围，履行成本提高超出预见范围，至少当事人应分担因此增加的费用。法院未予以支持，认为当事人未将苏伊士运河关闭作为不可抗力事件，这说明当事人并没有分担或者转移风险的意图。[2] 如跨大西洋金融公司诉美国政府案，法院认为苏伊士运河关闭并未导致合同不能履行。承运人希望从合同中获得利益却要求托运人承担增加的航运费用，依据不足。当对于导致履行不现实的原因双方均无过错时，法律才给予衡平救济。该案没有必要为了承运人的利益，而由托运人承担商业风险。[3] 上述案件说明，债务人有义务对自己承担的风险范围作出排除约定，否则应承担履行风险。

3. 调整的判例

虽然美国法院较少对合同进行调整，但是法院有调整的权力。《商法典》对第 2 – 615 条第 b 项的评注 6 表明，在免责或者不免责均会导致不正义的结果时，依据衡平原则促进商事准则和诚信立法目的，对合同进行调整是

---

〔1〕《商法典》第 2 – 615 条评注 4 规定：成本增加本身并不能免除当事方的履行义务，除非成本的上涨是由于某个改变了履行的基本性质的、当事方未能预见到的意外事件引起的。市场涨价或市场崩溃本身亦非不履行的正当理由，因为这正是以固定价格订立的商事合同所意图涵盖的那种商业风险。因偶然事件如战争、禁运、当地庄稼歉收、主要供货来源的意外中断等所造成的原料严重短缺，而引起成本的显著增加或者完全阻止了卖方获得为其履行所必需的原料供应，属于本条所适用的范围。

〔2〕 See Douglas G. Baird, *Self-interest and Cooperation in Long-term Contracts*, 19 The Journal of Legal Studies 583(1990), 593.

〔3〕 See Transatlantic Financing Corp. v. United States, 363 F. 2d 312 (D. C. Cir. 1966).

适当的。[1]《合同法重述二》第272条第2款规定,[2]全部免责不公正时,法院可以提供公平的救济方式。

美国铝公司诉埃塞克斯公司案是较为少见的由法院予以调整的案例。该案中,双方约定了价格调整条款,但是未产生预期的效果,成本上涨导致一方遭受重大损失,法院对价格调整条款予以调整。该案的基本案情是:埃塞克斯公司向美国铝公司提供氧化铝矿石,美国铝公司提炼后向埃塞克斯公司供应铝锭。双方签订16年的合同并可续签5年,合同价格根据3种不同的指数浮动。1973年石油危机爆发,由于合同约定的价格指数未能反映能源成本的增长,如果按照原合同价格履行,美国铝公司预计会损失6000万美元。美国铝公司请求法院对合同价格予以调整。主要理由如下:一是缔约方错误认为缔约时双方同意的价格指数条款能够应对能源成本的上涨;二是导致能源成本上涨的事件是缔约时无法预见的,其发生概率极低,缔约双方未对该风险予以分担;三是美国铝公司的损失可能达到6000万美元,合同利益显著失衡,从商业角度导致履行不现实、目的受挫。该案一审法官认为,美国铝公司关于错误、履行不现实、目的受挫的主张可以成立,双方虽然约定了指数条款,但是未能准确反映成本变化,美国铝公司如果按照原合同履行,将遭受巨额损失。法院据此制定了新的定价公式,使美国铝公司在扣除成本后还能获得一定利润。[3]

该案引起诸多争论。反对观点认为,法院不应为当事人制定合同。[4]埃塞克斯公司并没有义务保证美国铝公司获得利润。以损失大小作为是否

---

〔1〕参见美国法学会、美国统一州法委员会:《美国〈统一商法典〉及其正式评述》(第1卷),孙新强译,中国人民大学出版社2004年版,第203页。

〔2〕《合同法重述二》第272条第2款规定:在适用本章所规定规则的情况下,如果这些规则连同第十六章所规定的规则并不能避免不公正,则法院可以依据公正的要求给予当事人包括信赖利益在内的救济。

〔3〕See Alcoa v. Essex Group, Inc., 499 F. Supp. 53 (1980).

〔4〕See John P. Dawson, *Judicial Revision of Frustration Contracts: The United States*, 64 Boston University Law Review 1 (1984), 28.

调整的判断标准缺乏依据。也有观点认为,价格指数条款是双方关于风险的分配,法院不予支持,导致合同失去规划风险功能。赞同观点认为,双方当事人预计在合同履行期内均可营利,否则一方会试图摆脱交易,约定价格指数条款是为了实现这一目标。虽然价格指数条款未能实现应有目的,但是可以通过修正指数条款实现当事人的经济目标。法院进行调整符合当事人预期。

另有学者虽对法院直接变更合同约定的价格指数条款有不同意见,但认为该案符合应予调整合同价格的情况。斯派德尔教授认为,法院似乎过早介入。在该案情况下,埃塞克斯公司应先与美国铝公司诚信协商,如果埃塞克斯公司拒绝接受美国铝公司提出的合理方案,则法院能够对合同价格进行调整。[1]

该裁决包括一些新的理念。一是法律应适应商业实践,长期合同即便审慎签订,在履行过程中也可能变得不均衡。法院应提供适当救济,保护当事人合法的商业目的,否则当事人不再采取这种经营方式,或者花费更多时间和费用起草合同。二是如果情况发生变化,当事人有维持长期合同带来的共同利益的期望和需要。三是法院有权对合同价格进行干预,会督促当事人自行协商解决(事实上,该案判决后,当事人自行达成了和解[2])。当事人签订长期合同的目的之一是保持关系的稳定性,降低谈判、调查的成本,降低风险。现代交易倾向于限制风险责任,如商业组织采取有限责任公司这种形式。在风险发生后,由一方负担未预见的所有风险是不合理的,也不符合当事人的预期。

美国法院在另案中也对当事人的合同进行了干预。在当事人预期的情

---

〔1〕 See Richard E. Speidel, *Court-imposed Price Adjustments under Long-term Supply Contracts*, 76 Northwestern University Law Review 369(1981－1982), 422.

〔2〕 See John P. Dawson, *Judicial Revision of Frustration Contracts*: *The United States*, 64 Boston University Law Review 1 (1984), 28.

况发生变化时,法院认定构成履行不能。例如,佛罗里达电力照明公司诉西屋电力公司案。该案的基本案情是:西屋电力公司向佛罗里达电力照明公司出售核电反应堆,供应燃料并承诺处理废弃物。签订合同时,缔约方均认为政府会建设处理废弃物的设施。西屋电力公司要求的价格也建立在这一假设之上。后因环保组织反对,政府未能回收或者贮存核废料。西屋电力公司拒绝处理核废弃物,佛罗里达电力照明公司提起诉讼,要求西屋电力公司履行处理废弃物的义务。一审法院认为,西屋电力公司提出的构成履行不能,请求免责的主张不能成立,判决其承担处理费用。二审法院认为,双方未对政府不处理核废料的后果进行约定,不能认定西屋电力公司应承担该风险,如果由西屋电力公司承担处理核废料的义务,其不仅无法获得预计的近2000万美元利润,而且要支付8000万美元的费用,该案符合履行不能的情况。核电的使用者获得清洁的能源,比供应商更应承担处理废弃物的费用,故处理核废弃物的费用应由佛罗里达电力照明公司承担。[1] 该案并未采取债务人未予以排除风险则应自行承担的处理方式,而是认为债权人即核电使用人应承担风险。

在另外一宗西屋电力公司系列案中,西屋电力公司应向49个核电力工厂供应铀,1970年签订合同时约定的固定价格是8~10元/磅,至1975年已经涨到40元/磅并且继续上涨。如果履行合同,西屋电力公司的损失可能超过200万美元,故其拒绝履行合同。有13家工厂对其提起诉讼,要求赔偿。法院经过审理认为,西屋电力公司拒绝履行合同缺乏合理的理由,应承担赔偿责任。不过在法院作出判决前,13家工厂为避免西屋电力公司破产,与其达成和解。[2] 这虽然不是一个法院主动调整的案例,但是当事人自行和解

---

〔1〕 See Florida Power & Light Co. v. Westinghouse Electric Corp. Westinghouse, 826 F. 2d 239 (4th Cir. 1987).

〔2〕 See John P. Dawson, *Judicial Revision of Frustration Contracts: The United States*, 64 Boston University Law Review 1 (1984), 25.

也说明获得利益一方作出让步有利可图。如果坚持按照原协议履行,导致西屋电力公司破产,对债权人不利。

4. 对美国合同调整规则的评析

美国法更注重商业实践,在放宽合同严守原则方面走得比英国更远。其发展了履行不现实理论,未将合同调整或者解除的情形限于合同目的落空和履行不能。在司法实践中,适用履行不现实制度能够适当平衡当事人的利益,而且美国法院有权力对合同进行调整,以实现合同正义,促进诚信行为。美国的法律规定和理论虽然能够容纳长期合同的调整,但是从实践看,调整的案例比较少,且无法获得广泛认同。虽然《商法典》认识到在有些情况下,无论采取债务人免责还是继续按照原合同履行可能均不甚妥当,调整是较为公平的处理方案,但在大多情况下,法院还是认定债务人未排除风险即应自行承担。

(三)德国关于合同调整的规则和实践

大陆法系多适用情势变更理论。情势变更理论与情势不变理论有一定渊源。情势不变理论源于中世纪教会法,是指合同中含有默示条款,即构成合同基础的情势不发生变化。如果合同基础发生变化,合同不再具有约束力。[1]

1. 交易基础丧失理论

早期的德国判例对经济上履行不能作严格解释,对于大宗货物的交易,如果仅是市场价格上涨,即便上涨100%,也不能免除卖方的交货义务。在第一次世界大战前签订的合同,在第一次世界大战开战后,价格上涨了100%~300%不等。法院认为,尽管价格上涨,但是市场上仍然能够购买到货物,作为有经验的进口批发商,应该清楚价格的变动。[2] 第一次世界大战

---

〔1〕 参见孙美兰:《情事变动与契约理论》,法律出版社2004年版,第88页。

〔2〕 See Werner Lorenz, *Contract Modification as a Result of Change of Circumstances*, in Jack Beatson & Daniel Friedmann eds., Good Faith and Fault in Contract Law, Clarendon Press, 1997, p. 367.

后，德国发生通货膨胀，马克贬值为原来价值的万亿分之一。法院基于诚信原则，接受了交易基础丧失理论，对受马克贬值影响的合同履行免除责任。[1] 此后，法院在判例中确认，如果情况变化导致当事人的权利义务严重不均衡，可以适用诚信原则，债务人无须按照合同原来约定的价格履行。[2]

德国判例法发展的交易基础丧失理论的基本内容是，交易基础是当事人在缔约时共同认识到的（现实的或者未来可能发生的）、能够影响合同当事人缔约意愿的事实基础。交易基础发生变化，会使当事人的权利义务与缔约时预见的不一致，按照原约定履行将导致不公平。其理论基础是诚实信用原则。交易基础丧失理论强调，交易基础对订立合同非常重要，当事人都能够意识到此后发生的改变是重大的。[3]

《德国民法典》于2002年修改时，将判例法制度法典化，规定了第313条。[4]该条包括交易基础改变及对交易基础存在错误认识两种情况，并规定了法律后果首先是调整，如果不可能调整，则予以解除。该条将以往司法案例和学说总结的原则法典化，在发生类似情况需要调整合同时，法院不必

[1] 1923年，德国最高法院在"织袜纺纱"案中，针对货币贬值问题，适用交易基础丧失理论作出判决，该购买纱线合同订立后至约定的第一次付款之日，仅半年时间，马克贬值80%。法院认为，货币贬值导致对待给付的比例关系发生重大变化，不过该变化并不足以导致劣势一方享有解除合同权利，当事人首先应根据情况变化对合同进行调整，尽量保证合同继续履行。参见齐晓琨：《德国新、旧债法比较研究——观念的转变和立法技术的提升》，法律出版社2006年版，第80页。

[2] See Werner Lorenz, *Contract Modification as a Result of Change of Circumstances*, in Jack Beatson & Daniel Friedmann eds., Good Faith and Fault in Contract Law, Clarendon Press, 1997, p. 368.

[3] 参见齐晓琨：《德国新、旧债法比较研究——观念的转变和立法技术的提升》，法律出版社2006年版，第74～75页。

[4] 《德国民法典》第313条规定：(1)如果已成为合同基础的情势在合同订立后发生了重大变更，而假使双方当事人预见到这一变更就不会订立合同或会以不同的内容订立合同，可以请求改订合同，但以对一方来说，在考虑到单个案件的全部情势，特别是合同所约定或法定的风险分配的情况下，对未被变更的合同的维持是不能合理期待的为限。(2)如果已成为合同基础的重要观念被证明是错误的，则与情势变更相同。(3)合同的改订为不可能或对一方来说是不能合理期待的，受不利益的一方可以解除合同。就继续性债务关系而言，通知终止权代替解除权。

再适用诚实信用这样一般性、原则性的条款,而可以适用该条规定。不过,法院在特殊的情况下才适用该条规定。通常,如果当事人能够预见到风险,则应由当事人承担该风险。实践中,可能无法确定当事人的明确意思是否预见到了风险,如果当事人不存在投机目的,无法采取防范措施控制风险,也可适用交易基础障碍理论。[1]

2. 当事人请求调整适用的程序

《德国民法典》第313条赋予当事人申请调整的权利。此前,当事人并无此权利。根据以往判例,在债权人请求债务人按照原合同履行义务的情况下,如果构成交易基础丧失,其请求将被驳回;在债务人主张因交易基础丧失,无法履行原合同的情况下,法院可对合同进行调整。第313条则明确了当事人须提出调整的诉讼请求,虽然双方应先进行协商,但是也可以直接提起诉讼请求调整。[2] 法院确认当事人的变更请求是否成立,并非主动进行裁量。如果不可能变更,遭受不利的一方当事人可以请求解除合同。

3. 法院对调整合同的慎重态度

德国适用交易基础丧失制度比较慎重,在当事人已对风险进行分配的情况下,法院不会轻易认定交易基础发生变化。德国有一个案例,基本案情是:原告、被告在1972年达成协议,被告向原告供应原油,后因1973年中东发生的危机,石油价格比双方签约时上涨了6倍,被告提出重新协商价格,原告予以拒绝。被告拒绝履行合同,原告自其供应商处以较高的价格购买了原油,遂起诉要求被告赔偿。德国联邦法院支持了原告的主张,理由是虽然当事人的权利义务应保持平衡,但是不适用缔约方在合同中分配了风险的情况。当事人约定了固定的价格,被告应承担价格波动的风险。即便该风

---

〔1〕 参见齐晓琨:《德国新、旧债法比较研究——观念的转变和立法技术的提升》,法律出版社2006年版,第170~171页。

〔2〕 参见齐晓琨:《德国新、旧债法比较研究——观念的转变和立法技术的提升》,法律出版社2006年版,第172~173页。

险仅限于通常的风险,但是被告应该在1973年中期预见到价格可能发生波动,故应事先储备足够原油以备向原告供货。交易基础变更仅适用于避免出现法律和正义极不相称的情况。[1] 该案中,法院认为固定价格意味着债务人应承担履行风险,且出现的价格波动是当事人能够预见到的。

在当事人约定固定价格情况下,法院通常认为债务人已经承担了价格变化的风险。在德国,如果承揽合同约定固定价格,表明承揽人应该承担履行困难的风险。有一个建筑承包合同的案例,当事人约定收取固定承包费,履行中工人要求涨工资,建筑公司同意后要求开发商增加报酬,法院未支持建筑公司的请求,认为工人涨工资的风险应该由建筑公司承担,因为合同约定的是固定报酬。[2]

4. 对德国合同调整规则的评析

德国虽然规定了交易基础丧失制度,当事人可以请求法院对合同予以变更,但是对于合同调整的情形比较少。除了在战争导致的货币贬值案件中适用交易基础丧失制度,在其他领域予以变更的并不多。该制度适用条件较为严格,只有在按原合同履行与正义不相配的情况下才能适用。大多情况下,法院认为风险可以预见,当事人约定固定价格即表明债务人应承担履行风险,从而对债务人要求变更合同的请求不予支持。长期合同调整较为频繁,所以当事人应该约定合同调整条款,以实现调整目的。

(四)法国关于合同调整的规则和实践

1. 法院根据合同性质决定是否调整合同

法国区分民事合同和行政合同。在2016年修改民法典之前,法国对于私人之间的合同拒绝适用情势变更原则,但是如果行政合同发生不可预见

〔1〕 See Werner Lorenz, *Contract Modification as a Result of Change of Circumstances*, in Jack Beatson & Daniel Friedmann eds., Good Faith and Fault in Contract Law, Clarendon Press, 1997, p.374.

〔2〕 参见[德]卡斯滕·海尔斯特尔、许德风:《情事变更原则研究》,载《中外法学》2004年第4期。

的情况，当事人可请求免责。除了不可抗力，对于经济、金融等原因导致的民事合同价格急剧变化，法院通常对合同价格不予调整。[1] 法院并不能因时间比较长或者情况变化就变更合同。公正性不能超越合同至上原则，法院不能用新条款代替当事人的约定。[2] 不过，对不可抗力或者事变导致的债务不履行，债务人无须承担损害赔偿责任。对于建筑工程约定固定价格时，《法国民法典》规定，建筑商不得以成本上涨、计划变更涨价。[3] 即便发生不可预见的特殊情况，也是如此。但是当事人往往约定价格自动调整条款，法国最高法院认为该条款有效，符合《法国民法典》第1793条的规定。当事人需明确约定价格的计算方式。法国建筑合同当事人普遍约定价格调整条款。

法国行政合同法则比较宽容，在"波尔多煤气"案中，国会确认了情势变更的原则。该案煤气开采公司因生产成本增加导致亏损，国会认为，煤炭价格上涨超出当事人预见范围，导致"开采特许权合同"确定的经济条件发生重大不平衡，煤气开采公司有权获得补偿。[4] 该案显然与民事案件的处理方式不同，同样是因为合同之外的情况发生变化，在行政合同案件中确认了情势变更，但是在民事案件中却坚持情势不变原则。行政合同案例形成的规则是，依据公共政策和法律规定，如果合同约定之外的情况导致合同价格急剧变化，即使合同约定固定价格条款，也可以变更。[5]

---

[1] 如1867年"卡波纳运河事务"案。案涉合同订立于16世纪，系灌溉供水合同，当事人约定的报酬比较低，诉讼中下级法院提高了报酬。法国最高法院予以撤销。

[2] 参见[德]莱因哈德·齐默曼、[英]西蒙·惠特克主编：《欧洲合同法中的诚信原则》，丁广宇、杨才然、叶桂峰译，法律出版社2005年版，第393页。

[3] 《法国民法典》第1793条规定：建筑师或承揽人以契约承包一定工程，按照与地基所有人协定的计划进行工作时，建筑师或承揽人不得借口劳动力或材料涨价，亦不得借口计划有变更或增加而请求追加价金；但计划的变更或增加为文书所认可，且就价金与地基所有人达成协议者，不在此限。

[4] 参见尹田：《法国现代合同法：契约自由与社会公正的冲突与平衡》（第2版），法律出版社2009年版，第311页。

[5] See Isabelle de Lamberterie, *The Effect of Changes in Circumstances on Long-term Contracts—French Report*, in Donald Harris & Denis Tallon, Contract Law Today Anglo-French Comparisons, Clarendon Press, 1989, p. 231.

在民法确立情势变更制度之前,当事人通过原因理论、基于合同类型的风险分配规则、合同中约定的单方解除条款、不当得利等可以实现合同调整。司法实践逐渐承认当事人有能力要求法官修改或者解除原合同,主要的依据有:诚信原则、意外事件具有偶然性或者债的原因应该具有合法性等。[1]

2. 法律变化导致合同调整

在一些情况下,法律的变动导致合同条款的变化。法律干预的基础是为了社会公共利益限制合同自由。这类情况通常发生在雇佣、租赁等涉及公共政策的领域。[2]

3. 法国通过债法改革增加情势变更制度

2016年法国通过债法改革在民法典中对情势变更制度作了明文规定,[3]规定了情势变化导致一方履行成本过于巨大时,当事人可重新磋商,若磋商失败,可以请求法院变更或者终止合同。

4. 对法国合同调整规则的评析

法国合同调整规则的特点是对于行政合同与民事合同曾采取不同的处理方式。《法国民法典》修改之前,民事合同当事人只能自行约定调整条款。不过,法国逐渐认识到修改合同的必要性,实践中通过其他制度缓和了民法对调整所持的严格态度。债法改革时也参考了其他欧洲国家的立法经验,

---

〔1〕 参见[意]阿尔多·贝特鲁奇:《罗马法学与现代欧洲法中的情事变更制度》,肖俊译,载《环球法律评论》2016年第6期。

〔2〕 See Isabelle de Lamberterie, *The Effect of Changes in Circumstances on Long-term Contracts—French Report*, in Donald Harris & Denis Tallon, Contract Law Today Anglo-French Comparisons, Clarendon Press, 1989, p. 232 – 233.

〔3〕《法国民法典》第1195条规定:如果发生在合同订立时不可被预计的情势变化,导致一方当事人的履行成本过于巨大,并且该当事人并未接受此种风险,其可请求对方重新磋商合同。在重新磋商过程中,债务的履行并不得因此而中止。在磋商被拒绝或者重新磋商失败的情况下,双方可以共同确定合同解除的条件及时间,也可以共同请求法官对合同进行调整。双方在合理期限内仍未达成协议的,法官在一方当事人的请求下,可以按照法官自己确定的条件以及时间变更或者终止合同。参见黄薇主编:《中华人民共和国民法典释义》(中册),法律出版社2020年版,第1018页。

规定了情势变更制度。值得关注的是,在法国政府与企业签订的特许经营合同定性为行政合同时可以调整。如果不拘泥于行政合同与民事合同的划分,该类合同可以归为长期合同,法国的做法说明这类合同有调整的必要性。

(五)大陆法系其他国家的相关规定和实践

1. 大陆法系其他国家的主要规定

大陆法系其他国家对合同履行中意外事件导致履行困难的情况亦提供救济,在适用条件和法律后果上稍有区别,但是区别不大。1942 年《意大利民法典》第 1467 ~ 1469 条规定,如果发生了异常及未能预见的事件,导致长期合同的一方当事人履行困难,该当事人可请求解除合同,但是对方当事人可请求根据衡平原则调整合同条款。该事后发生的履行困难不能属于合同的正常风险。[1] 《意大利民法典》第 1664 条允许对合同进行修改,但是情势变更改变当事人权利义务的比例至少达到 10%。

西班牙认可当事人可以运用"情势变更"规则寻求变更或者废止合同,但是限制条件比较多,要求当事人签订的合同为长期合同,合同订立后情势发生订立时不可预见的非常的变更,使双方权利义务不对等,没有其他补救措施避免损害。[2]

瑞士债法典规定,当事人承诺按照固定价格提供一项工作成果,不能因其所花费成本高于其预想而要求涨价。但是,若发生一些特殊情况,如不能预见或者超出双方的预想范围,工作无法完成或者完成工作异常困难,法官有裁量权,提高合同价格或者解除合同。尽管有上述约定,当事人还是需要约定价格调整条款。因为劳工和材料的上涨通常是当事人能够预见的,其

---

〔1〕 See Werner Lorenz, *Contract Modification as a Result of Change of Circumstances*, in Jack Beatson & Daniel Friedmann eds., Good Faith and Fault in Contract Law, Clarendon Press, 1997, p. 363.

〔2〕 参见[德]莱因哈德·齐默曼、[英]西蒙·惠特克主编:《欧洲合同法中的诚信原则》,丁广宇、杨才然、叶桂峰译,法律出版社 2005 年版,第 396 页。

不符合《瑞士债法典》第 373 条第 2 款关于不可预见的规定。[1]

根据比利时的法律，情势变更导致履行困难可以终止合同，法官并不修改合同条款，其或者准许终止合同，或者认定债权人拒绝债务人提出的终止合同或者变更合同构成权利滥用。《北欧共同合同法案》第 36 条规定，如果考虑到协议的内容，协议缔结时以及之后的具体情境和一般社会环境，合同的条款或条件不合常理，那么可以变更或者搁置该合同条款或条件。

根据瑞典法律的规定，价格条款或者自动调整条款均可以修改。固定价格的合同可能会变得不合理，调整具有正当性。如果当事人为应对通货膨胀，约定通过指数调整价格，仍然达不到调整的目的，则法院可以调整。瑞典最高法院在一个案件中，调整了一个为期 40 年的租赁合同，该合同的价格条款约定了指数条款和固定价格两部分，履行 33 年后，合同价格仅相当于市场价格的 32% 。瑞典最高法院认为，合同履行时间过长，业主不能预见到这样的条款不能产生效果，故可对指数条款和固定价格进行调整。瑞典最高法院还调整了一个订立了 5 年的城市垃圾处理合同，因合同约定的指数条款不能反映成本上涨，从而损害了企业利益。[2]

2. 对大陆法系其他国家合同调整规则的评析

从上述规定可以看出，虽然各国对合同予以调整的法律制度并不完全一致，但是从功能上分析差异并不大，均在一定程度上突破合同严守原则。有的国家，如西班牙明确规定情势变更仅适用长期合同。有些国家规定意外事件导致权利义务失衡的程度，如意大利规定至少达到 10% 。大多数国家规定当事人可以请求变更，如意大利、西班牙、瑞士、瑞典，比利时则认为法院不能修改当事人的合同。瑞典的法律规定更贴近商业实践，认为即便

---

〔1〕 See Werner Lorenz, *Contract Modification as a Result of Change of Circumstances*, in Jack Beatson & Daniel Friedmann eds., Good Faith and Fault in Contract Law, Clarendon Press, 1997, p. 365.

〔2〕 参见[德]莱因哈德·齐默曼、[英]西蒙·惠特克主编:《欧洲合同法中的诚信原则》,丁广宇、杨才然、叶桂峰译,法律出版社 2005 年版,第 395、401~403、473 页。

当事人约定了固定价格,在履行中情势发生变化,有可能达不到合同约定的目的,可以调整。而从前面提及的德国、英国、法国的实践看,固定价格意味着债务人自担风险。

（六）对国内法规定的合同调整规则的评析

从各国的法律和实践看,对于合同调整的制度存在区别,法院能否进行调整不同,调整的条件也不尽一致,但总体来说,对合同严守原则把握比较严格,各国不会轻易免除或者变更当事人合同责任或者义务。英国法院不会主动调整,美国进行调整的案例也比较少,仅有美国铝公司诉埃塞克斯公司案,并受到诸多批评。德国虽然在两次世界大战期间有调整的案例,并发展了交易基础丧失制度,但是在经济平稳期,仍然不会轻易对合同约定进行调整。法国法院对民事合同一般不予调整。综上,各国对于调整均持审慎态度。

长期合同的调整与风险负担规则有密切关系,判断应否对长期合同予以调整,首先应确定风险承担者。如果债务人应该承担风险,当发生风险导致其遭受不利损失时,应自行承担该损失。如果风险应由对方承担或者双方共担,则债务人可以请求对方承担全部或者部分损失。各国对合同进行调整的条件极为严格,原因之一是通常认为在合同未对风险分配予以明确约定的情况下,仍然将商业风险的负担归于债务人一方,即债务人应对其履行义务中可能出现的风险承担责任。例如,对于约定价格浮动条款的合同,法院更倾向于认为当事人已经对风险作了分配,从而认定不存在免责事由或者调整之必要。如果合同约定了固定价格,法院同样会认为当事人已通过价格条款分配了风险,即认为债务人自愿承担了价格上涨、成本增加的风险。其后果是大多情况下,债务人应该承担风险,法院不予调整。

另外,各国法律和实践对意外事件导致双方权利义务失衡要求的标准非常高。从法律规定看,根据《德国民法典》第 313 条第 1 款的规定,综合考虑个案情况后,如果要求当事人遵守原合同是不合理的,可以请求调整。根据美国的履行不现实制度,在履行成本过高以至于要求当事人履行合同不现实的情况下,允许当事人不再按照原合同约定履行。根据法国法,如果导致“履行成本过于巨大”,可以适用情势变更制度。从实践来看,在美国铝公司诉埃塞克斯公司案中,如果按照原合同履行,美国铝公司会承受巨额损失(6000 万美元),法院进行了调整。另以成本增加能否导致调整为例,德国认为成本增加需达到 110%;美国有案例认为成本增加达不到 100%,不能认定为履行不现实。[1] 总之,司法机构不会因为一方当事人发生亏损即对合同予以调整,对于履行困难的认定标准较为严格。

二、国际或者区域合同示范规则的合同调整规则

(一)《通则》规定的艰难情势

1. 构成艰难情势的条件

《通则》也对合同履行中发生变化的情况进行了规制,其未采用大陆法系的情势变更制度或者英美法系的合同目的落空概念,而是使用了艰难情势的概念,其第 6.2.2 条、第 6.2.3 条[2]规定了艰难情势的适用条件和法律后果,类似于大陆法系的情势变更制度。于 2010 年修订的《通则》在评注 5 中说明,艰难情势通常与长期合同有关。

艰难情势系指发生的事件从根本上改变了合同均衡,履行成本上升或

---

[1] 参见原蓉蓉:《英美法中的合同受挫制度研究》,法律出版社 2014 年版,第 139 ~ 140 页。

[2] 《通则》第 6.2.2 条(艰难情形的定义)规定,所谓艰难情形,是指发生的事件致使一方当事人的履约成本增加,或者所获履约的价值减少,因而根本改变了合同的均衡,并且(a)该事件在合同订立之后发生或为受到不利影响的当事人所知悉;(b)受到不利影响的当事人在订立合同时不能合理地预见到该事件;(c)该事件不能为受到不利影响的当事人所控制;而且(d)该事件的风险不由受到不利影响的当事人承担。第 6.2.3 条(艰难情形的后果)规定,(1)出现艰难情形时,受到不利影响的当事人有权要求重新谈判。但该要求应毫不迟延地提出,而且应说明提出该要求的理由。(2)重新谈判的要求本身并不使受到不利影响的当事人有权暂停履行。(3)如在合理时间内不能达成协议,任何一方当事人均可诉诸法院。(4)如果法院认定存在艰难情形,只要合理,法院可以:(a)按其确定的日期和条件终止合同,或者(b)为恢复合同的均衡而调整合同。

者接受履行的价值降低。《通则》先前的版本曾经规定过，达到50%或者以上的履行价值改变能够构成根本性改变。[1] 但是后续修改时，删除了该评注，仅规定根本性改变取决于案件的具体情况。

构成艰难情势同时应具备的条件包括意外事件不可预见、不可控制，双方未对风险的分担作出约定。不可预见与发生的可能性相关，有些情况发生的概率很低，理性当事人并不会作出约定。处于不利地位的当事人应未预先承担风险，如果合同明确分配了风险，则不适用艰难情势条款。《通则》对于事件的发生时间未限定于缔约后发生，事件在缔约前发生，缔约后当事人才知道事件存在，也可能构成艰难情势。[2]

2. 适用艰难情势的法律后果

受损一方应立即请求就变更合同进行协商。如果符合适用艰难情势的条件，另一方有义务协商，以变更合同。不诚信协商将导致赔偿损失责任。如果不能达成协议，任一方有权提起诉讼。通常请求协商一方并不能直接中止履行，只有在极其特殊的情况下，才能中止履行。[3] 《通则》中举出一个可以中止履行的示例，工程所在国颁布新的安全法规，要求工程安装额外的设备，在就增加工程价款协商一致之前，建筑商可暂停安装设备。[4] 如果认定存在艰难情势，法院可以决定解除或者变更合同。如果双方不能在合理时间内达成协议，法院有权解除或者调整合同。也就是说，《通则》规定了协商程序、中止履行及法院可以对合同予以调整。

（二）《通则》与其他规则的比较

《原则》《共同框架》也有类似制度，且均允许法院对合同进行调整。

---

〔1〕 参见《通则》（2004年）第6.2.2条评注2。

〔2〕 参见《通则》第6.2.2条评注3。

〔3〕 参见《通则》第6.2.3条评注4。

〔4〕 参见《通则》第6.2.3条示例4。

《原则》第6:111 条[1]规定了情势变更制度,该条第3款第2项规定,法院可以变更合同,以公平合理的方式在当事人之间分摊由于情势变更所产生的损失和收益。《共同框架》第3-1:110 条规定,因情势变更导致继续履行合同对债务人显失公平,法院可以变更或终止合同。[2]

《通则》《原则》《共同框架》均未将合同变更(修改或者解除)的情况局限于履行不能,还包括当事人权利义务失衡或者履行格外困难。不过,《原则》《共同框架》规定情况的变化发生在缔约之后,《通则》包括当事人缔约时不知道的情势导致权利义务失衡的情况,即当事人知道情势发生是在缔约之后(与德国的交易基础障碍理论相近)。

《通则》与《原则》、《共同框架》对于情势变更或者艰难情势的法律后果规定不完全相同。关于当事人协商未能达成协议时法院在合理情况下可以采取的措施,《通则》规定法院可根据情况决定解除合同或者变更。[3] 该规定与大陆法系和普通法系的规定均有区别,英国法院并不具有修改合同的权力,发生合同目的落空时,应解除合同。德国法则认为,修改合同是法院

---

[1] 《原则》第6:111 条(情势变更)规定,(一)当事人应清偿其债务,即便是因为履行费用已经提高或因为他所受领之履行的价值已经降低而使履行变得非常困难亦然。(二)但如果由于情势的变更使合同履行变得格外困难,当事人应当进行磋商以改订合同或者解除合同,只要:1. 情势变更系发生在合同达成之后;2. 情势变更之可能性与达成合同之时并不能够被合理地考虑到;3. 依据合同,情势变更之风险并非受影响之当事人所应承担的。(三)如果当事人于一段合理的时间内没有达成合意,法院可以:1. 按法院确定的时间和条件解除合同;或者2. 改订合同,以便以公平合理的方式在当事人之间分摊由情势变更产生的损失和收益。在任何一种情形,法院可以对因一方当事人悖于诚实信用与公平交易之拒绝磋商,或者终止磋商而遭受的损失判予损害赔偿。

[2] 《共同框架》第3-1:110 条(因情势变更而被法院变更或终止)规定,(1)即使履行变得更加困难,无论是因为履行费用增加,还是因为履行所能获得的回报减少,债务必须得到履行。(2)但是,如果因情势发生非常变化,对合同债务或因单方法律行为所生债务的履行,将导致继续履行合同对债务人显失公平,则法院可以:(a)变更债务,以使其在新的情势下公平合理;或(b)根据法院确定的条款,在某日期终止该债务。(3)第(2)款仅适用于:(a)该情势的变更发生于债务成立之后;(b)债务人在债务成立时没有预见到,也不能合理地期待其预见到该情势发生变更的可能性或程度;(c)债务人没有预见到,也不能被合理地认为其已预见到情势变更的风险;且(d)债务人已合理地基于诚实信用试图通过协商来实现对规定该债务的条款进行调整。

[3] 参见《通则》第6.2.3 条第4款。

首先应该选择的救济方式,其次才是解除。《共同框架》规定法院的第一选择是变更,而《原则》规定法院可以解除也可以修改。

另外,《通则》规定了不可抗力,不可抗力比艰难情势的适用条件严格,要求意外事件导致履行不能,履行费用过高则不足以构成免责。

《销售合同公约》第79条规定由于障碍导致合同不能履行,债务人可以免责。构成第79条中规定的障碍,应该满足以下几个要件:一是障碍的出现或者存在系当事人所不能控制的;二是在订立合同时当事人无法预见到障碍的发生或者存在;三是当事人不能避免或克服障碍的后果。满足上述要件是非常难的,当事人很难证明。障碍需在订立合同后发生,不能履行义务一方负有通知义务。障碍的存在并不会导致合同自动终止,不能履行义务一方可主张免除责任。该条未规定当事人有请求变更合同的权利,也未赋予司法机构变更权力,与不可抗力的适用条件和法律后果相近。

(三)对国际公约和示范规则的评析

与三部示范规则相比,《销售合同公约》关于构成不能履行障碍的标准更高,可能与其规范的合同类型为买卖合同有关。买卖合同分配风险的功能更强,对当事人的合作义务要求较低。而其他三部示范规则涵盖的合同类型较多,合同不仅具有风险分配的功能,还可能是当事人共同完成的项目,需要共担风险。

《通则》《原则》《共同框架》的规则在细节之处存在区别,但是相似之处更多。与国内法相比,对于合同调整的条件并不严苛,承认长期合同当事人应该共担风险,并且准许司法机构予以调整,以使当事人的权利义务恢复均衡状态,更能够满足长期合同当事人的调整需求。

三、关于合同调整的国际仲裁案例

仲裁机构调整合同的前提是合同当事人授权给仲裁机构或者第三人对合同内容应否调整,以及如何调整作出判断。重新调整建立在当事人的合意基础上,仲裁机构不能超越当事人赋予的权利。[1]

(一)当事人约定调整条款

有一个仲裁对长期合同予以调整的案例,该案的基本案情如下:加拿大的不列颠哥伦比亚省发现了冶金用的煤炭,准备进行开采,而政府需要投入巨大的开采运输成本,须签订长期购销合同,以保证成本回收。日本的 JSL 钢铁公司需要长期购买煤炭。各方投资人成立 OCL 公司负责不列颠哥伦比亚省煤炭的销售,并与 JSL 钢铁公司签订长期供应合同,为应对合同价款的变化,当事人约定了浮动价格,基本价格包括两个部分,一部分固定不变,另一部分根据劳务价格、材料和柴油燃料价格确定。同时,约定了价格调整条款,每隔 4 年,任何一方可以请求对价格重新审查,审查时须考虑加拿大冶金煤炭的长期供应合同市场价格,并考虑质量差别。在履行中,煤炭价格下降,JSL 钢铁公司请求调整煤炭价格,但是 OCL 公司予以拒绝,故 JSL 钢铁公司请求仲裁。长期供应合同中还包括两个相关条款:一是互相合作条款。买卖双方均应认识到合同缔约时不能预料的情况可能发生,双方同意尽最大努力履行合作义务,解决因此产生的困难。二是权利义务不均衡时重新审查价格条款。合同履行期间冶金煤炭市场价格发生巨大波动,任何一方有权请求重新审查价格,双方应依据诚信原则进行讨论,以达到公平合理的调整。

OCL 公司认为,合同条款的约定仅要求双方对基本价格进行协商,并未约定有义务形成新的价格协议。仲裁庭认为,如果这样解释将使条款变得没有意义。仲裁庭认为,结合价格调整条款与仲裁条款,仲裁庭有权调整基本价格。仲裁庭据此参考市场价格、缔约时的各种情况以及相关合同条款对固定价格部分作出调整。根据仲裁庭调整后的价格,OCL 公司须向 JSL

---

[1] See Klaus Peter Berger, *Renegotiation and Adaption of International Investment Contracts: The Role of Contract Drafters and Arbitrators*, 36 Vanderbilt Journal of Transnational Law 1347 (2003), 1379.

钢铁公司返还一定金额的款项。仲裁裁决作出后,OCL 公司向法院申请撤销,但是未能成功。

该案例说明国际市场瞬息万变,风险巨大,当事人的预期是分担因此产生的风险,仅由一方承担风险会导致权利义务失衡。当事人约定的价格调整条款虽然是为防止生产成本的剧烈变化,但并不表明仅在成本变化时,才能调整合同价格。合同还约定了合作条款和重新审查价格条款,表明当事人均认为可以根据情况对原合同约定价格调整,市场煤炭价格发生巨大波动也属于可以重新审查价格的情况。并且,并非只有当事人协商一致才能够变更合同价格,当事人难以就价格调整达成协议时,仲裁庭可以直接调整。[1]

（二）当事人未约定调整条款

仲裁实践中也有当事人未明确授权给仲裁庭,但是仍由仲裁庭予以调整的情况。国际商会 ICC No. 1990 案件仲裁庭扩大解释了合同当事人约定的分销合同调整条款。合同约定在进口某种商品困难时变更双方的经营方式。但是仲裁庭扩大了该条款的适用范围,在货币贬值 10% 的情况下,修改了合同的主要条款。ICC No. 2291 案件仲裁庭认为,保持合同当事人的利益平衡是合同法的基本原则。在国际商事交易中,人们越来越认同在长期合同中应保持权益均衡。该案中,仲裁庭根据承运方的申请提高了运费,因为运输的货物数量多于合同最初的约定。[2]

（三）评析

从上述仲裁实践可以看出,在国际仲裁中,当事人约定调整条款或者艰难情势条款,准许仲裁机构进行调整,能够在一定程度上避免国际市场环境

---

〔1〕 See William A. W. Neilson, *Price Adjustments in Long-term Supply Contracts: The Saga of the Quintette Coal Arbitration*, 18 Canadian Business Law Journal 76 (1991), 76.

〔2〕 See Joachim G. Frick, *Arbitration and Complex International Contracts*, Kluwer Law International, 2001, p. 220 – 222.

变化导致的价格波动风险。由于仲裁庭的权利是当事人授予的,如果当事人未约定仲裁机构可以调整合同,仲裁员缺乏主动调整的依据。不过,仲裁实践认可合同不是静止的,签订时并不完全,需要调整。合同严守原则应有灵活性并考虑实质内容。合同在整个履行期间均应保持经济上公平合理、当事人利益均衡。[1]

当事人宜自行约定调整条款应对情势变化,确定各自的风险范围。如果双方对风险无法进行准确预估,不能在签订合同时进行准确分配,可以在合同中约定艰难情势条款和重新协商条款。如果合同履行期间经济环境出现急剧变化,导致一方承受经济困难,双方应协商确定对双方均公平的价格,以减轻艰难情势造成的不利后果。如果双方不能就调整达成协议,则可请求第三方作出决定,如聘请专家或者提出仲裁。

在程序上,确立争端解决机构有权力对合同进行调整,并确立调整的基本标准。例如,合同约定如果双方在约定的时间内不能通过协商对调整达成协议,可向仲裁机构等纠纷解决机构申请调整合同条款,仲裁机构应根据合同约定的标准或者公平原则对合同进行调整。

第三节　长期合同调整规则的特殊性——以国际工程合同为例

从前述国内法、国际统一规则关于合同调整的规范可以看出,司法机构调整合同条款的条件比较严格。以情势变更制度为例,适用情势变更制度的主要条件是当事人缔约时依赖的基础发生变更,导致仍然按照原合同履行对当事人显失公平。长期合同当事人签订合同时的预期是在发生双方未

---

〔1〕 See Klaus Peter Berger, *Renegotiation and Adaption of International Investment Contracts: The Role of Contract Drafters and Arbitrators*, 36 Vanderbilt Journal of Transnational Law 1347 (2003), 1377 - 1378.

明确约定的情况导致双方权利义务失衡时,能够共担风险,所以在判断应否进行调整时,条件稍有区别。本节以国际工程合同为例,对长期合同价格调整进行分析。

一、国际工程合同调整的必要性

国际工程合同中的调整问题,在实践中普遍存在。国际工程施工期间,工程当地的物价变动、通货膨胀、劳务价格变化、进口设备价格与原材料价格等变化,会导致施工成本增加。国际工程合同通常比较规范,有行业协会等组织制定的合同条款供当事人选用,如国际咨询工程师联合会(International Federation of Consulting Engineers, FIDIC)制定的土木工程施工合同条件(又称菲迪克条件或菲迪克红皮书)对于风险负担有较为完善的规定。规范的国际工程条款一般会约定,原材料价格上涨,承包方可要求提高工程款,双方通常还会约定具体的调价公式。其优势如下:一是承包方如果承担所有风险,会提高报价,对业主方不利。二是承包方如果承担所有风险,发生亏损后,会采取其他方法弥补亏损,从而影响工程质量,对业主也不利。如果承包方不必承担成本上涨的风险,则可以保质保量完成工程。因此,约定价格可以进行调整对双方均是有利的。但是,由于各国的政治、经济、法治环境不同,承包方在各国面临的市场不同,情况也较为复杂。有些承包方为了取得工程,未将对施工方有利的条款包括在施工合同之内,无法通过规范的合同条款保护自身权益。以我国工程承包企业在国外承包工程的情况为例,有些工程在履行中情况发生变化,如遭到环保组织反对,或遇到异常地质条件,导致成本增加,但是由于承包合同对此未明确约定承包方可以提高价款,业主以此为由不予提高工程价款,承包方出现亏损。一方面,这需要承包方在签订合同时,有充分的风险意识,对各种情况提前预判,对风险分担进行约定。另一方面,对于未能预见的问题,承包方在法律上也应尽量寻找依据,以便调整合同价款。

长期合同价格调整主要涉及两个问题:风险范围和权利义务是否失衡。如果意外事件属于债务人应承担的风险范围,则不应予以调整。风险范围的判断与意外事件的可预见性、当事人的控制能力等相关。关于权利义务是否失衡,则要根据合同的类型等情况予以判断。国际工程合同价格能否调整,要分析承包方承担的风险范围以及意外情况的发生是否导致当事人权利义务失衡。

二、国际工程合同当事人承担的风险范围

如果工程施工合同中未约定价格调整条款,意外事件导致施工成本增加,承包方可否请求增加工程款,理论上存在争议。有观点认为,承包方能够通过报价确定自己承担的风险范围,如果承包方与业主未约定价格调整条款,成本发生涨跌应由承包方承担,另外如果履行原合同导致承包方发生亏损,并不足以认定违反公平原则。前述所举英国、法国、德国等国家关于建筑工程的司法案例或者法律规定,印证了上述主要观点。

成本上涨的风险由承包方单独承担缺乏合理性,主要有如下理由。一是从承包方对风险的控制能力看,承包方对工程的管理和质量有控制能力,在一定范围内能够通过预订原材料、安排人工等预防风险,但是其无法控制材料价格和人工价格的异常变动。有些事件如大规模战争、自然灾害、政府法律变化等超出其控制范围。承包方不应单独对无法控制的事件承担不利后果,如果建筑成本波动过大,宜由发包方和承包方共同承担风险。

二是从当事人的意思表示分析,如果承包方未承诺承担导致成本变化的一切风险,即便当事人未约定价格调整方式,承包方承担的也应是正常商业风险。意外事件导致供求关系异常变动,超出当事人预见的风险范围。情势变更制度针对的是异常情况,并非正常的商业风险。如在合同履行过程中,政府颁布特殊保护政策,导致原材料价格上涨。无论当事人是否已经约定按照物价指数调整合同价格,政府政策变化通常并非承包工程时承包

方所能够预见的，亦非其自愿承担的风险范围。

三是从风险能否预见分析，当事人并不能提前预见所有风险，并对风险分配作出约定。因此，承包方承诺承担的风险难以包括所有异常情况。例如，战争通常是当事人不能预见的，所导致的成本大幅上涨可由承包方与发包方分担。

因此，即便承包方未在合同中载明成本异常变动的风险由双方分担，对于超出预期的变动，承包方仍然有权主张由发包方分担。承包方承担的风险范围与合同约定，风险是否可以预见，承包方对风险能否控制等相关。例如，对于交钥匙合同，业主支付的价格更高，因此承包方承担的风险更大；而对于业主设计，承包方建设的工程，通常由双方分担风险。有些风险系承包方可以控制的，如承包方可以通过及时签订材料供应合同固定风险；通过正常管理，保证工程顺利竣工，避免成本上涨。如果承包方能够采取措施控制风险却未采取，应自担风险。

三、合同均衡发生改变的判断标准

情势变更制度对合同均衡发生改变的程度要求非常高，具有补充性。承包方遭受的损失已经到了其"牺牲的临界点"，令其继续履行违背公平正义时，[1]才予以适用。

在工程实践中，承包方请求调整合同价款并不需要达到权利义务极度失衡的程度。建筑行业是微利行业，也是劳动密集型产业，建设工程行业材料和人工费在工程款中占主要比例，原材料价格、人力成本稍有变动即会影响承包方的利润。成本上涨超过5%就可能导致承包方亏损。如果按照极度失衡的标准调整价格，对承包方极为不利。此外，工程的风险很大，很多因素可能导致工程延期，如恶劣气候条件、地质条件与预测不一致，工程当

---

〔1〕 参见黄喆：《情势变更原则在建设工程合同中的适用——德国建筑私法实践及其对我国的启示》，载《法律科学（西北政法大学学报）》2013年第5期。

地居民阻挠施工,当地国家政策发生变化等。工期延长,人工费、材料费、机械费等都可能上涨,从而导致承包方的成本上涨。从菲迪克红皮书来看,当事人可以约定工程价款根据相关劳务、原材料等成本涨落进行调整,根据投标书中的调整表进行调整。对于承包方不可预见且无法防范的异常恶劣天气导致的工期延误和费用增加,承包方可请求业主支付。[1]

从国际工程合同的示范条款可以看出,合同价款调整的情况比较多,风险负担并不当然由履行义务一方承担。当然,根据菲迪克红皮书,当事人应提前对合同调整方式进行约定,否则会视为承包方承担风险。该风险解释为可以预见的风险更为合理。即便当事人未明确约定调整条款,根据前述关于风险负担的分析,需要综合双方约定的合同价格,风险的可控性、可预见等情况,判断承包方是否自愿承担成本上涨的风险,如果不是,则宜由承包方与发包方分担风险。成本对承包方的利润有重大影响,成本变化极易导致双方权利义务失衡,在成本上涨异常时,承包方可以请求发包方承担部分风险。

综上,国际工程合同的实践表明,长期合同调整较为频繁,当事人未对风险进行明确约定不等于由债务人自行承担履行风险,风险的负担应根据可预见性等相关情况进行认定。对于合同均衡改变的认定标准也无须达到极度失衡的状况,合同的调整应使双方均保持一定利润,以促进行业发展。

第四节　长期合同调整规则重构

长期合同与一时合同调整规则的不同之处主要在于长期合同的风险负担。对于意外事件导致的合同风险,更为公平的处理方式是由当事人分担,而不是由债务人承担。该风险负担的变化,与长期合同多为双方共同经营

---

〔1〕 参见菲迪克红皮书(1999 年)第 13.8 条、第 17.3 条第 h 项。

的项目有关。

一、合同法理论的演进与长期合同调整

(一)公平原则对合同自由的限制

合同正义与合同自由均是合同法中重要的价值取向,彼此之间会发生冲突,在特定情况下,合同自由应向合同正义让步。“在现代福利国家中,合同自由应为‘合同公正’所取代。”[1]当然该论断并不能否定合同自由,两者并不总是发生冲突,仅在某些情况下,强调合同正义。张文显教授认为,只有“正义”能够对合同自由予以限制,即合同仅在显失公平、损害他人和社会公众利益,或违反诚信原则和公序良俗时,才能被限制。[2]

古典合同法认为合同是分配风险的机制,不可预见的风险应由双方在签订合同时就作出分配,如果未进行分配,则由债务人自行承担。当事人因自己的能力和经验不足而遭受损失的,法院不予干预。其根源在于当事人被认为具有完全理性,应享有绝对的合同自由。社会经济发展使人们逐渐认识到合同当事人并不能对所有风险预先作出分配。由一方承担不可预见的风险,显失公平。一方不应该以对方的损失为代价,获得不合理的利润。如果当事人缔约时,并未考虑到会发生某种情况,从而影响合同权利义务,推定债务人应承担风险,并不公平。例如,美国教授弗里德提出“允诺即合同”的理论,但是也认可如果合同对风险未作出约定,即合同存在漏洞,当事人不存在过错,则当事人应分担风险,就像一个企业,股东应该分担运营中产生的风险和意外利益。[3] 在双方对风险无明确约定时,司法机构可以填补合同存在的漏洞,认定风险由双方分担,该行为并不损害合同自由。

---

〔1〕［德］海因·克茨:《欧洲合同法》(上卷),周忠海等译,法律出版社2001年版,第15页。

〔2〕参见张文显:《法哲学范畴研究》(修订版),中国政法大学出版社2001年版,第389页。转引自孙良国:《关系契约理论导论》,科学出版社2008年版,第135页。

〔3〕参见［美］查尔斯·弗里德:《契约即允诺》,郭锐译,北京大学出版社2006年版,第81页。

因此,在长期合同情形下,应根据当事人签订合同的目的和公平原则,确定风险负担和权利义务关系。

(二)商业实践和当事人的预期

长期合同的调整不仅是因为合同正义,还因为当事人的预期能够动态地调整双方关系,在整个合同履行期间尽量保持权利义务均衡。这一点可以从关系性合同理论中得到支撑,其认为合同是动态性关系,所以调整具有正当性。[1] 从现代商业交易方式来看,当事人往往会约定调整条款,以缓和法律对合同严守原则的严格态度。即便合同中未约定变动条款,本着持续合作的精神,当事人也会同意对条款进行调整。当大多数的长期合同当事人签订调整条款时,可以表明分担风险以及调整是符合商业实践的。

长期合同调整条款说明,当事人的预期并不是风险仅应由一方承担。即便当事人约定的调整条款无法反映成本的变化,也不能假设债务人自愿承担风险,而宜由双方分担。在当事人权利义务失衡的情况下,不应完全排除司法调整。美国铝公司诉埃塞克斯公司案的一审法官就认为,当事人约定指数条款的目的是成本变化风险应由双方共担,在该目的未能达到时,应对指数条款进行修正,使其符合当事人的预期。

长期合同当事人并不愿意花费太多的时间在评估和分配风险上,而是期望根据履行情况进行调整。长期合同非常接近于组织,当事人收回投资依赖于合同关系的存续,当事人并非对抗关系,而是类似合伙,所以当事人不能仅追求个人利益,而是有合作义务,包括分担风险。在此基础上,长期合同未分配风险的原因呈现复杂性,即长期合同当事人未对风险进行分配,并不完全是因为无法预见,还有一个重要原因是认为对方当事人能够与其共同承担风险,故没有必要作出分配。因此,不宜仅以风险可以预见为由,将风险分配给一方,从而对合同不予调整。即便风险能够预见到,当事人也

---

〔1〕 参见孙良国:《关系契约理论导论》,科学出版社2008年版,第120页。

可能认为无须提前对风险进行分配，在风险发生导致双方的权利义务失衡时，双方可以协商予以调整或者通过第三方裁决解决。

因此，长期合同当事人的预期是共担风险，对权利义务关系进行动态调整。

（三）长期合同的履行需要考虑公共利益

长期合同不仅影响当事人利益，还影响公众利益。例如，法国允许行政合同（包括特许经营合同）当事人请求对合同进行调整，不可预见的事件发生导致经营亏损的，经营者可获得补偿；还基于维护公共秩序，以法律的形式对某些合同关系进行调整，均有维护公共利益的目的。美国法院在佛罗里达电力照明公司诉西屋电力公司案中，判令西屋电力公司不承担处理核废料的费用，使西屋电力公司能够免于破产，其考虑因素也包括使消费者能够继续享用清洁能源。现代经济中，大型的基础设施项目、长期能源供应项目往往与社会公众相关。为了公共利益，对长期合同予以调整，避免一方破产，不仅对合同双方当事人有益，而且能够增加社会福利。

因此，通过调整长期合同，当事人的权利义务达到均衡，有利于社会公共利益。

综上，由于合同法理论强调公平，长期合同当事人期望双方以风险共担方式履行合同。对长期合同进行调整，以使其继续履行，有利于增进社会福利。

二、较优风险承担者规则与长期合同的风险负担

风险负担可以由当事人在签订合同时予以约定，也可以由司法机构通过合同解释填补合同漏洞。当事人在缔约时通常不能预见所有风险并提前予以分配，此时，法院如何确定风险负担？美国前联邦法院法官波斯纳提出了较优风险承担者规则。该规则是否有利于确定长期合同的风险负担，值得讨论。

(一)较优风险承担者规则

较优风险承担者规则是合同漏洞填补规则,在合同未明确约定风险分配的情况下,由法院确定有能力承担风险的人来承担风险。其能够以较低的成本应对特定风险,符合经济效率原则。在具体应用时,须判断合同的哪一方当事人处于有利位置预防风险发生,哪一方当事人能够通过保险等方式以较低的成本承担风险。通常,合同当事人一般均不能防止风险发生,故须判断哪一方可以较低的成本承担风险。成本包括风险评估成本和交易成本,前者包括预见、评估风险的发生概率及其造成损失的大小;后者包括如何采取措施分散风险、降低损失,如保险、采取资产组合方式经营等。只有在承诺人不可能防止意外发生,而受诺人更容易评估意外的发生及损失的大小,并能够自我保险的情况下,承诺人才可以免责。以苏伊士运河关闭对运输合同的影响为例,运输合同当事人并未预见运河的关闭,因此也未对该风险的分配作出约定。但是法院认为,承运人可以通过多种方式避免风险的发生,如投保战争险,承运人更清楚替代路线增加的成本,从而计算保险的价值,承运人对影响其业务和成本的国际争端事件更为敏感。[1] 因此,承运人系较优风险承担者,应自行承担苏伊士运河关闭给其造成的成本增长损失。

用该规则分析长期煤炭供应合同,卖方通常是较优风险承担者,其能够套期保值,分散经营风险。实务中,法院也通常认为卖方应该承担风险,一则其有能力预见风险,二则其处于更佳位置防范风险,能够从其他方面获益以分担其损失。[2]

---

〔1〕 参见[美]理查德·A. 波斯纳、安德鲁·M. 罗森菲尔德:《合约法中的不可能性与相关原则:一种经济分析》,苟文均译,载[美]奥立弗·哈特等:《现代合约理论》,易宪容、罗仲伟、徐彪等译,中国社会科学出版社 2011 年版。

〔2〕 See Richard E. Speidel, *Court-imposed Price Adjustments under Long-term Supply Contracts*, 76 Northwestern University Law Review 369(1981 - 1982), 383 - 384.

(二)较优风险承担者规则对长期合同风险负担的影响

较优风险承担者规则能够降低合同签订成本,当事人无须再对风险问题进行详细协商。但是也有很多学者对该观点持有疑虑,认为法院未必能够准确判断出谁是较优风险承担者。另有学者认为,意外事件不可阻止也不可预见,当事人无法对其投保以避免损失,无法确定最佳投保人。此外,确定最佳投保人也有费用,其费用可能超过所得利益,并非更有效率。因此,较优风险承担者理论不具有合理性。[1]

笔者认为,首先,较优风险承担者规则有利于激励当事人做好事前风险分配,其假设当事人事先同意分配风险并降低成本,但该假设前提在长期合同情形下并不存在。一则长期合同缔约时未来存在不确定性,信息是不完全的,长期合同当事人最初的计划不完全,必须进行事后调整,实际当事人对意外事件并未进行风险分配,所以该规则假设当事人同意并有能力事前分配风险并不存在。二则由于事件的复杂性,当事人对所有可能的风险作出分担需承担较大成本,并不一定有效率。如果适用较优风险承担者规则,将风险分配给一方承担,导致其破产,也不符合效率原则。三则如果当事人并没有考虑到特定事件会发生,也很难认定其愿意承担所有的可能风险,将所有风险由债务人承担不符合当事人意愿。因此,事前对所有风险均予以分配并不是当事人的真实意思。其次,该规则认为当事人可以采取措施降低损失,但是长期合同资产具有专属性,产品有独特性,使当事人难以在公开市场上进行套期保值,分散风险。最后,该规则假设仅由一方负担风险,非此即彼,而长期合同注重协作,可由双方分担风险。

综上,长期合同情况复杂,当事人未进行风险分配的原因较多,更多情况下是因为提前分配风险成本过高,当事人更愿意共担风险,不宜适用较优风险承担者规则,而要具体分析。尽量根据合同条款分析当事人各自承担

---

〔1〕 参见[美]迈克尔·D.贝勒斯:《法律的原则——一个规范的分析》,张文显等译,中国大百科全书出版社1996年版,第229页。

风险的范围,如果无法判断,需进一步分析未能分配风险的原因,以及双方是否有共担风险的意图,不宜直接推断债务方自愿承担风险。

三、司法机构对长期合同进行调整

(一)司法机构对长期合同进行调整的可行性

与终止合同关系相比,对长期合同进行调整能够实现双方利益的最大化,并且避免当事人投入的专属资本浪费,有利于增进社会福利。相比较严格按照原合同履行,对长期合同进行调整更符合公平原则,有利于长远的合同关系。如果当事人能自行达成变更协议,司法机构不应轻易否定变更的效力,除非变更协议受到胁迫。如果当事人无法自行变更协议,应赋予司法机构调整的权力。

法院有调整权可以促进当事人自行达成变更协议。如果法院并无调整权,获益一方当事人可能会坚持履行合同,受损一方可能坚持解除合同,均不愿意接受对方提出的和解要求,导致双方无回旋余地,关系破裂。在法院有调整可能的情况下,获益一方应该知道法院不会支持其继续履行的要求,从而愿意接受和解,避免由法院进行调整,增大结果的不确定性。

有些学者担心,如果准许法院、仲裁机构进行调整,法官、仲裁员会滥用自由裁量权,损害当事人利益,并导致当事人的关系处于不确定状态。该顾虑并无必要,司法对于认定事实有完善的制度,能够有效防止滥用自由裁量权的情形。法院系在情况发生后依据证据对当事人之间是否利益平衡、应否予以调整等情况进行判断,并非任意调整。当事人在诉讼和仲裁中具有对抗性,能够提供正反两面的证据(包括专家意见)和理由,能够帮助法官和仲裁员对案件进行全面的思考,以制定合理的调整方案。以滥用裁量权为由否定司法机构调整权的理由,并不充分。

(二)长期合同调整考虑的主要因素

长期合同并不能任意调整,应遵循一定规则。当事人主张调整合同价款,无论适用情势变更还是合同目的落空制度,均需解决两个主要问题。首先,确定当事人承担的风险范围。这需要对合同约定进行解释,以确定意外情况导致成本上涨等是否包括在当事人自愿承担的风险范围内。合同首先应遵循当事人意思自治,当事人约定的风险分配方式优先适用。在合同约定不明情况下,需根据合同解释规则予以判断。其次,需衡量发生意外情况是否导致按照原合同约定履行对一方负担过重,违反公平。即履行成本上涨达到何种程度,司法机构会认定当事人权利义务失衡,从而对承受不利一方当事人予以救济。

从前面对法律规则和司法实践的比较分析来看,长期合同的调整在以下两个方面与一时合同均存在区别:首先,在合同对风险约定不明确的情况下,推定由当事人共担风险而不是由债务人单方承担风险。在探究当事人签约时的意思表示,确定各自承担的风险范围时,应认识到合同具有不完全性,当事人不能预见到所有风险,也不能对所有风险进行分配。合同约定不明并不等于债务人承担风险,而应调查交易背景、商业惯例,并考虑合同性质。风险与利益相伴,如果是投机类的合同,当事人承担的风险就大,但是如果当事人合作义务比较强,宜共担风险。长期合同多为合作型合同,当事人分担风险更为适合。其次,降低认定权利义务失衡的标准。长期合同的调整需要在合同严守与合同公平之间寻求平衡点。不同类型的合同,构成权利义务失衡的标准并不相同。例如,德国有一个关于买卖合同的判例,履行中货物的市场价格涨了 300 倍,卖方主张应适用《销售合同公约》第 79 条规定,构成履行障碍,应免除交货义务。法院未支持其主张,认为在有投机成分的交易中,确认履行障碍的标准应提高。卖方的主张不符合《销售合同公约》第 79 条的规定,市场价格涨幅并不足以认定构成履行障碍,故未免除卖方的责任。影响权利义务失衡标准的因素,包括合同期限的长短,相关交易领域的利润率以及债务人是否面临经济危机等。[1] 对于利润较低、合作义务较强的建筑工程行业、基础设施建设行业,须相应降低权利义务失衡的认定标准。对于长期供应合同,在涉及专属投资,市场竞争不充分的情况下,也倾向认定双方有共担风险的义务,在其他情况下,认定权利义务失衡的标准相对较高。长期合同不仅是风险分配的工具,而且是双方共同经营的项目,应使双方都获得利益,而不是将个人获利建立在对方受损基础之上。

(三)调整的基本标准

司法机构对合同进行调整的原则是公平原则,即在新的情势下,使当事人权利义务关系恢复均衡。《通则》规定司法机构可以变更合同以"恢复合同均衡",《共同框架》规定变更应"使债务在新的情势下公平合理"。美国铝公司诉埃塞克斯公司案即体现了合同调整的标准是使合同恢复均衡,该案当事人约定的价格调整条款未能反映成本的增长,出现"失灵"状况,法院认为应该进行调整,以使价格能够与签订合同时当事人的预期相当。法院调整的依据是合同当事人期望维持长期合同关系,双方均不希望遭受巨大损失,希望能从合同履行中获益。为实现合同双方营利目的,一方有义务补偿另一方遭受的损失。[2] 斯派德尔教授在论述长期供应合同当事人的协商义务时,主张卖方可以获得的补偿应该是额外增加的成本及最初合同约定的利润,[3] 这能够保证合同恢复到最初的平衡状态。另外,德国法认为合同调整应尽量维持合同最初形式,考虑合同订立时当事人的意思,在变化的情况下实现利益适当平衡。[4] 司法机构调整合同条款不能脱离合同确定的权

---

〔1〕 参见[德]英格博格·施文策尔:《国际货物销售合同中的不可抗力和艰难情势》,杨娟译,载《清华法学》2010年第3期。

〔2〕 See Alcoa v. Essex Group, Inc., 499 F. Supp. 53 (1980).

〔3〕 See Richard E. Speidel, *Court-imposed Price Adjustments under Long-term Supply Contracts*, 76 Northwestern University Law Review 369 (1981 – 1982), 410.

〔4〕 参见[德]迪尔克·罗歇尔德斯:《德国债法总论》,沈小军校,中国人民大学出版社2014年版,第282页。

利义务框架,仅矫正因意外事件导致的当事人利益失衡,对于未曾预见的风险由双方予以分担,较为适当。

四、防止当事人滥用调整权

长期合同的调整应防止权利滥用。允许合同调整的弊端是当事人可能利用合同调整机制改变合同最初的均衡状态,达到获取额外利益的目的。这也是各国均严格限制合同调整的原因之一。英美古典合同法时期,对当事人自愿达成的合同变更仍然要求有对价,防止要挟行为。在消费者作为一方当事人的长期能源供应合同中,供应方虽然有调整权,但是国家会对其调整合同价格的方式和合理性进行审查。调整价格应遵循公开透明的程序,并应证明其有合理的理由予以调整。消费者处于弱势地位,法律提供保护具有正当性。在其他长期合同中,法院更多遵循当事人意思自治,不会主动干预,但是在当事人主张情况下,仍然有必要审查合同变更是否违背诚信原则,从而遏制机会主义行为。

长期合同当事人可能利用对方当事人对合同关系的依赖,迫使其作出有利于自己的调整。对此,法院亦应审查变更是否符合诚信原则。《商法典》有相应规定,即用诚信原则约束合同变更,存有争议时,因合同变更而获益当事人应证明具有正当的变更原因,这符合公平合理的商业习惯,避免当事人利用合同变更恶意逃避原合同义务。当事人自行变更与申请法院调整的条件具有相似性,如果有意外事件发生,且其可能导致遭受不利一方免除合同义务,遭受不利一方有权请求法院予以调整。在此情况下,如果当事人自行协商变更合同,通常能够证明变更对双方均有利,并非一方要挟的结果。[1]

综上,长期合同调整具有必要性,司法机构应转变裁判理念,对于当事

〔1〕 See Timothy J. Muris, *Opportunistic Behavior and the Law of Contracts*, 65 Minnesota Law Review 521 (1981), 549.

人未约定的风险负担以及权利失衡的程度采取与一时合同不同的标准，推定当事人共担风险，在新的情况下，愿意调整权利义务关系，重新恢复均衡。鉴于各国对合同调整较为严格，为使纠纷快速高效解决，在国际交易中，当事人宜自行约定调整条款或者艰难情势条款、重新协商条款，使合同保持弹性以及有调整的空间，约定调整的基本标准，并明确争端解决机构有权力对合同进行调整。

第四章
长期合同之合作与重新协商义务规则研究

合作义务和重新协商义务能够促使当事人在履行中自行弥补合同的漏洞,应对履行中的变化,维持合同关系,是长期合同当事人的重要义务。长期合同当事人应履行高度的合作义务,其不仅指履行中应相互配合,还包括在双方缺乏事前约定时,能够重新协商,避免采取机会主义行为。长期合同当事人经常在合同中明确约定这两项义务。理论界对上述义务能否成为当事人的真正义务存在争议。本章认为在当事人未作明确约定时,根据长期合同的不同性质,法律宜规定当事人有合作义务和重新协商义务。另外,法律规则应对如何履行上述义务以及不履行该义务的后果作出规范。

第一节　长期合同当事人的合作义务

古典合同法理论认为当事人均是自利的,其更关注合同确立的权利,通过追究违约责任,约束当事人履行合同。长期合同则不同,其产生的根源在于在当事人之间建立稳定的关系,满足当事人对材料、销售渠道等的需求,是一种合作方式。合作的重要性逐渐受到重视,对合作义务的明确规定主要体现在国际或者区域合同示范规则中,《商法典》中也有规定。

一、合作义务的理论和实践基础

合作义务的主要理论基础是诚信和公平交易原则,另外关系性合同理论也支持合作义务。合作义务的实践基础是现代企业崇尚合作,以降低成本,增强竞争力。

(一)诚信和公平交易原则

合作义务的基础是诚信和公平交易原则。《通则》第5.1.3条评注1说明,合同可以看作当事人的一个合作项目,而不仅仅是双方利益妥协的产物,各方当事人应相互配合。合作义务与诚信原则和公平交易原则相关,渗透合同法中,如一方不履行合同时,另一方有减损义务。《共同框架》也体现了同样的观点。[1] 有学者认为,合作是合同的本质,合同是一种合伙关系,各方均应朝向由各自追求的目标总和所形成的共同目的努力。[2]

学者认为,诚信原则反映的是合作理念,而非个人主义。[3] 诚信原则要求当事人履行合作义务。诚信原则要求当事人不仅不能妨碍对方履行,而且应采取积极的合作行为,促成目标实现。[4] 现代合同法要求合同双方当

---

〔1〕 如果债务人承担一项债务,那么在债务人债务履行可合理期待的范围内,债务人和债权人均负有协助对方当事人的辅助性债务。这可以视为对诚实信用与公平交易义务的具体适用。参见欧洲民法典研究组、欧盟现行私法研究组编著:《欧洲私法的原则、定义与示范规则:欧洲示范民法典草案》(第1、2、3卷),高圣平等译,法律出版社2014年版,第593页。

〔2〕 参见[德]莱因哈德·齐默曼、[英]西蒙·惠特克主编:《欧洲合同法中的诚信原则》,丁广宇、杨才然、叶桂峰译,法律出版社2005年版,第29页。

〔3〕 参见[德]莱因哈德·齐默曼、[英]西蒙·惠特克主编:《欧洲合同法中的诚信原则》,丁广宇、杨才然、叶桂峰译,法律出版社2005年版,第292页。

〔4〕 参见[美]E.艾伦·范斯沃思:《美国合同法》(原书第3版),葛云松、丁春艳译,中国政法大学出版社2004年版,第507页。

事人应更多考虑他方利益。合同包含合作、合同正义原则的实现。[1]

法律无法事无巨细地对合同进行规范，诚信原则和公平交易原则能够弥补法律的疏漏。长期合同当事人需要通过合作实现合同目的。从上述原则推导出合作义务符合实践需要。

（二）关系性合同理论强调合作义务

麦克尼尔教授的关系性合同理论推崇合作义务。麦克尼尔教授强调，合同团结在合同关系中具有重要地位，其能够保持当事人的交换关系。合同团结属于心理学范畴，合同当事人应该确信其所期望并信赖对方的条件能够持续存在。如果当事人认为合同缺乏相互性，交换缺乏公平，可能会发生冲突，导致关系破裂。自利本身没有凝聚力，合同法将自利的人结合在一起，自利是需要合同团结的主要原因。[2] 合同团结的理念能够提高长期合同的效率。团结与合作是社会内在的凝聚力，社会分工依靠合同和团结合作机制得以维系，合同合作是社会合作的实现方式。[3] 关系性合同理论较好地阐述了自利与合作的关系，合同当事人是自利的，但是在合同关系中，应予以合作，才能使关系得以维持。

（三）现代经济推崇协作模式

1940 年日本学者我妻荣在《债权总论》中曾提出一种观点，合同是当事人为实现共同目标而结成的紧密关系，形成相互协作的协同体。该观点在提出时并未受到广泛认同。内田贵教授发现，现代交易印证了上述观点。现代科技的发展导致战略协作关系增多，根植于信赖关系的交易普遍存在。其核心表现在信息共有。例如，零售业形成制贩同盟关系，超级市场将 POS 机信息直接传送给厂家，厂家自动补给商品，企业间信息共有，组织上有一

---

〔1〕 参见［德］海因·克茨：《欧洲合同法》（上卷），周忠海等译，法律出版社 2001 年版，第 15 页。

〔2〕 参见［美］Ian R. 麦克尼尔：《新社会契约论》，雷喜宁、潘勤译，中国政法大学出版社 2004 年版，第 80、84 页。

〔3〕 参见孙良国：《关系契约理论导论》，科学出版社 2008 年版，第 183 页。

体化趋势。双方之间的关系已经不能用单个买卖合同关系来界定。[1] 内田贵教授认为,合同法的发展方向是“协作”。

长期合同体现协作的经济模式,具有关系性合同的特征,根据诚信原则和公平交易原则,当事人应尽合作义务。

二、确立合作义务的法律规范

(一)国内法

《商法典》第2-311条第3款规定,如果一方当事人履行合同需要对方提供合作,但是对方未予以提供,则当事人可以要求未提供合作一方承担违约责任。[2] 《商法典》已经认识到合作在合同履行中的关键作用,并认为违反该义务,应承担合同责任。在其他国家的法律规定中,虽然未明确规定协作义务,但是可以从诚信原则和公平交易原则延伸出合作义务。[3]

(二)《通则》对长期合同合作义务的规定

1. 界定合作义务的具体内容

《通则》第5.1.3条[4]规定了当事人之间的合作义务,2016年修订时对评注1进行了修改,对合作义务的标准进行了规定。合作义务是当事人在履行各自义务时可以合理期待对方予以配合,如当事人的减损义务、通知义务、协助履行义务。合作义务应有限制,其不会改变合同中约定的权利义务

---

〔1〕 参见[日]内田贵:《契约法的现代化——展望21世纪的契约与契约法》,胡宝海译,载梁慧星主编:《民商法论丛》第6卷,法律出版社1997年版。

〔2〕 《商法典》第2-311条(履约中的决定权和合作)第3款规定,当一方的决定对另一方履约有实质影响但未能及时作出决定时,或当一方的合作对另一方按协议履约为必要但未能及时提供合作时,另一方除可以要求所有其他救济外,还可以:a. 对自己因此而延迟履约不承担责任;并且 b. 可以采取任何合理方式继续履约,也可以在自己已完成相当部分之履约义务的情况下把对方未能作出决定或未能提供合作的行为视为未能交付或未能接受货物的违约行为。

〔3〕 参见欧洲民法典研究组、欧盟现行私法研究组编著:《欧洲私法的原则、定义与示范规则:欧洲示范民法典草案》(第1、2、3卷),高圣平等译,法律出版社2014年版,第595~596页。

〔4〕 《通则》第5.1.3条(当事人之间的合作)规定:如果一方当事人在履行其义务时,可合理地期待对方当事人提供此类合作,则该对方当事人应提供此等合作。

分配,系对方当事人履行义务时能够合理期待的。合作义务的积极意义是当事人不得妨碍对方当事人履行义务,同时应采取积极的措施为对方的履行提供必要的帮助。

《通则》以电力供应合同中当事人配合登记义务为例进行说明。甲、乙公司达成协议,由甲公司向乙公司提供电力。因乙公司未履行合同,甲公司起诉乙公司违约并主张损害赔偿。乙公司抗辩主张合同无效,因为合同未在相关机关登记。对于上述情况,《通则》认为根据法律规定,登记义务应由合同双方履行,乙公司未履行办理登记义务,其以未登记为由抗辩甲公司的诉讼请求,不应予以支持。[1]

2. 长期合同当事人的高度合作义务

《通则》对第5.1.3条增加了评注2,阐述了长期合同中当事人的合作义务的重要性。长期合同包括复杂的履行义务,并且当事人之间存在持续关系。为使交易顺利进行,在整个合同履行期间都需要当事人高度合作。例如,在建筑工程合同中,业主应该避免让其他分包商的工作影响某个分包商的工作。在分销合同中,应避免采取不当措施,影响分销商达到合同约定的最低分销额,在连锁式特许经营合同中,即便特许不是独家的,特许人也应避免在临近被特许人经营场所的地方另行建立营业场所,与被特许人形成竞争关系。[2]

3. 合作义务的边界

《通则》阐述了合作义务不能给当事人增加过多的负担。如果超出限度并增加较大的费用,当事人可以拒绝合作或者请求补偿,即合作义务应在当事人的合理期待范围内。

《通则》以基础设施建设合同中,发包方另行分包工程不得干扰承包方履行为例进行说明。甲承包商与乙国政府的代表机构丙达成协议,承建乙

[1] See UNIDROIT 2016 C. D. (95)3, Annex 6, Article 5.1.3 , comment 1, illustrations 2.

[2] See UNIDROIT 2016 C. D. (95)3, Annex 6, Article 5.1.3 , comment 2.

国的公寓。因公寓所在地水电设施均不具备,丙机构与乙国当地的承包商就电力设施的铺设达成协议。不同承包商的工作有顺序安排,应该避免互相干扰。丙机构有义务保证电力设施承包商不会干扰甲承包商的工作。但是丙机构未做好协调工作,甲承包商不得不多次中断工作去配合电力设施承包商的工作,从而遭受损失。因此,丙机构应该对甲承包商的损失承担损害赔偿责任。[1]

《通则》的规定强调了合作义务对长期合同的重要意义,并澄清了长期合同合作义务的边界。合作义务不仅是履行辅助行为,还包括不得妨碍对方履行以及采取措施便利对方履行。合作义务与对方的合理期待有关。

(三)《原则》与《共同框架》的规定

《原则》第1:202条规定,为实现合同目的,当事人有义务彼此合作。第1:301条第4款规定,未履行合作义务导致合同未能完全实现属于债务不履行行为。也就是说,违反合作义务与违反主合同义务的责任相同。

《共同框架》第3-1:104条规定,合同关系当事人有合作义务。[2] 在第4.5-2:201条中又针对商事代理、特许经营及经销合同作出特别规定,该合作义务高于第3-1:104条规定的义务,包括提供信息、援助、指示、监督、保密等具体义务。合同当事人必须积极、诚实地合作,以达成合同目的。对于合同履行中出现的紧急情况和新的形势,双方当事人要共同克服。这旨在促进双方之间的互惠,实现"双赢"。每一方当事人均应考虑另一方当事人的利益,但是当事人没有义务采取违背其自身利益的行为,也不存在法律意义上的信托关系。[3] 《共同框架》说明中指出,当事人履行合作义务能够提

〔1〕 See UNIDROIT 2016 C. D. (95)3, Annex 6, Article 5.1.3 , illustrations 4.

〔2〕 《共同框架》第3-1:104条规定:对于债务人债务的履行,在可合理期待的范围内,债权人和债务人有相互协作的义务。

〔3〕 《共同框架》第4.5-2:201条(合作)规定:在第四卷本编范围内的合同各方当事人,必须积极且忠实地合作各自努力的协调,以实现合同的目标。参见欧洲民法典研究组、欧盟现行私法研究组编著:《欧洲私法的原则、定义与示范规则:欧洲示范民法典草案》(第4卷),于庆生等译,法律出版社2014年版,第926~928页。

升合同的安全性。[1]

从上述规定来看,《共同框架》对合作义务的分析更为透彻,指出合作义务有助于实现合同目的,合作义务需要当事人考虑对方利益,双方共同克服困难,目的是共同受益。并且,《共同框架》对具体义务进行了列举,对商事代理、特许经营及经销合同作出了特别规定,对上述长期合同的合作义务有更高的要求。

此外,《销售合同公约》第80条规定:"一方当事人因其行为或不作为而使得另一方当事人不履行义务时,不得声称另一方当事人不履行义务。"如果买方未按约定时间向卖方提供货物的规格,造成卖方不能按时交付货物,买方不得主张卖方承担因此导致的迟延交货违约责任。该规定体现了合作理念。[2]

(四)评析

《通则》《原则》《共同框架》关于合作义务的规定有很多相似之处。《通则》《共同框架》均规定合作义务是当事人合理期待范围内的,均强调长期合同高度的合作义务。《原则》《共同框架》均规定不履行合作义务系对主要义务的违反。三部重要的合同示范规则均规定了合作义务,充分体现了合同法理论的发展方向顺应了社会化大生产的协作方式,能够适应长期复杂的合同关系。合作义务有具体的内容,当事人应积极配合对方履行,不得为对方当事人的履行设置障碍,并且违反合作义务构成违反主要义务,应承担相应责任。合作义务的界限在合同当事人合理预期范围内。该合理预期与商业实践有关,不同类型合同当事人的预期并不相同。对于基础设施建设、国际工程合同,当事人的合作义务要求更高。

---

〔1〕 参见欧洲民法典研究组、欧盟现行私法研究组编著:《欧洲私法的原则、定义与示范规则:欧洲示范民法典草案》(第1、2、3卷),高圣平等译,法律出版社2014年版,第57页。

〔2〕 参见孟勤国、王厚伟:《从附随义务到合作义务——兼论未来民法典合同编应明确规定合作义务》,载《北方法学》2019年第3期。

《销售合同公约》虽然没有明确规定合作义务，但是其第80条规定也体现了合作的理念。这说明即便在销售合同中，也需要当事人协助履行合同。

三、确立合作义务的必要性

现代社会是一个协作社会，凸显合作的重要性。合作义务是长期合同持续履行的关键要素。

（一）合作义务有利于填补长期合同空白

长期合同权利义务关系存在诸多空白之处，且一方付出与获益之间存在较长时间间隔，当事人必须履行合作义务才能正常履行。长期合同当事人会期待对方履行合作义务，不仅在履行中相互配合，并且对于未预见的情势也应通过合作解决。[1] 由于双方当事人的收益均依赖于专属投资，双方会尽量保持关系，以期收回投资。如果严格执行合同条款会导致关系破裂，当事人会根据情况变化对合同条款进行调整，采取合作方式。当事人期望法律确认合作义务优于明示条款，至少合作义务可以对明示条款进行补充。

（二）合作使当事人能够实现长远利益

当事人希望从投资中获得最大收益，而根据新的情况（机会、技术、信息）发展合作关系，能够使双方的财富增长。长期合同当事人追求的是长远利益，无须计较一时得失。如在供应关系中，购买方发现降低产品价格的机会，但利用该机会可能危害双方的关系，导致供应方可能解除合作关系，进而导致购买方丧失从合作关系中获得好处的机会。在按需供应合同中，需求发生波动时，需方会保持一定需求量，而不是立刻减少，即遵守明确的共享规则以应对需求波动。[2] 为长远利益牺牲短期利益对维持长期关系是有

---

〔1〕 See Joachim G. Frick, *Arbitration and Complex International Contracts*, Kluwer Law International, 2001, p. 156.

〔2〕 参见［英］休·柯林斯：《规制合同》，郭小莉译，中国人民大学出版社2014年版，第216～219页。

益的。

(三)合作能够抑制机会主义行为

当事人可能为获得短期利益而采取机会主义行为。法律规定当事人不履行合作义务应承担法律责任,这能够抑制当事人的机会主义行为,增强当事人之间对交易关系的信心。

有学者反对规定当事人的合作义务,主要理由是如果合作意味着合同履行中发生重大变化,一方即可将调整的成本转移给对方,则该方当事人就无动力寻求自行降低成本或者避免风险发生的办法。该合作义务对于分配风险不利。该种观点将合同仅视为分配风险的工具,与长期合同追求共赢的理念存在区别。现代社会风险复杂,当事人共同承担更有利于增强投资信心。

综上,长期合同规则应规定当事人的合作义务。合作义务能够降低当事人采取机会主义行为的风险,为长期合同交易提供法律支撑。国际示范规则和一些国家的国内法已经关注到这一点,并进行了规范。即便合同法中未明确规定合作义务,也可以从诚信原则和公平交易原则中推导出该义务。

四、合作义务的具体内容

当事人一般有协助义务,如通知义务、协助履行义务。长期合同当事人的合作义务标准更高,如在合同履行中相互配合,意外发生时重新协商,合同终止后将重要文件返还、保守秘密等。

(一)在履行中提供协助义务

《商法典》《通则》都强调了当事人协助履行的义务,《通则》还以建设工程合同为例进行详细阐述。长期合同义务的复杂性也使合作义务更为重要,如果当事人不予配合,长期合同将无法继续履行。例如,在建设工程合同中,发包方应该及时提供图纸,作出指示,发现错误及时修改;承包方在施工过程中发现图纸错误也应该及时告知发包方,隐蔽工程施工完毕后,及时告知发包方验收。任何不合作的行为,均会导致施工项目迟延或者其他严重后果。

(二)不得采取机会主义行为

合作义务的另一项作用是抑制机会主义行为。从经济学理论分析,长期合同当事人采取合作方式产生的收益超过不合作产生的收益。如果当事人采取机会主义行为,能够获得一次收益,但是因此损失交易伙伴和长期交易关系,不能再获得收益,得不偿失。[1]

在长期合同中,合作义务甚至超越明示条款。在市场大街公司诉弗瑞案中,一方当事人利用对方当事人的疏忽,主张合同明示条款约定的权利。波斯纳法官认为,长期合同当事人有合作履行合同的默示义务,在履行期间,明示条款可能越来越不适应经济现实,如果履行明示条款会与合作义务相冲突,则主张履行明示条款属于机会主义行为。[2] 一方当事人不能故意利用对方当事人的疏忽。利用这种便利是一种不当交易,会增加当事人的预防性支出,如调查合同相对人的信誉、制作弃权声明等。[3]

(三)对合同重新协商并调整合同条款

长期合同的内容是动态发展的,在合同履行中,当情况发生变化,而当事人未对该种情况作出约定时,当事人有协商的义务。例如,甲公司许可乙电视网播放系列连续剧,第一年获得成功,第二年演员向甲公司要求加薪,甲公司据此向乙电视网要求增加许可费。合同未约定在播放成功或者演员要求加薪的情况下许可费可以重新协商,甲公司主张这是电视行业不成文的惯例。为了维护商业关系,乙电视网同意了甲公司的请求。对于上述情

---

〔1〕 参见刘廷华:《合同法的经济分析》,载《长江师范学院学报》2010 年第 2 期。

〔2〕 See Market St. Assocs. Ltd. Partnership v. Frey,941 F. 2d 588 (7th Cir. 1991).

〔3〕 参见[美]罗伯特·A. 希尔曼:《合同法的丰富性:当代合同法理论的分析与批判》,郑云瑞译,北京大学出版社 2005 年版,第 139 页。

况，如果按照一时合同的解释方式，既然合同未约定重新协商价格，那么就应不予变更，其后果可能导致双方关系破裂。诚信原则要求合同当事人应当加强双方的合作，避免一方的合理期待落空。[1] 上述案例中，甲公司能够合理期待乙电视网有合作精神，在情况发生重大变化时，能够维系双方之间的商业合作关系，重新协商调整合同价格。尽管合同明示条款未作出约定，但是隐含要求当事人重新协商的义务。

当然，对于标准化商品的一次性交易，当事人通常不会期待双方会重新协商，合作义务主要适用于不确定性较强的长期合同。关于重新协商义务的现实需要、规则，在下一节中详细阐述。

（四）披露信息的义务

对于合作义务的边界问题，争议较大的是当事人披露信息的义务，即一方当事人是否有义务向对方披露重要信息。根据普通法，当事人没有向对方当事人披露自己掌握的重要信息的一般义务，但是其不能对事实作虚假陈述。有一些当事人之间关系较为特殊的合同，需要当事人如实披露重要事实，如保险、合伙、信托、股票发行等。合伙人之间必须相互信任，披露必要信息，否则合伙无法进行；信托关系中，受托人应对受益人披露重要事实。[2] 经济学支持信息具有价值，要求一方将信息无偿提供给另一方是无效率的，也是不公平的。不过，法律规则和实践逐渐认识到，合同订立和履行中应披露必要信息。法国判例法确认沉默构成欺诈，向对方隐匿可能阻止其订立合同的有关信息，构成恶意欺诈。其基本理念是认为存在告知义务，不过该义务以合同双方存在合作义务为基础。[3]

---

〔1〕 参见［美］罗伯特·A. 希尔曼：《合同法的丰富性：当代合同法理论的分析与批判》，郑云瑞译，北京大学出版社2005年版，第242、249页。

〔2〕 参见［英］P. S. 阿狄亚：《合同法导论》（第5版），赵旭东、何帅领、邓晓霞译，法律出版社2002年版，第267~270页。

〔3〕 参见［德］莱因哈德·齐默曼、［英］西蒙·惠特克主编：《欧洲合同法中的诚信原则》，丁广宇、杨才然、叶桂峰译，法律出版社2005年版，第150~151、158页。

《共同框架》在第 4.5 –2:202 条中针对商事代理、特许经营及经销合同作出规定，在合同关系存续期间，一方当事人须适时向对方提供自己掌握并为对方需要的所有信息，以达到合同目的。上述几类合同具有较强的合作义务要求，信息披露符合双方共同利益。以连锁式特许经营为例，由于特许人和被特许人之间信息不对称，被特许人依赖特许人提供的特许经营项目品牌的创立时间、市场认可度、经营规模、专利、商标等具体情况，以便决定是否加盟。如果由被特许人自行去调查，自担是否获得充分信息的风险，并不符合效率原则。在合同履行期间，特许人应及时向被特许人披露品牌的新情况、新技术，因为被特许人的盈利提高，也会使特许人的盈利提高。

《通则》第 6.2.3 条(艰难情势的后果)评注 5 规定，当事人应善意重新谈判，包括以积极的态度谈判，不制造障碍，并提供一切必要信息，即在重新协商过程中当事人有义务提供信息。

世界银行认为，PPP 项目信息披露的意义(或价值)之一是 PPP 项目具有长期复杂性，项目各方沟通成本高，要求当事人进行信息披露，能够有效降低信息不对称。[1] 社会资本参与 PPP 项目设施建设，必须了解项目具体信息，政府应予以公布，使投资者有信心进行投资。如果项目经营过程中社会资本需要提高收费标准，其应该向政府披露其成本、经营状况等材料，否则双方无法进一步协商并作出决策。

上述规则和实践说明合作关系较强的长期合同当事人有信息披露义务。当事人信息共享能够有效解决信息不对称问题，有助于实现合同目的，提高效率。如果一方当事人未披露必要信息，可能会被认为违反合同义务。

综上，不同类型合同的合作义务具体要求并不完全相同。合作义务的共性是配合对方履行，提供必要的信息，不得为对方履行设置障碍，出现新的情况能够协商解决，不采取机会主义行为。该合作义务是当事人能够合

---

〔1〕 参见贾英姿、张志波：《PPP 信息披露机制构建与发展》，载《经济研究参考》2017 年第 49 期。

理期待的。如果当事人未履行合作义务，系违反主合同债务，可以判令其履行并承担违约损害赔偿责任。

第二节　重新协商义务的理论和规则

合作义务的重要表现形式之一，是合同双方对未曾预料的情势变化，能够进行诚信协商。该义务使长期合同当事人得以应对履行中的各种不确定性，维持合同关系。

一、长期合同中的重新协商条款及应否规定重新协商义务的争论

长期合同中当事人会约定重新协商条款，在符合双方约定条件时，对合同内容重新协商。对于该条款的争议是其对当事人是否有约束力，应该如何履行，以及不履行应否承担责任。如果当事人未约定重新协商条款，重新协商应否作为一项法律义务，如果作为法律义务，其具体内容是什么。

（一）长期合同中的重新协商条款

在长期合同履行过程中，社会经济环境可能发生变化，致使一方获益，而另一方受损。如开采自然资源合同，通常采用产品分成协议或者特许协议，虽然签订合同之初缔约方就利润分配达成协议，但履行过程中当事人权利义务经常出现失衡，需要重新协商。主要原因有：一是合同履行期长，面临的不确定性大。如石油开采，勘探及初始开采时间有可能长达20年。在履行期间各种情况均可能发生变化，如由于环境、劳工标准的提高，受许可方成本上涨，或者自然资源的储备比较丰富，盈利比预期大，许可方发现利益受损；或者许可方政权更迭，新的政权意图解除或者变更原合同约定。二是投资合同中稳定条款不能充分发挥作用。投资合同通常有稳定条款，东道国应保证法律框架不会发生剧烈变化，但是如果东道国为了履行国际义务，修改国内法律，如提高环境保护标准，并不能认定违反稳定条款。允许

双方重新协商利益分配，更为适宜。三是投资者投资巨大，仅能通过合同的履行才能回收成本。投资者对合同的履行期及最初与东道国谈判形成的框架有依赖性，不希望沉淀资本损失。东道国容易以此为由要挟投资者，通过修改相关法律、提高税率迫使投资者重新协商。这类合同通常会约定重新协商的条款，对可以重新协商的条件进行约定。

长期供应合同也会约定类似条款。美国学者曾对21份煤炭供应的长期合同进行研究，其中13份包括重新协商条款，即如果继续履行合同会造成严重的不公平，一方或者双方都可以重新对合同进行谈判，而且有一些案例依据该条款进行了重新协商。约定该条款的目的是双方当事人均承担风险，不应由一方承担严重不公平的损失或者获得巨额利益。[1] 即便合同约定了弹性的价格条款，但并不一定能够防止严重不公平现象发生，重新协商条款使当事人有机会通过协商恢复均衡。

联合国起草的《跨国公司行动守则（草案）》（1979年）中也包括重新协商的义务。其建议长期合同中应包含重新谈判条款，即便没有这样的条款，在合同所依赖的情况发生变化时，亦应本着善意与政府重新谈判。如果因不可预见事件，导致当事人的权利义务显著失衡，根据公平原则，当事人应根据适用的法律规则和普遍认可的法律实践进行重新协商。[2]

上述实践表明，重新协商在长期合同中具有普遍性。当事人认识到合同履行中可能发生意想不到的变化，该风险无法提前予以分配，从而约定重新协商条款，使合同能够适应新情况继续履行。

（二）重新协商的经济分析

重新协商的优势是当事人可以根据已经变化的情况，确定对双方有利

---

〔1〕 See Paul L. Joskow, *Vertical Integration and Long-term Contracts: The Case of Coal-burning Electric Generating Plants*, 1 Journal of Law, Economics & Organization 33 (1985), 73.

〔2〕《跨国公司行动守则（草案）》（1979年）第12条规定：（1）应本着诚信原则，签订和履行政府与跨国公司之间的合同或协议。在此种合同或协议，特别是长期性的合同或协议中通常应当包含审订或重新谈判的条款。（2）如果没有这样的条款，签订合同或协议所依据的情况发生根本变化，跨国公司应本着诚信原则，为审订或重新谈判此种合同或协议与政府进行合作。

的方案,劣势是谈判成本比较高,所以应采取适当方式降低谈判成本。

不完全合同重新协商产生成本的主要原因有:各方可能对条款不能达成一致意见,即便能达成协议,由于各方掌握的信息并不均衡,达成的协议也不是最有效率的。此外,如果投入专用性投资的一方在重新协商中会受到要挟,可能会对进行专用性投资有所保留。投资的最佳效率与事实上的投资不足之间的效率损失,亦是成本。尽管重新协商有成本,但是当事人并不会因此约定"发生任何情况,均不予以协商",说明重新协商的价值大于其成本。经济学上为了解决重新协商的成本问题,提出了一些解决方案。根据产权观点,所有者有资产的剩余控制权,即在合同对资产使用情况约定不明的情况下,资产的所有者有权决定资产的使用方式。以菲舍公司与通用汽车公司的纠纷为例,通用汽车公司超出合同约定要求增加车身的供应量,菲舍公司作为独立的公司,有权决定不增加。通用汽车公司不得不支付额外费用,以促使菲舍公司满足通用汽车公司的需求量。如果通用汽车公司拥有菲舍公司,则不会存在该问题。美国经济学家哈特对此提出的解决方案是由产权者获得剩余控制权,以提高其在重新协商中的地位。〔1〕

经济学解决重新协商成本的方案,能够为长期合同重新协商的控制问题提供一种思路,赋予一方当事人一定权重,确定其有权请求重新协商。合同当事人可以提前作出约定,将剩余控制权分配给合作中利益失利一方,其有权请求重新协商和调整,实现利益分配之均衡。〔2〕

(三)重新协商义务的观点分歧

当事人签订重新协商条款,说明具有现实需要。法律应否对实践作出回应,规定当事人有重新协商义务,存在不同观点。

---

〔1〕 参见[美]O. 哈特:《企业、合同与财务结构》,费方域译,上海三联书店、上海人民出版社2006年版,第28~30、35~38页。

〔2〕 参见周海宝:《不完全契约视角下PPP合同最优设计研究》,载《法制与经济》2017年第7期。

1. 赞成观点

因意外事件获益方有诚信协商义务,应接受受损方根据诚信原则提出的调整意见。第一,关于分配的意外风险由谁承担问题。因意外事件获益方应该分享其获得利益并分担损失,该利益和损失并不是根据当事人的同意应该由某一方享有或者承担的。受损方并未接受相应对价,以承担意外风险,故不存在违反承诺问题。第二,关于维持合同关系的义务问题。当意外事件使长期关系发生危险时,当事人应该尽合理的努力保持并调整关系。如果获益方拒绝重新协商,则表明其未尽到保持关系的义务。[1]

另有观点从诚信角度论证当事人的协商义务,认为应规定不诚信协商者承担相应责任。如果当事人诚信履行了协商义务,未达成协议,当事人没有责任。但是如果当事人存在失信行为,如拒绝谈判,或者同意仅与一方谈判,后又与第三人谈判,此时如果不能认定当事人承担相应责任,则法律存在疏漏。[2]

2. 反对重新协商义务是一种法律义务的理由

反对确立重新协商义务的理由主要有:一是重新协商条款通常约定,发生缔约时未予考虑的事件时,当事人有权要求重新协商,但同时约定,缔约方并不能仅因为权利义务存在不均衡的情形,或者双方未能达成协议而免除各自义务。故虽然双方有协商义务,但是并非法律义务。除了法律义务,信誉等也能够促使缔约方履行自己的义务(包括调整的义务)。即便当事人认识到协商的重要性及不可避免性,其亦有充分的理由和权利拒绝将协商作为一项有法律拘束力的义务。重新协商义务有可能被当事人利用,获得不当利益。二是重新协商有成本,意味着一方将利益转移给另一方,这会阻

---

〔1〕 See Richard E. Speidel, *Court-imposed Price Adjustments under Long-term Supply Contracts*, 76 Northwestern University Law Review 369(1981 – 1982), 405.

〔2〕 参见[英]P. S. 阿狄亚:《合同法导论》(第5版),赵旭东、何帅领、邓晓霞译,法律出版社2002年版,第115页。

碍协商的进行。如果认为因为合同不完全,未对风险负担进行分配,故双方应进行协商,则双方并没有谈判的基础。即便施加调整义务,当事人仍然需要讨价还价,并不能降低成本。三是长期合同是当事人讨价还价的产物,不是格式合同,法律不应进行过多干预。长期合同的当事人专业性强,能自行克服认知偏差,达成完善的协议。如果当事人认为有重新协商义务,可以自行约定,法律没有必要规定当事人有重新协商的法律义务。四是不履行重新协商义务的行为难以认定,司法机构难以判断当事人拒绝或者放弃谈判是否有恶意。因此,认定当事人违反重新协商义务并承担损害赔偿责任,缺乏说服力。[1]

关于重新协商不能作为法律义务的理由可以归纳为几点:一是法律不应过多干预当事人的行为,当事人可自行决定是否重新协商;即便法律不予以规定,当事人也会予以协商。二是该义务无法履行,双方缺乏达成协议的基础,谈判成本过高。三是司法机构难以对违反该义务的行为作出准确判断。关于重新协商义务应否规定为法律义务,以及如何确定其内容,下文从理论和实践进行比较分析。

二、国内法关于重新协商义务的理论和实践

(一)大陆法系国家关于重新协商义务的理论和实践

1. 日本。日本立法未规定重新协商义务,但日本学者对重新协商理论及其具体义务做了深入研究,并有相关判例予以支持。学者对重新协商义务的理论存在一定分歧,但是均肯定了该义务。有学者认为,合同履行是双方不断取得共识的过程,缔约方应持续进行协商,依据情势变化,对缔约时的条款予以重新考虑、重新解释并履行。有学者运用关系性合同理论说明重新协商义务,认为重新协商义务是关系性合同规范,是为合同变更而设定

〔1〕 参见[德]英格博格·施文策尔:《国际货物销售合同中的不可抗力和艰难情势》,杨娟译,载《清华法学》2010年第3期。

的义务,在合同变更和解除时,应考虑重新协商义务,即将履行重新协商义务作为合同变更和解除的前提条件。另有学者认为,为维护关系,分担不利,当事人有义务就公平的合同变更方案达成一致。如果遭受不利影响的一方提出了公平的变更方案,受益方不同意属于投机行为,或者违反维护关系的基本规范,如果遭受不利一方不履行合同,另一方请求损害赔偿,法律应不予支持。日本判例肯定了重新协商义务系适用情势变更及合同解除的前提条件;此外,如果一方提出合同变更请求,另一方不能提出更适当的合同变更方案,则会认可前者的方案。[1]

日本学者认为,重新协商义务的内容有:一是希望调整合同一方应在合理期间提出重新协商的提案,否则承担不利后果;二是对方有回应义务;三是诚意协商,不同意相对方的提案时,应提出反对的提案,提供必要信息,不故意延长、阻碍交涉,避免制造既成事实。违反重新协商义务的效果主要有:一是强制合同调整,一方当事人无正当理由拒绝重新协商提议,法院可予以强制调整;二是合同终止,当事人违反重新协商义务,有可能导致合同解除;三是对方当事人受损时,可请求损害赔偿。日本适用的是违反附随义务理论。[2]

2. 德国。德国立法亦未规定重新协商义务,但是学术研究成果丰富。有学者认为,重新协商义务的条件包括:有重新协商的必要性,即合同继续履行对缔约方有益;有重新协商的可能性,即双方有交涉的余地。有学者将重新协商义务予以明确和细化,包括:接受交涉的请求,提供必要的信息;认真研究对方的方案,并提出自己的方案;不故意拖延;不制造使合同变更成为不可能的事实。违反重新协商义务时,对方当事人将被赋予权利以惩罚

---

〔1〕 参见刘善华:《日本和德国法上的再交涉义务及对我国合同法的启示》,载《山东大学学报(哲学社会科学版)》2013年第6期。

〔2〕 参见[日]五十岚清:《情事变更·合同调整·再交涉义务——情事变更原则效果再考》,刘士国译,载梁慧星主编:《民商法论丛》第15卷,法律出版社2000年版。

违反行为,包括履行请求权、请求对方当事人提供必要的信息、变更和解除合同请求权、损害赔偿请求权等。关于损害赔偿请求权,德国理论界有不同的观点,有学者认为,对于不履行重新协商义务的一方,对方可请求损害赔偿;另有学者认为,只有损害极其明显的情况,才例外支持损害赔偿请求权。[1] 学者对于当事人是否有义务接受修改方案存在争议,有学者认为,对于一方提出的变更方案,另一方有接受的义务;另有学者认为,当事人没有接受修改方案的义务。[2]

3. 法国。根据法国的理论和实践,重新协商条款的标的是协商,巴黎上诉法院在一个案件中采取了协助协商条款履行的措施。法院要求当事人协商的同时,指定第三人跟踪协商过程,如果谈判失败,则告知法庭。法院保留决定权,决定或者修改协商方式。在协商过程中,当事人有义务见面,如果拒绝见面会谈,或者仅用邮件回复,可能构成违反合同。当事人有义务针对新的情况,认真提出方案。如果一方当事人未能诚信履行协商义务,可能要承担赔偿损失的责任。重新协商会导致合同变更,当事人应事先约定协商范围。合同修改后仍应保持平衡,如同事件发生之前一样,避免一方利用新的情况获益,使另一方当事人受损。[3]

合同当事人可以自由终止谈判,并不需要承担责任,但是当事人有忠实义务,须以诚信方式进行协商。合同自由与忠实义务的平衡点是,如果谈判权利被滥用,则可能承担终止谈判的责任。例如,恶意终止谈判或者采取不法行为。谈判自由体现合同自由,并与经济自由的理念相适应,但是该自由

---

〔1〕 参见刘善华:《日本和德国法上的再交涉义务及对我国合同法的启示》,载《山东大学学报(哲学社会科学版)》2013 年第 6 期。

〔2〕 参见钱力:《论我国情势变更原则下再交涉义务的构建》,载《行政与法》2014 年第 11 期。

〔3〕 See Isabelle de Lamberterie, *The Effect of Changes in Circumstances on Long-term Contracts—French Report*, in Donald Harris & Denis Tallon, Contract Law Today Anglo-French Comparisons, Clarendon Press, 1989, p. 227.

受到诚信原则的约束,即当事人行使权利不得损害对方当事人利益。[1]

2016年债法改革时《法国民法典》增加了第1195条规定,即发生情势变更时,当事人可请求重新协商,但是在重新协商期间应当继续履行。[2]

综上所述,大陆法系国家学者一般认为,当事人有重新协商义务,尤其在发生情势变更情况下,当事人有诚信协商义务,但是对于是否有接受修改方案的义务存在分歧,主流观点认为不存在该义务。对于违反诚信协商义务的后果,一般认为有损害赔偿责任,但是对于何种情况下承担损害赔偿责任,是否需要具备损害明显的情况,存在分歧。

(二)普通法系国家关于重新协商义务的理论和实践

普通法并不支持强制性协商和法院强制变更合同。斯派德尔教授提出当事人有重新协商义务的观点,即因意外事件获利一方,有义务诚信协商,否则其请求履行合同得不到支持。另外,如果受损方提出的方案是衡平的、非投机的,获利一方有义务接受,否则法院应支持受损方提出的方案。即获利一方有义务根据诚信原则,接受受损一方提出的解决方案。[3]

普通法对于协商条款的效力有不同的观点。一般认为,同意进行协商的协议不是有效的合同。合同内容应具有确定性,协商条款受当事人的意向影响,不具有确定性。[4]

1. 英国。关于同意协商的协议是否有拘束力,英国有两个相反的案例。

---

〔1〕 参见[德]莱因哈德·齐默曼、[英]西蒙·惠特克主编:《欧洲合同法中的诚信原则》,丁广宇、杨才然、叶桂峰译,法律出版社2005年版,第167页。

〔2〕《法国民法典》第1195条规定:如果发生在合同订立时不可被预计的情势变化,导致一方当事人的履行成本过于巨大,并且该当事人并未接受此种风险,其可请求对方重新磋商合同。在重新磋商过程中,债务的履行并不得因此而中止。在磋商被拒绝或者重新磋商失败的情况下,双方可以共同确定合同解除的条件及时间,也可以共同请求法官对合同进行调整。双方在合理期限内仍未达成协议的,法官在一方当事人的请求下,可以按照法官自己确定的条件以及时间变更或者终止合同。

〔3〕 See Richard E. Speidel, *Court-imposed Price Adjustments under Long-term Supply Contracts*, 76 Northwestern University Law Review 369 (1981 - 1982), 404 - 405.

〔4〕 参见[英]P. S. 阿狄亚:《合同法导论》(第5版),赵旭东、何帅领、邓晓霞译,法律出版社2002年版,第114~115页。

一个是昆士兰电力委员会诉新希望煤矿案,该案基本案情是:新希望煤矿同意向昆士兰电力委员会供应15年的煤。最初5年,双方确定了基本价格,并根据新希望煤矿的成本进行调整。合同约定,1982年12月31日之后,双方对于基本价格和调整方式另行协商。合同约定了全面仲裁条款。该案争议的核心问题是5年后双方当事人未能就价格形成新的协议,该合同能否履行。英国枢密院的法官罗宾·库克给出了肯定的意见,理由是在当事人约定了广泛全面的仲裁或者估价条款时,双方具有建立持续关系的意图。根据协议,双方当事人具有默示的首要义务,即在5年期满时,努力就供应条款达成协议,如果不能达成,则选任仲裁员处理。商事协议的价格条款应公平合理,仲裁员可依此确定价格。[1] 该案确认了在当事人约定了协商条款和仲裁条款的情况下,当事人有义务协商新的价格,如果协商不成,仲裁员可确定公平合理的价格。

而另一个案例,沃尔福德诉迈尔斯案却有不同观点。该案基本案情是:被告是某公司的几名股东,与各原告协商预将某公司出售给原告。1987年3月17日,原告、被告达成协议,原告承诺提供银行的安慰函,确认原告有购买公司的经济实力。作为回报,被告同意仅与原告交易,终止与其他潜在购买者的协商。原告履行了约定义务,但是被告嗣后决定不与原告交易。1987年3月30日,被告将某公司卖给案外人。原告诉请损害赔偿,主张被告违反了1987年3月17日的协议。该请求被法院驳回,理由是不可履行。英国上议院认为,同意谈判的协议缺乏确定性,无法履行。阿克纳勋爵认为,法院无法准确判断当事人是否有正当理由终止谈判。谈判中当事人的利益是对立的,只要其未虚假陈述,各方均有权利寻求自身利益,并在任何时间,基于任何原因终止谈判。将协商作为法律义务,与当事人有终止谈判的自由是

---

〔1〕 See Ewan Mckendrick, *The Regulation of Long-term Contracts in English Law*, in Jack Beatson & Daniel Friedmann eds., Good Faith and Fault in Contract Law, Clarendon Press, 1997, p. 317 – 318.

矛盾的。[1]

另外有一个案例,当事人约定如果原告找到建设资金,双方同意进行谈判,由原告承建工程项目。后原告找到资金,但是双方对价格未能达成协议,被告将项目交由其他人,使用原告筹集的资金建设。原告就利润请求损害赔偿。法院认为,被告的义务是就合同进行谈判,即使原告能够证明被告有不诚实的行为或者没有充分理由使谈判破裂,原告也不能提起损害赔偿诉讼。[2]

前述两个案例均强调了当事人自由终止谈判的权利,这种自由不受任何限制。沃尔福德诉迈尔斯案引发了学者的讨论,有学者不赞成该案的观点:首先,该案与昆士兰电力委员会诉新希望煤矿案的观点存在分歧。昆士兰电力委员会诉新希望煤矿案认为,当事人有尽合理努力协商价格条款的义务,而沃尔福德诉迈尔斯案认为当事人并无诚信协商的义务。其次,该案导致商业交易中常见的锁定交易对象的合同缺乏可执行性,阿克纳勋爵承认在特定情况下锁定交易对象的协议有效,在合同约定的特定的时间内,当事人不与第三方协商有效,却认为被告可以自由终止与原告的谈判而与第三人达成协议。最后,长期合同中有些条款约定,长期合同需要相互合作,缔约方在一方遇到艰难情势时,本着互相体谅与合作精神,尽最大努力解决问题。该案使这些条款缺乏可执行性。基于长期合同条款的灵活性及对合作的需求,应承认诚信协商条款具有拘束力。[3]

英国的实践证明普通法在承认协商条款的效力方面有较大阻碍,这与其强调合同自由以及当事人利益的对立性有关,但是学者已经认识到承认诚信协商条款的必要性。昆士兰电力委员会诉新希望煤矿案也证明,如果

[1] See Ewan Mckendrick, *The Regulation of Long-term Contracts in English Law*, in Jack Beatson & Daniel Friedmann eds., Good Faith and Fault in Contract Law, Clarendon Press, 1997, p. 319.

[2] 参见[德]海因·克茨:《欧洲合同法》(上卷),周忠海等译,法律出版社2001年版,第70页。

[3] See Ewan Mckendrick, *The Regulation of Long-term Contracts in English Law*, in Jack Beatson & Daniel Friedmann eds., Good Faith and Fault in Contract Law, Clarendon Press, 1997, p. 320.

当事人已经达成协议并约定在特定时间对相关条款,如价格进行协商,则这种条款具有约束力。

2. 美国。美国有一个案例,即霍夫曼诉红鹰连锁店案,判令未诚信履行协商义务一方赔偿对方的信赖损失。该案中,红鹰连锁店的代理人告知霍夫曼,如果其投资并履行其他义务,便能够获得红鹰连锁店的特许经营权。双方就此协商了2年,其间代理人保证霍夫曼能够获得特许经营权,但是又不断增加条件,霍夫曼因此卖掉了面包店,买进又卖出了杂货店。后来谈判破裂,法院认为红鹰连锁店应赔偿霍夫曼信赖利益损失。尽管双方最终未达成协议,红鹰连锁店无须赔偿霍夫曼期待损害赔偿,但是不能免除谈判给霍夫曼造成的信赖损失。[1]

3. 澳大利亚。澳大利亚也有一个案例,即沃尔顿公司诉梅耶案。沃尔顿公司指示法律顾问在合同订立过程中尽力拖延,法院判决其承担损害赔偿责任。[2]

美国和澳大利亚的案例表明:当事人在磋商阶段并不必须达成协议,所以当事人不能因为双方协商未达成协议而主张履行利益损失,但是对于当事人的不诚信行为,如故意拖延或者明明并无达成协议的意图,却通过谈判牵扯住对方当事人,遭受损害一方可以请求信赖利益损害赔偿。

磋商阶段当事人的义务和合同履行中的重新协商义务有相似之处,均是对协商行为的一种约束,均不要求必须达成协议。即便如此,当事人不能随意终止谈判,对其他当事人仍然负有诚信谈判义务。合同履行中的重新协商义务应该更重,因为此时双方已经建立了合同关系,更应该诚信协商使合同继续履行。按照英国沃尔福德诉迈尔斯案的意见,当事人可以自由从协商中“走开”,不利于保护因信赖对方而诚信协商的当事人。美国和澳大

---

〔1〕 参见[美]罗伯特·A.希尔曼:《合同法的丰富性:当代合同法理论的分析与批判》,郑云瑞译,北京大学出版社2005年版,第52~53页。

〔2〕 参见傅静坤:《二十世纪契约法》,法律出版社1997年版,第43页。

利亚的案例对当事人的不诚信谈判的行为予以否定评价，并判令其承担相应赔偿责任，保护了当事人的合理信赖利益。

三、国际或者区域合同示范规则关于重新协商义务的规定及实践

（一）《通则》《原则》《共同框架》对重新协商义务的规定

《通则》《原则》《共同框架》均对情势变化后，当事人应予以协商进行规定。《通则》规定，当事人有要求重新协商的权利。[1] 《原则》第6:111条第2款规定了当事人的磋商义务。[2] 根据《共同框架》第3－1:110条的规定，发生情势变更时，债务人首先应与对方磋商，对合同进行调整，如果无法达成协议，法院可以介入以变更合同，使合同在新情势下公平合理，也可以解除合同。该规定含有情势变更时，当事人应进行善意磋商。《原则》《共同框架》均规定重新协商义务适用于情势变更（艰难情势）情形。《共同框架》要求债务人努力谈判实现公平合理的债务调整，但是与《原则》的规定不同，其未将协商作为一项债务。[3] 《原则》《通则》对不履行诚信协商义务应予赔偿的法律后果进行了规定。《原则》第2:301条规定了违反诚信原则的协商行为及相应的法律后果。[4] 《通则》规定，如果当事人约定重新协商条款，则应诚信协商。《通则》也对迅速提出协商请求并说明理由进行了规定，还对恶意协商行为作了规定。

---

[1] 《通则》第6.2.3条第1款规定：若出现艰难情况，处于不利地位的当事人有权要求重新谈判，但是，提出此要求应毫不延迟，而且应说明提出要求的理由。

[2] 《原则》第6:111条第2款规定：如果由于情势的变更使合同履行变得格外困难，当事人应当进行磋商以改订合同或者解除合同……

[3] 参见欧洲民法典研究组、欧盟现行私法研究组编著：《欧洲私法的原则、定义与示范规则：欧洲示范民法典草案》（第1、2、3卷），高圣平等译，法律出版社2014年版，第617页。

[4] 《原则》第2:301条（悖于诚信的协商）规定：（一）当事人有磋商的自由，对没有达成协议不负责任；（二）如果一方当事人所谓磋商或终止磋商有悖于诚实信用，则要对给对方当事人造成的损失负责；（三）一方当事人在没有真实意图与对方当事人达成合意的情况下从事磋商或继续进行磋商，则为有悖于诚实信用。

(二)重新协商义务的具体内容

通常认为重新协商义务的内容是当事人有义务诚信协商,《原则》第2:301条、《共同框架》第3-1:110条也表明当事人有诚信协商义务。协商的目的是恢复到签约时当事人所预期的均衡状态。诚信协商难以进行具体描述,但是当事人应避免恶意协商行为。

《通则》第2.1.15条对恶意协商予以规定。当事人如果有恶意协商行为,将承担损害赔偿责任。恶意协商的行为有:当事人虽与对方当事人协商,但是没有达成协议的目的;故意误导对方当事人或者存在过失,对事实虚假陈述,掩盖重要事实。恶意谈判行为导致谈判中的费用损失以及失去其他签订合同的机会损失,行为人应予以赔偿,但是对于合同订立可能产生的利益(期待利益),一般不予以赔偿。例如,甲与乙银行的分支机构就贷款事宜进行了长期谈判,最后分支机构告知甲,其无授权签订贷款协议,其总部不同意双方协商的合同。甲本可以从其他银行获得贷款,故其可以主张因谈判产生的费用,以及迟延向其他银行贷款遭受的利润损失。[1]

(三)不履行重新协商义务的法律后果

《通则》于2016年修订时,对第2.1.15条增加了评注3,与当事人之间没有约定进行诚信协商的法律后果不同,如果当事人约定进行诚信协商,违反该义务可采取的救济方式包括要求履行该义务(指示当事人协商)及请求积极损失赔偿(如果损失能够证明)。诚信协商义务,是指当事人有达成协议的意愿,但是并不一定必须达成协议。在复杂的长期合同情况下,当事人可以根据合同的性质及商业背景,进一步对诚信协商义务予以明确,如确定协商的日程安排及程序。[2]

例如,建筑商甲和设备供应商乙就一个建筑工程招标达成协议,约定如果甲中标,成为总承包商,双方会就乙供应设备问题进行诚信协商。甲中标

[1] See UNIDROIT 2016 C. D. (95)3, Annex 3, Article 2.1.15, comment 2, illustrations 3.

[2] See UNIDROIT 2016 C. D. (95)3, Annex 3, Article 2.1.15, comment 3.

后拒绝与乙谈判。乙能够要求甲履行诚信协商义务。[1]

《原则》规定如果当事人不能自行达成合意,法院可解除合同或者修改合同,按照公平原则判令双方分担损失。如果当事人违反诚信和公平原则拒绝或者中止磋商,则可能承担损害赔偿责任。[2] 是否履行协商义务还可能影响是否履行减损义务的认定。如果一方拒绝另一方提出的变更方案,有可能违反减损义务,在计算损失时应予考虑。[3]

《共同框架》未规定不履行协商义务的损害赔偿责任,但是根据诚信原则,可以解释为如果当事人未诚信协商,会导致损害赔偿责任。

(四)确立重新协商义务的实践

国际商会 ICC No. 2291 案件的裁决认为,当情况发生变化时,根据诚信原则,合同当事人应对合同条款重新协商。合同当事人在履行过程中,有义务保持利益平衡,这是国际商事合同法的基本原则。[4]

比利时法院审理的一个国际长期钢材销售合同案件,在买方不予协商的情况下,法院判决其对卖方承担损害赔偿。该案买卖双方分别在比利时和法国。合同履行中,钢材价格上涨,卖方请求重新协商,买方不同意,卖方遂起诉。该案经历三审。一审法院驳回卖方诉请。二审法院认为,该案构成《销售合同公约》第 79 条规定的履行艰难,在此情况下,根据国际私法规则,应适用法国法,当事人对合同有重新协商义务。买方拒绝协商,应对卖方的损失承担责任。法院根据公平善意原则,确定了损失的金额。买方上诉至比利时最高法院,比利时最高法院维持了二审判决,但是在说理部分与二审法院有所不同,其认为《销售合同公约》未规定当事人有重新协商义务,

---

〔1〕 See UNIDROIT 2016 C. D. (95)3, Annex3, Article 2.1.15, illustrations 4.

〔2〕 参见《原则》第 6:111 条第 3 款。

〔3〕 See Klaus Peter Berger, *Renegotiation and Adaption of International Investment Contracts: The Role of Contract Drafters and Arbitrators*, 36 Vanderbilt Journal of Transnational Law 1347 (2003), 1370.

〔4〕 See Joachim G. Frick, *Arbitration and Complex International Contracts*, Kluwer Law International, 2001, p. 220.

存在法律漏洞,应适用一般原则予以填补,《通则》可以作为一般原则填补《销售合同公约》的缺漏。《通则》第6.2.2条规定了重新协商义务。据此,当事人有协商义务。该案中比利时最高法院和二审法院对于重新协商义务有不同的解释路径,但是无论是适用法国法还是一般原则,均认可了当事人的协商义务,并认为不予以协商,应该承担损害赔偿责任。[1]

在国际私法协会网站登载的一个案件中,当事人以2019年的新冠疫情作为抗辩请求法院调整合同约定的违约金数额,法院认为根据《通则》第6.2.3条与《原则》第6:111条的规定,在出现意外事件对合同履行产生影响之后,当事人有义务重新协商,这是国际通行规则。[2]

当事人是否有义务达成协议,需视重新协商条款约定内容而定,该条款的履行有多种可能性,依赖于意外情况、当事人的谈判能力、各自的策略等。国际交易中,一般认为重新协商条款仅要求当事人尽最大的努力达成协议,并不要求其必须达成协议。例如,一方当事人有权基于通常的商业考虑拒绝另一方提出的调整方案。

上述规则和实践表明虽然当事人没有达成协议的义务,但是应诚信协商,协商的目的是恢复合同均衡。如果违反诚信协商义务,当事人会被要求履行协商义务或者承担损害赔偿责任。

第三节　重新协商的实践——以PPP项目合同为例

PPP项目合同涉及的投资大,履行时间长,情况发生变化的可能性大,当事人需要重新协商的情形比较多,当事人的合作和重新协商义务具有典型性。从理论上说,经营者和政府进行重新谈判,可能带来福利损失,因为双边谈判不受竞争性投标程序的约束。经营者可能利用双边谈判带来的优

---

[1] 参见韩世远:《情事变更若干问题研究》,载《中外法学》2014年第3期。

[2] 详见UNILEX官网,https://www.unilex.info/principles/case/2259。

势,而双边谈判可能损害重新谈判的透明度。重新谈判可能鼓励机会主义行为,重新分配签订合同时已经分配的风险。但研究表明,重新谈判并不一定造成福利损失,反而有可能提高效率,因为其使各方降低强制执行合同或者法院调整合同的费用。当然,重新谈判应是因外部经济环境变化导致的。有研究表明,拉丁美洲和加勒比海 1985 ~2000 年的 670 个公私伙伴关系中,除了电信行业,42% 的项目进行了重新谈判,2/3 的重新谈判是运营者提出的,1/4 的重新谈判是政府提出的,其余的为双方共同提出。谈判的结果多对运营者有利。[1]

有些国家对于 PPP 项目的协商与调整问题有明确规定。如在法国,当不可预见的情形发生,且其发生与社会资本的行为无关,导致项目协议失衡,公私方应共同磋商解决方法,如变更收费方式等。如果不能协商一致,则私有社会资本可以请求资金补助。根据法国法律的规定,法定资金的补助为私有资本遭受损失的 90% ~95% 。资金补助可以使私有社会资本继续提供公共服务。当事人无须对调整问题在协议中进行约定,能够依据法律直接提出请求。[2] 该规定表明重新协商的条件是不可预见的情况发生,不在私有资本应该承担风险的范围内,且与私有资本无关。该规定还对协商不成的后果等作了规定,有助于促使当事人达成协议。

一、PPP 项目合同进行重新协商的主要情形

PPP 项目参与方之间共同经营一个项目,对合作义务有较高要求。履行中,如果发生双方没有预见的情况,导致权利义务发生改变,双方有义务协商解决。政府与社会资本有共担风险的必要性,主要原因在于:提供公共产

---

〔1〕 See Michael Trebilcock & Michael Rosenstock, *Infrastructure Pubic-Private Partnerships in the Developing World: Lessons from Recent Experience*, 51 The Journal of Development Studies 335 (2015), 345.

〔2〕 参见孙淘、魏济民等:《法国 PPP 的立法与实践:“一带一路”战略下指导中国海外 PPP 项目》,中国政法大学出版社 2017 年版,第 123 页。

品和服务是政府的责任，其应该提供充分的条件，保障社会资本获得公平合理的利润，否则，在巨大风险面前，社会资本不敢向需要巨额投资的基础设施进行投入。社会资本应该承担建设、运营风险，这样其有动力不断提高技术水平、管理能力。PPP 项目合同对风险负担会进行初步分配，通常政策变化的风险由政府承担，运营风险由社会资本承担。风险分配另与价格条款相关，如对于使用者付费项目，有的政府给予项目公司最低收入保障，收入不足的风险由政府承担。对于双方未曾预见的意外情况，则共担风险，如果意外事件导致一方受损，双方应进行重新协商。

PPP 项目双方当事人都可能利用重新协商机制，攫取额外利益。社会资本可能在履行过程中利用政府另行寻求其他合作伙伴会增加成本的境况，请求提高使用费率或对亏损予以补贴。项目盈利超过预期的情况下，有些政府会利用其对社会的管理权力，迫使社会资本降低使用费或者将部分盈利转移给政府，因此，应对重新协商设置合理的条件。

根据对 PPP 项目的考察，项目需要重新协商的原因主要有几种：第一类是政府行为。政府违反承诺，变更法律、政策等以及政局动荡都会对项目的经营产生影响。例如，(1)政府违反非竞争性条款。美国加利福尼亚州采取 PPP 模式建设 91 号公路，合同约定政府不得再建、改建有竞争性的道路。由于民众的需求，政府违反了该条款。最终经过协商，政府收购了该公路，导致 PPP 项目终结。(2)政府提高标准。2012 年，北京市政府提高污水厂的出水水质标准，相应的污水处理项目需进行升级改造，导致成本增加。政府与社会资本重新协商，以公平分配增加的成本。(3)政局动荡。中石油长城钻探工程分公司在利比亚的项目，因利比亚政治局势紧张而终止。第二类是公众反对。如中企投资的缅甸密松水电站，因环保组织和公众以破坏当地环境，影响人们利益为由予以反对，政府搁置该项目。第三类是金融危机。如菲律宾马尼拉西部城区的饮用水供应和污水处理项目采用了特许经营模式。特许经营协议虽然约定了价格调整条款，根据消费者物价指数、营业税、运营、融资成本进行调整,但是亚洲金融危机使菲律宾货币贬值,项目运营出现困难。双方协商延长了 15 年特许期。[1] 第四类是项目收益低于或者高于预期。如英法海峡隧道,由于各种原因现金流偏低,项目严重亏损,虽然经过双方协商运营期延长一次,但是仍然亏损,运营者欧洲隧道公司不得不申请破产保护,进行债务重组。如果项目产生的收益超过预期,政府也可能要求重新协商。当出现上述情况,当事人可以通过协商调整收费,或者延长运营期解决,政府也可能予以回购,导致项目终止。

二、PPP 项目合同当事人重新协商的方式

PPP 项目合同当事人通常会达成协议,无论是提高使用费、延长经营期,还是政府收购项目,在协商过程中,当事人一般应遵守协商规则。

(一)当事人提出切实可行的方案

政府与社会资本作为合同相对方,利益不可能完全一致,双方均有权利提出对自己有利的方案,找到平衡点。如鸟巢 PPP 项目中,中信集团为了获得最大利益,有过度进行商业开发的倾向(如出售鸟巢的冠名权),而社会公众认为这样影响国家形象,表示反对。最终社会资本予以妥协。政府面临来自公众的压力时,也可能违背 PPP 项目合同中的承诺,以公共利益为由,降低社会资本的收费,另建新的项目,甚至直接收回。政府和社会资本在重新协商过程中均应诚信协商,不得利用各方对项目的依赖,提出不合理的要求,不得传达虚假信息误导对方等,需充分考虑双方的立场以及项目的远期收益,作出适当妥协。

社会资本的利润应保持平衡,PPP 项目通常涉及公共利益,社会资本不宜获得暴利。对于技术进步、生产效率提高导致的成本降低、收益增高,或者收益高于预期,社会资本可与政府和公众分享其成果。另外,提供公共服

---

[1] 参见宋金波、党伟、孙岩:《公共基础设施 BOT 项目弹性特许期决策模式——基于国外典型项目的多案例研究》,载《土木工程学报》2013 年第 4 期。

务本应是政府的职责,其不能将风险完全转由社会资本承担。对于政策变化导致的成本增高、利润降低,政府可给予适当的补助,防止项目无法进行,这也能够体现风险和收益对应的规则。各方应综合考虑变化的原因,避免由一方完全承担变化的后果,如此较为妥当。

如果 PPP 项目合同约定了公开透明的纠纷处理程序,独立的监督管理机构能够对纠纷进行审计,可以在一定程度上促使当事人提出公平的方案。

（二）当事人在协商中应进行良好的沟通

遭受不利影响的一方当事人在事件发生后应及时提出变更请求,对方应及时回应,给予合理的理由。双方可以确定协商的期限和程序,不得故意拖延时间,不得阻碍协商进程。对于涉及向公众收费的项目,还应组织听证。

PPP 项目各投资方之间要保持良好的信息沟通。社会资本应披露其真实的经营状况,政府应披露其政策,以便双方能够在信息对称的情况下达成有效率的新协议。

三、PPP 项目合同当事人能够重新协商的保障

（一）当事人签订重新协商条款

PPP 项目合同当事人通常会约定双方有重新协商的义务,使长期合同保持动态调整的可能。当事人应该明确各自风险负担以及重新协商的条件和程序;对不履行协商义务的赔偿责任进行约定。对于不诚信行为,可以适当列举。例如,一方提出了合理的方案,但是对方不予接受,也不说明理由,且不提出自己的方案;拖延时间不予以回复等。对因不诚信协商遭受的损失,违约方应承担赔偿责任。

（二）维持交易关系和社会关系的需要

PPP 项目当事人之间因项目而产生合同关系,但也受社会规范的约束。社会资本对未来的商业机会以及行业内的声誉有所期待,政府也会对在国

际社会建立良好投资环境的声誉有所期待,所以在遇到不可预见的情况时,为了未来的机会和声誉,双方有重新协商的愿望,并会诚信协商,而不采取机会主义行为。例如,在柬埔寨的机场PPP项目中,虽然项目遭遇地区武装冲突以及亚洲金融危机,但是法国公司基于对声誉和未来机会的考虑未取消项目,而是与政府进行重新协商。[1]

(三)避免承担不利的法律后果

当事人不能达成新的协议,主要有两种可能后果:一是申请仲裁或者向法院提起诉讼。如果当事人在项目合同中约定可由第三方仲裁机构或者法院进行裁决并对合同关系进行调整,则司法机构可据此进行调整。二是社会资本退出项目。这是双方均不愿看到的后果,项目终止导致社会资本盈利目的落空,政府借助社会资本的资金、技术、管理的目的落空。在政府对社会资本不能完全补偿的情况下,社会资本会处于不利地位。

综上,PPP项目合同的重新协商实践能够证明,对于投资较大的项目,其是适用频率高且非常有效的争议解决方式。为了避免争议,当事人大多会事前签订重新协商条款,约定重新协商的条件。除此之外,当事人也会为了未来的合作机会、声誉等进行重新协商。双方通常能够达成新的协议,即便不能继续履行合同,也会对收购项目自行达成协议,很少诉至法院。这与一时合同的纠纷解决存在较大区别:一时合同对于风险分配有明确约定,如果没有约定,通常由债务人承担风险,所以通常不需要再进行协商,当事人也不愿意让渡利益;长期合同当事人则愿意共担风险,对于未明确分配的风险所造成的损失,愿意共担,所以能够重新协商利益分配方案。

---

〔1〕 See Michael Trebilcock & Michael Rosenstock, *Infrastructure Pubic-Private Partnerships in the Developing World: Lessons from Recent Experience*, 51 The Journal of Development Studies 335 (2015), 345.

第四节　重新协商规则构建

重新协商是自力救济,能够降低当事人争议解决成本,优于法院或者仲裁机构的强制调整。在情势发生变化情况下,规定当事人有重新协商义务,有利于长期合同的履行,符合当事人的期待。

一、重新协商义务应作为一项合同义务

国际或者区域合同示范规则虽规定重新协商系一项合同义务,但大多国内法并未将其作为一项法律义务。在长期合同中确立该义务具有合理必要性,主要理由如下。

首先,重新协商是当事人合作的重要内容。长期合同多是双方共同参与的项目,需要各方的协作,发生争议时重新协商。在合同履行过程中,缔约方的权利义务仍应保持平衡状态,需要通过协商达到该目标。当事人进行重新协商的理由与应允许当事人在符合条件情况下调整合同内容的理由相似,即考虑到合同性质及公平正义原则、当事人的预期、对公共利益的影响等,重新协商具有必要性。这是当事人能够进行重新协商的理论基础。

其次,长期合同的权利义务需在履行过程中渐次确定,重新协商不可避免。长期合同如特许协议签约时即存在不确定性,履行期内需要重新协商。PPP 项目合同中大多会约定重新协商的条件。尽管双方对有些事项不能提前作出约定,但是双方的合同构成利益分配的基本框架,且长期合同当事人追求的是长期利益,彼此能够作出让步,双方在新的情况下有重新协商并达成协议的事实基础。

再次,重新协商是维持合同关系的重要规范。与法院主动调整相比,当事人重新协商所达成的协议更能体现当事人意愿。学者对法院调整当事人的合同多有诟病,认为法院过多干预合同自由,并导致当事人无法预见法律

后果。当事人自行协商能够避免法院调整的生硬后果。因此,法院进行调整或者解除合同之前,当事人应进行重新协商。虽然有学者认为如果当事人自愿进行协商,法律不予禁止即可,没有必要将其规定为法律义务,但是法律规定的义务有助于促进当事人协商,否则获利一方会拒绝受损一方提出的方案。从国际或者区域合同示范规则来看,在情势变化后,均规定了当事人应重新协商,说明法律规定该义务的必要性。

最后,关于能否对违反重新协商义务进行认定的问题,可以结合重新协商义务的内容讨论。义务可以区分为取得特定结果义务和尽力履行义务。重新协商义务属于尽力履行义务。从当事人是否及时进行回应,是否提出合理的方案,是否和其他人进行接触等行为,能够判断当事人是否诚信履行协商义务。

关于重新协商义务应否限于情势变更情形,国际或者区域合同示范规则以及德国、日本部分学者认为,重新协商应仅适用于情势变更情形。笔者认为,对于长期合同而言,需要重新协商的情况比较多,故不宜仅限于情势变更或者不可抗力情形。例如,建设工程施工合同、PPP 项目合同、连锁式特许经营合同的权利义务复杂,当事人需在履行中不断协商,要求其诚信协商,有利于合同的履行。并且,在长期合同出现漏洞时,当事人不予协商可能会导致合同无法继续履行,造成资本浪费,不符合维持合同关系的目的。虽然司法机构可以对合同漏洞予以解释,但是司法往往是最后的救济途径,法律应鼓励当事人自行解决纠纷。因此,在长期合同存在漏洞以及发生情势变更情形,当事人均应诚信协商。

二、重新协商义务的内容

在谈判过程中遵循诚信原则是共识。例如,《以色列统一合同法》第 21 条规定,当事人在谈判中违反诚信原则,应承担损害赔偿责任。[1]《意大利

---

〔1〕《以色列统一合同法》第 21 条规定:不依习惯方式和诚实信用行为的一方当事人必须对由于谈判或合同缔结而遭受损失的一方负损害赔偿责任。

民法典》第1337条规定,谈判应遵守诚实信用原则。[1] 该规则同样适用于重新协商情况。首先,诚信协商表现为当事人有达成协议的目的。尽管当事人并无达成协议的结果义务,但是同样具有拘束力。其不仅具有程序意义,而且有具体的实体义务。在一个仲裁案件中,仲裁庭引用国际法院的判决,认为重新谈判义务包括如下基本内涵:善意,与情况相适应的合理谈判期间,考虑对方利益,可接受妥协。[2] 当事人在协商过程应提出切实合理的方案,采取积极的态度,付出努力,愿意考虑对方的利益,寻找合理适当的解决方案,提供必要的信息等。其次,当事人应及时予以回应,确定协商的日程安排及程序。希望进行协商变更合同的当事人应及时提出申请,不同意对方提出的意见,应说明理由;及时进行信息沟通,不故意拖延。最后,正确运用协商程序。协商程序是一把"双刃剑",容易被当事人利用达到使自己获益的目的,故应规定当事人不能利用协商程序给另一方造成损失,或者利用另一方的不利地位损害其利益。例如,卖方不能因为出售货物的市场价格上涨,获利减少而提出重新协商要求,但可以因为生产货物的成本上涨,导致无利可图,申请重新协商。当事人可因双方无法就履行条件达成协议而终止谈判,不能在根本无意协商情况下,假意提出苛刻条件,促使谈判终止。总体而言,协商应遵循诚信原则,注重合作关系。

三、不能达成协议的法律后果

如果当事人经重新协商却不能达成协议,应接受法院的调整或者解除合同。如果当事人违反诚信协商的义务,应赔偿对方因此受到的损失。

当事人如果经诚信协商不能达成新的协议,不属于未履行重新协商义

---

〔1〕《意大利民法典》第1337条规定:当事人在谈判和缔结合同的过程中,必须遵守诚实信用原则。

〔2〕参见周亚光:《论再谈判条款对国际能源合同非稳定性之保障》,载《理论与现代化》2013年第6期。

务,当事人不需要承担法律责任,但是宜规定司法机构有权介入,以督促当事人履行协商义务。如果不履行重新协商义务,却无相应法律后果,当事人很难达成协议。因此,如果协商不成,司法机构可以介入,主动进行调整;如果无法变更,可以解除合同。当然,当事人也可以约定由第三方机构确定双方的权利义务。例如,在建设工程施工合同中,如果业主与承包方就相关事项不能达成一致意见,工程师有权利作出决定。[1]

当事人一方有恶意行为,导致未能达成协议,才能认定其违反重新协商义务。如故意阻挠谈判进行、拒绝提出方案,或者非基于正常的商业判断拒绝接受对方当事人的调整提议。一个理性的人通常能够尽更多的努力,以达成协议。缔约方会因违反重新协商条款承担损害赔偿责任,司法机构也可指令当事人进行协商。例如,法国有指令当事人协商的实践,《通则》也规定可以指示当事人协商。此外,如果当事人违反合同约定的重新协商义务,对方可以请求赔偿期待利益。损害赔偿的计算应考虑如果达成协议可能发生的结果。仲裁庭通常可以裁决支付迟延损失,或者当事人因信赖协商能够达成协议所遭受的机会损失。[2]

综上,重新协商义务作为一项法律义务对长期合同规则的构建具有基础性意义,其使当事人在新的情况下,通过自行调整合同条款,维持合同关系,而不是终止合同。虽然当事人的社会声誉以及当事人之间的关系也会促使当事人进行重新协商,但是将其确立为法律义务,能使其发挥更大作用。

---

[1] 菲迪克红皮书(1999 年)第 3.5 条对工程师与业主、承包方协商义务进行了规定:每当本合同规定工程师应按照本条对任何事项进行商定或者决定时,工程师应与各方协商尽量达成协议。如果达不成协议,工程师对有关情况给予应有考虑,按照合同作出公正的决定。工程师应将每一项商定或决定,连同依据的细节通知双方。各方均应遵守该协议或决定,除非且直到按照第 20 条“索赔、争端和仲裁”规定作出修改。

[2] See Klaus Peter Berger, *Renegotiation and Adaption of International Investment Contracts: The Role of Contract Drafters and Arbitrators*, 36 Vanderbilt Journal of Transnational Law 1347 (2003), 1369.

第五章 长期合同之解除及救济规则研究

长期合同的解除规则，规定解除的条件及违约解除的救济方式，是维护长期合同关系的最后屏障。对解除条件和程序进行限制有利于督促当事人通过协商解决双方争议。从避免专属投资浪费角度考虑，应尽量维持合同关系，在当事人约定了任意解除权条款或者彼此失去信任的情况下，如何维持合同关系，值得探讨。此外，长期合同违约解除导致当事人未来利益受损，未来利益本质上具有不确定性。对未来损失确定性要求过于严格，有可能导致守约方的损失不能得到弥补，当事人可能采取机会主义行为解除合同。本章对长期合同任意解除权的限制，信任丧失能否解除合同以及解除长期合同的损害赔偿等问题进行分析。

第一节　长期合同解除之特殊问题

一、长期合同解除的特殊性

长期合同解除与一时合同解除的区别之一是，一时合同当事人并不享有任意解除权,[1]但是部分长期合同当事人有任意解除权。任意解除权能够使合同当事人保持终止合同关系的自由,但是如何保障另一方当事人的权利,系理论和实践中的难点问题。任意解除权有法定和约定两种。大陆法系国家法律对有些合同,如委托合同和承揽合同,规定当事人享有任意解除权。长期合同当事人经常约定任意解除权,当事人能够依据自己的意思表示,单方面解除合同。该自由终止合同的权利使对合同不满意一方能够摆脱合同约束,降低交易风险,激励合同当事人为双方的共同目标而努力,但是当事人有可能以终止合同为由威胁投入专属资本一方,以期获得额外利益。长期合同规则应限制机会主义行为,促使当事人适当行使解除权,避免权利滥用,损害专属投资人利益。

长期合同解除的另一难点问题是,如果长期合同履行中情况发生变化,长期合同当事人之间丧失了信任关系,法律应否将其作为终止合同的法定条件,避免当事人困于长期合同关系之中,这在理论和实践中存在一定分歧。

二、长期合同解除规则

长期合同解除规则主要涉及当事人在何种情况下可以解除合同,包括可否因根本违约、不可抗力、情势变更之外的法定理由解除长期合同,以及解除的法律后果。其中,解除合同的条件是维持合同关系的重要防线。合同的解除规则可以区分为定期合同解除和不定期合同解除,法定解除和约定解除,任意解除和根本违约解除等不同情况。

(一)大陆法系国家的规定

德国比较明确地区分了一时合同和继续性合同的解除。二者解除的原

---

〔1〕 任意解除,是指不需要任何法定条件即可终止合同关系。在德国称为“普通终止”,在日本和我国则称为“任意解除”。参见张红:《继续性合同终止制度研究》,湖南大学 2011 年博士学位论文,第 30 页。

因及解除的法律后果不同,并且使用不同术语。德国对于继续性合同使用了终止的概念,而对于一时合同则使用解除的概念。例如,根据《德国民法典》第313条第3款第2句的规定,在交易基础丧失的情况下,当事人可请求解除合同,如果是继续性合同,则以通知终止代替解除。终止的后果是不发生清算返还。《德国民法典》第314条还规定了继续性合同因重大事由可以终止(后文详述)。

法国法规定,当事人可约定在特定情况发生时(大多是不可抗力事件),暂时中止履行合同;当事人可约定自动终止履行条款,如有的合同受当事人的身份因素影响,若一方当事人的控制权发生变化,另一方可能终止合同。[1]

大陆法系国家对委托和承揽合同规定了任意解除权。这些合同有一定特殊性。如委托合同中委托人与受托人之间存在较强的信赖关系。承揽合同中定作人享有任意解除权可以避免资源浪费,如果定作人不再需要承揽人的劳动成果,可以解除合同,但是应予以赔偿;承揽人未完成工作之前,定作人可以通过赔偿承揽人损失的方式解除合同。[2]这属于法律规定的任意解除权,解除权人行使解除权并非毫无代价,有些情况下解除权人应该承担赔偿损失责任。大陆法系国家对当事人自行约定的任意解除权未予以明文限制,但是可以通过诚信原则、权利不得滥用原则进行限制。

(二)普通法系国家的规定

英美国家区分长期合同与一时合同的解除方式。对于未约定履行期的长期合同,当事人可以通过发出通知的方式解除。

根据英国法的规定,如果继续性合同未约定履行期间,也未表明合同可

---

〔1〕 See Isabelle de Lamberterie, *The Effect of Changes in Circumstances on Long-term Contracts—French Report*, in Donald Harris & Denis Tallon, Contract Law Today Anglo-French Comparisons, Clarendon Press, 1989, p. 225.

〔2〕 参见《法国民法典》第1794条、第2004条、第2007条;《德国民法典》第649条(定作人的通知终止权)、第671条(撤回;通知终止)。

以永久存续,那么法院通常认为可以通知解除。普通法认为,合同是当事人合意,一方不愿意继续合同关系,可选择解除。通知解除的期限是另一方在市场中寻找替代品的期间。在雇佣关系和租赁关系中,雇员和承租人可能获得立法的保护,对任意解除作出限制或者补偿。对于其他长期合同,无特别的保护。学者认为,这在特许经营或者商业代理交易中可能显得比较严苛,投入资产一方无法及时收回投资,虽然有观点认为,这类合同应基于正当理由终止,但是法律通常难以审查解除合同的理由是否正当。[1]

英国有判例明确,部分违反长期合同未必构成解除合同的条件。案件所涉合同系为期4年的长期合同,当事人瑞斯为某市议会提供设施管理及场地维护,合同履行7个月后,议会便以瑞斯违约为由,请求解除合同。上诉法院认为,合同未约定瑞斯每次违约,市议会均有权解除合同。一方因另一方违约被损害的利益至少占合同利益的1/4时,才可能构成解除合同条件。[2]该案例体现了违约应达到严重程度才能解除长期合同,部分违约未必构成解除合同条件。

如果长期合同当事人未约定终止事由,美国用合同默示条款予以补充。合同当事人可能有两种主张,一种主张可以任意终止,另一种主张永久维持。对于排他性代理、分销、特许经营合同,法院认为合同的默示条款是当事人可以任意终止合同,并无永久维持商业关系的意图,但是应有一定限制,即解除方应在解除前合理时间内通知,还有的案件,法院认为被特许人有权在合理时间内收回投资。[3]

(三)国际或者区域合同示范规则的规定

《原则》第6:109条规定,当事人未约定期限的合同可通过任意一方当

---

〔1〕 参见[英]P. S. 阿狄亚:《合同法导论》(第5版),赵旭东、何帅领、邓晓霞译,法律出版社2002年版,第420~423页。

〔2〕 参见李先波、刘翱:《英美毁约性违约制度探析》,载《时代法学》2007年第2期。

〔3〕 参见[美]E. 艾伦·范斯沃思:《美国合同法》(原书第3版),葛云松、丁春艳译,中国政法大学出版社2004年版,第513页。

事人给出合理期限的事先通知来终止合同。《共同框架》第3－1:109条第2款中有类似规定。该规定并未对终止的原因进行限制。《共同框架》第4.5－2:302条对商事代理、特许经营及经销合同有特别的规定。商事代理、特许经营及经销合同未约定期限的，当事人可以通知对方当事人在合理期限后解除，合理期限应考虑合同已经持续的时间，已经进行的合理投资，寻找合理替代方案需要的时间等。经营期限越长，则提前通知的时间相应延长。[1]《共同框架》在该条中兼顾了合同双方的利益，对于无明确期限的合同可以经过通知终止，但是应给予对方合理时间。如果通知终止的时间不适当，并不因此影响终止的效力，仅会产生赔偿问题，且并未要求解除有正当理由。

《通则》仅规定不定期的合同可以通知在合理时间解除，但是未能对合理时间进行界定。[2]《通则》2016年修改时，阐述了慎用解除救济方式的理念，即便在发生不可抗力情况下，也要尽量维持关系。同时在第7.1.7条（不可抗力）增加评注5，规定了长期合同中发生不可抗力情形的处理。《通则》规定，不可抗力与艰难情势均是长期合同履行中容易发生的典型情况。在艰难情势的情形下，《通则》鼓励当事人谈判，以保持关系，而不是终止关系。在不可抗力情形下，当事人能够预见到，基于持续时间和关系的存在，

---

〔1〕《共同框架》第4.5－2:302条（无明确期限的合同）规定，(1)无明确期限的合同的任何一方当事人可以给予另一方当事人通知终止合同关系。(2)如果通知提出在合理期间之后终止，根据第5.5－2:303条（就不适当的通知而终止的损害赔偿）的规定，没有可支付的损害赔偿。如果通知提出立即终止，或者在一段不合理的期间之后终止，那么根据该条的规定，损害赔偿是可支付的。(3)通知期是否在合理的期间内除其他因素外，取决于：(a)合同关系已经持续的时间；(b)作出的合理投资；(c)为找到一个合理的选择，将要花费的时间；以及(d)用途。(4)合同关系持续的每一年，增加1个月的通知期，(最长36个月)被推定是合理的。(5)给予的委托人、特许人或供应商通知期将不少于第一年为1个月，第二年为2个月，第三年为3个月，第四年为4个月，第五年为5个月以及第六年和合同存续的随后的年月里为6个月。当事人双方不得排除本规定的适用或者减损或变更其效力。参见欧洲民法典研究组、欧盟现行私法研究组编著：《欧洲私法的原则、定义与示范规则：欧洲示范民法典草案》（第4卷），于庆生等译，法律出版社2014年版，第938页。

〔2〕《通则》第5.1.8条规定：任何一方当事人均可通过预先在一段合理时间内发出通知，终止一个无固定期限的合同。

巨额的初始投资只有在合同履行情况下才能实现。继续维持合同关系对当事人更为有利。当事人可以在合同中约定,即便发生不可抗力,当事人也尽量维持关系,将终止作为最后的救济手段。该规定能够为当事人提供指引,可通过合同的特殊约定排除法律规定的适用。

关于当事人可否约定任意解除条款问题,《共同框架》第 4.5 –2:304 条规定,商事代理、特许经营及经销合同中约定的当事人可因非根本的债务不履行而解除合同的条款无效。并且该条是强制性条款,当事人不得变更其效力。[1] 该规定与前述第 4.5 –2:302 条不同,如果合同未约定明确期限,应适用第 4.5 –2:302 条。该条考虑到当事人会在长期关系中投资,并依赖关系的持续,因轻微的违约即可解除合同对投资一方是不利的。如果一方构成根本违约,对方才可以解除合同。[2] 该条款体现了维持合同关系的价值取向。

合同解除应履行适当的程序,守约方应在知道违约行为后,在合理时间通知违约方。《通则》第 7.3.2 条反映了该理念,如果一方迟延履行或者履行与合同约定不符,另一方应在合理时间通知违约方,否则会丧失解除合同的权利。《原则》《共同框架》《商法典》均有类似规定。

(四)评析

从上述规定看出,长期合同的解除规则试图在合同自由与合同严守之间寻求平衡,虽然不同的国内法或者统一示范规则规定的解除条件、解除方式会有不同,但是均尽量维持合同关系。只有在合同继续履行的情况下,当事人的投资才能收回,继续履行合同有利于增进社会福利。如果合同当事

〔1〕《共同框架》第 4.5 –2:304 条规定:(1)在本部分范围内的合同中,任何载有一方当事人可以就非根本性的不履行而终止合同关系的条款都没有效力。(2)双方当事人不得排除本条的适用,或减损或更改其效力。参见欧洲民法典研究组、欧盟现行私法研究组编著:《欧洲私法的原则、定义与示范规则:欧洲示范民法典草案》(第 4 卷),于庆生等译,法律出版社 2014 年版,第 949 页。

〔2〕参见欧洲民法典研究组、欧盟现行私法研究组编著:《欧洲私法的原则、定义与示范规则:欧洲示范民法典草案》(第 4 卷),于庆生等译,法律出版社 2014 年版,第 950 页。

人未约定期限,法律并不认为合同应永久存续下去,当事人可通过通知解除合同,但是应该在合理时间之前通知。违约应达到严重程度,才能行使解除权。在违约行为轻微或者仅是部分违约的情况下,当事人不能行使解除权。当事人行使解除权应在合理时间内履行通知义务。当事人行使任意解除权并非毫无限制,法律会对行使条件、赔偿等问题予以规范。

三、效率违约与长期合同的解除

(一)效率违约经济分析优先考虑的价值是效率

效率违约是对违约行为进行经济分析提出的理论,该理论认为,如果违反合同能够带来更大的效益,则值得支持。波斯纳法官在《法律的经济分析》一书中举例说明,如果一方违约所带来的收益超出其履行带来的收益,则强制该方履行原合同或者进行高成本的重新协商,会造成资源浪费,违约方仅需支付损害赔偿。效率违约使资源流向认为其更具使用价值的人。[1] 但是,该理论也遭到很多学者反对。麦克尼尔教授认为,效率违约适合单独的、非合作的交易方式,其排斥合作。波斯纳法官认为,在实际履行模式下协商达成新的协议是有成本的,效率违约并未考虑违约给合同当事人的关系造成的影响。[2] 麦克尼尔教授从根本上反对效率分析方法在长期合同中的适用,认为效率分析方法建立在离散交易基础上,未考虑当事人之间的关系,而长期合同是动态的、当事人之间存在身份关系,保持和调整关系是常态。并且,经济分析方法不适用关系中享有单边控制权的情况。古典合同法和新古典合同法的主要功能是在终止关系时给予当事人救济;而关系性合同当事人即便存在争议,也应以维持关系为重。关系性合同有小社会和

〔1〕 参见[美]理查德·波斯纳:《法律的经济分析》(第7版)(中文第2版),蒋兆康译,法律出版社2012年版,第120页。

〔2〕 See Ian R. Macneil, *Efficient Breach of Contract: Circles in the Sky*, 68 Virginia Law Review 947 (1982), 969－970.

小国家的特征，一旦终止则牵涉众多的利益和关系。[1] 我国学者孙良国教授认为，效率违约理论将经济利益作为合同法的唯一价值，而合同价值是多元的，效率违约理论没有考虑到合同的道德、合作、保护专用性投资等多元价值。[2] 古典合同法理论的效率价值是静态、封闭的效率。其与过去和未来的交易无关，无须考虑未来交易机会的丧失或者商誉损失，或者给其他人带来的损害。[3]

（二）长期合同慎用效率违约经济分析

尽管效率违约在经济学上能够得到验证，但其价值具有单一性，当事人之间的利益具有对立性，该理论是否适宜解决长期合同纠纷应慎重考虑。首先，长期合同违约所造成的损失难以估算，违约方对守约方的赔偿未必能够弥补守约方的全部损失。并且，长期合同有溢出效应，影响消费者的利益。解除合同未必能够带来更大的经济利益。其次，效率违约与长期合同所推崇的合作理念并不相容。合同法推崇的四大价值分别为自由、安全、正义、效率。效率较前三项处于更普通、更低的地位。[4] 英国学者休·柯林斯认为，对交易进行法律规制，应分析经济制度的变更、政治理论的变化、公共政策的新重点，以及法律准则的连贯性，而不能仅根据经济功能主义解释法律准则的演进。[5] 即经济功能仅是制定法律规则考虑的一个因素，而非全部。长期合同更推崇合作和维持合同关系，并不鼓励效率违约。此外，效率分析方法假设法律应提高人类的满意度，合同主体是寻求满意度的理性最大化者。福利最大化仅系一种价值，且并非每一主体均是理性最大化者。

---

[1] See Ian R. Macneil, *Contracts: Adjustment of Long-term Economic Relations under Classical, Neoclassical, and Relational Contracts Law*, 72 Northwestern University Law Review 854 (1978), 889 - 898.

[2] 参见孙良国：《效率违约理论研究》，载《法制与社会发展》2006年第5期。

[3] 参见孙良国：《关系契约理论导论》，科学出版社2008年版，第122页。

[4] 参见欧洲民法典研究组、欧盟现行私法研究组编著：《欧洲私法的原则、定义与示范规则：欧洲示范民法典草案》（第1、2、3卷），高圣平等译，法律出版社2014年版，第49页。

[5] 参见[英]休·柯林斯：《规制合同》，郭小莉译，中国人民大学出版社2014年版，第219页。

效率分析方法考虑整体的福利增加,而未考虑特定交易需要特殊的解决方式。再次,该理论假设交易没有成本且信息充分,存在完全竞争的市场,当事人可以采取措施降低损失,但是长期合同特殊的交易成本使进入和退出长期合同关系异常困难。如果长期合同终止,市场无法提供足够的替代品。最后,交易失败会影响商誉以及将来的机会。效率违约理论未将这些价值考虑在内,长期合同当事人则要考虑上述因素。

效率违约并非完全不能适用于长期合同,在效率与公平、安全、自由不存在冲突时,效率是合同法追求的价值之一,合同法的很多规定都是符合效率原则的。如果履行合同所带来的总体利益确实不足以弥补损失,则应允许当事人解除合同并赔偿损失。例如,由于技术的发展或者市场发生变化,双方共同经营的项目在市场上缺乏竞争力,没有必要继续经营,可以解除合同。不过,在决定是否解除长期合同时,不能单纯考虑效率违约规则,还要考虑长期合同会影响社会公众利益,当事人的专属投资依赖合同履行等。

第二节　行使任意解除权的限制——以连锁式特许经营合同为例

本节以连锁式特许经营合同为例,对长期合同当事人行使任意解除权的限制问题进行分析。连锁式特许经营合同是一种典型的长期合同,具有长期性、复杂性和关系性,当事人经常约定任意解除权条款,即特许人发现被特许人未履行合同义务时,可以行使合同解除权而不需要证明被特许人有根本违约行为。该条款能够督促被特许人履行合同义务,但是特许人容易滥用该权利。因此,该规则的设计应平衡特许人和被特许人的利益冲突。

一、任意解除权条款的功能及其导致的利益冲突

连锁式特许经营合同当事人存在利益冲突,主要体现在:特许人必须采

取措施控制被特许人的产品或者服务的质量,被特许人则希望尽量避免特许人利用其对被特许人的控制权获取更多的利益。被特许人对自己经营的实体更为关心,力图使成本与产出相适应。如果其降低成本,将导致产品的质量下降,使消费者不再信任特许人的产品,进而损害特许人的利益。特许人关心产品的推广程度,故希望有更多的被特许人,有更多的加盟店,营业时间更长。被特许人则希望其他被特许人越少越好,店面开在盈利地区,在盈利不足弥补成本的时间关闭店面。

被特许人和特许人均可能采取机会主义行为,被特许人的先期投入不能在短期内收回。特许人有可能利用其对特许经营的控制权及被特许人沉淀资本不易转移的情况,采取对被特许人不利的措施。如提高对被特许人供货的价格,提高租金、费用,参加不营利的促销,作不必要的设施更新等。被特许人则容易产生“搭便车”的心理,对所提供产品与服务的质量不付出努力。

被特许人的行为对特许人的品牌声誉影响极为巨大,为保证被特许人为特许人的利益进行经营,特许合同往往赋予特许人根据自身利益单方解除合同的权利,该条款有助于督促被特许人尽最大努力,相当于被特许人提供的履约担保,法律认可其效力,但是该条款容易被滥用。司法实践中产生争议较多,焦点在于特许人解除合同的权利是否不受任何限制。

二、诚信原则、权利不得滥用原则对行使任意解除权的限制

合同一方因信赖双方可能存在长期关系而进行投资,另一方行使合同解除权应否受到限制,各国有不同的处理方式。

根据《德国民法典》第 242 条的规定,如果一方当事人知道对方当事人为履行合同进行了较大投资,则投资人有理由相信合同会持续一定时间,合同持续时间应符合该类合同的最短持续时间。

法国法上长期合同的任意解除权受到限制,投资人可以主张解除人构

成权利滥用，主张损害赔偿。如法国最高法院在一个案例（1993年）中认为，分销许可证持有人信赖投资不会受损而进行投资，即便合同相对方解除合同符合通知期间的规定，也构成权利滥用。如果当事人为长期持续交易签订框架合同，则当事人之间存在使项目以低成本实施的合作义务（善意履行原则[1]）。一方解除合同，投资人可因受到巨大损失而主张损害赔偿。

意大利有一法案限制滥用经济依赖，当合同一方当事人在经济上依赖另一方时，如果处于强势地位的当事人任意解除现存交易关系，通常将被认定为权利滥用，从而应受制裁。

爱尔兰对长期合同解除权的行使进行限制，对于合同明确约定的解除权，当事人有以诚信方式行使的默示义务，解除应具有合理理由。[2] 其限制仅在于解除权人需陈述原因，并未禁止解除权的行使。

从上述国家的法律规定来看，适用诚信原则、权利不得滥用原则能够限制长期合同的任意解除。对长期合同任意解除权的限制主要体现在两个方面：一是对行使解除权的合理时间予以规范，将投资者能否收回投资利益作为考虑因素；二是对行使条件进行限制，解除权人应善意行使或者有正当理由，不得滥用权利。美国对特许经营合同中任意解除权的规制具有典型性，下文进行详细分析。

三、从关系性合同角度分析限制行使任意解除权的合理性

（一）行使任意解除权的正当理由与商业判断规则

1. 行使任意解除权应有正当理由。美国适用特许经营方式较多，各州的法律规定及法院的判例积累了较为丰富的经验。美国大部分州的特许经

---

[1] 2016年债法改革前的《法国民法典》第1134条第3款规定：契约应以善意履行。2016年债法改革后的《法国民法典》第1104条规定：合同须善意地协商、缔结和履行。本条款为公共秩序性强制规则。

[2] 参见［德］莱因哈德·齐默曼、［英］西蒙·惠特克主编：《欧洲合同法中的诚信原则》，丁广宇、杨才然、叶桂峰译，法律出版社2005年版，第280、282、285、286页。

营法律限制特许人终止特许经营协议,终止应有正当理由,有些州法对正当理由进行列举,如加利福尼亚州的特许经营投资法中终止的正当理由包括:被特许人被宣告破产、不履行特许经营协议约定义务、不支付费用、在特许经营协议签订时有重大虚假陈述、犯有重罪等。如果特许经营协议未规定期限,特许人解除协议也需有正当理由。在伊利诺伊州法院的一个案例中,法院认为,特许经营关系中,被特许人支付特许经营使用费,作为对价,特许人在无正当理由的情况下不得解除特许经营关系。[1]

2. 商业判断规则。在认定是否具有正当理由时,法院认为特许人的商业考虑构成正当理由,在联邦第二巡回上诉法院的一个案例中,法院认为不能以自己的决定代替商业决定,只要特许人证明其商业决定合理合法,是善意作出的,即便后来证明这一商业决定是错误的,也不妨碍认定其属于正当理由。另有案例认为,如果特许人的商业决策是合理的,且不加歧视地适用于同一地区所有经销商,即为正当理由。[2] 而司法实践中,对于合理理由的解释也比较偏向特许人,基本等同于商业判断规则。

法院倾向认为,只要特许人的决定不是恶意的,或者基于适当理由,均可以认定为合法的商业判断。如果特许人终止特许合同,是为了将权利转给另一个位置更好的被特许人,以增加销售量,或者为了以较低廉的价格,获得被特许人的专属投资,属于缺乏正当理由。法院采取商业判断规则,不会对特许人的决定具体审查,不会审查特许人的决定是否会使特许人从投资中获得额外利益,以及特许人获得的利益是否建立在被特许人受损基础上。例如,美国有一个案例,特许经营合同中约定特许人大众公司有权确定展厅的布局,但是未禁止双重代理。因被特许人在代理大众公司汽车的同

---

〔1〕 参见王军、解琳编著:《美国商业特许经营法案例选评》,对外经济贸易大学出版社2007年版,第66、72~73页。

〔2〕 参见王军、解琳编著:《美国商业特许经营法案例选评》,对外经济贸易大学出版社2007年版,第91、95页。

时还代理福特汽车，大众公司终止了合同。法院运用商业判断规则，认为终止是合法的，福特汽车影响了展厅布局，被特许人双重代理对大众公司不利，大众公司终止合同是合理的商业判断。[1]

哈德菲德教授对该案提出批评，认为该案未考虑被特许人的利益，缔约方未在特许合同中约定禁止双重代理，被特许人的实体店需要营利，特许人如果禁止被特许人双重代理，应支付相应对价。[2]

（二）关系性合同理论与限制行使任意解除权

哈德菲德教授提出可从关系性合同角度解释特许经营合同，特许经营关系的当事人有不从事“搭便车”行为和机会主义行为的默示义务。特许经营当事人之间的关系不只是商标许可，特许人的行为不限于保护其商标，还应提供基本的降低风险服务。被特许人不仅像特许人的雇员一样服从特许人的指令，还要经营实体，并且承担经营破产或者不营利的风险。

法院在审理案件时，不仅依照书面的特许经营合同，还应审查缔约方的关系。例如，被特许人是否有沉淀资本，特许人是否承诺终止合同后以公允的价格购买被特许人的投资。特许经营合同的义务是相互的，被特许人如果有投资行为，并依赖经营才能收回，被特许人的投资使特许人降低了经营风险，特许人有义务提高被特许人的盈利。商业判断规则偏向特许人，忽视了被特许人的利益。[3]

另有一些法院以投资收回的时间来衡量当事人终止合同是否合理。例如，洛克威尔公司诉美国鞋业公司案。法院认为，特许经营合同对持续期间未予以约定时，通常认为可以任意解除。但是特许人应给被特许人一定的

---

〔1〕 See Empire Volkswagen v. World-wide Volkswagen Corp. ,814 F. 2d 90,92(2d Cir. 1987).

〔2〕 See Gillian K. Hadfield, *Problematic Relations: Franchising and the Law of Incomplete Contracts*, 42 Stanford Law Review 927(1989 - 1990), 988.

〔3〕 See Gillian K. Hadfield, *Problematic Relations: Franchising and the Law of Incomplete Contracts*, 42 Stanford Law Review 927(1989 - 1990), 987.

合理时间收回投资。对于所涉案件,特许经营持续 8 年或者 9 年比较适当。[1] 该案在确定合同应否解除时,考虑了被特许人与特许人之间的投资关系。

综上,运用关系性合同理论能够较好地解释限制任意解除权的合理性。

四、长期合同限制行使任意解除权的必要性及方式

(一)对任意解除权进行限制的必要性

有观点认为,要求当事人提供终止合同的正当理由,会减损任意解除条款试图达到的目的,不利于该条款发挥担保作用,并且合理理由并不容易证明。如果当事人解除合同系为了重新分配初始协议确定的利益,会损害其社会声誉,当事人通常不会滥用该权利。笔者认为,限制任意解除权的理由主要有以下三点。

1. 任意解除未必带来效率,但是损害安全。有学者认为,任意解除权符合效率价值,能够促使社会资源合理配置和利用率最大化,与经济分析学理论推崇的效率违约原则相近。[2] 另有学者认为,任意解除制度的正当性在于保障人身自由和信赖关系,避免继续性合同的持续性限制人身自由。[3] 任意解除权对特许人是有利的,其可以有效地控制品牌的声誉,一旦发现被特许人提供的产品或者服务不符合质量要求,损害其品牌声誉,即可解除合同。这样做符合合同自由原则,效率也比较高,但是对于社会整体而言,任意解除权的行使未必会带来效率,因为任意解除带来专属资本沉淀,并不一定带来资源的优化配置。并且,任意解除权损害了合同的稳定性。

2. 限制任意解除权能够降低特许经营权纠纷的发生概率。美国有很多

---

〔1〕 See Ian R. Macneil, *Contracts: Adjustment of Long-term Economic Relations under Classical, Neoclassical, and Relational Contracts Law*, 72 Northwestern University Law Review 854(1978), 882.

〔2〕 参见李晓钰:《合同解除制度研究》,中国法制出版社 2018 年版,第 144 页。

〔3〕 参见张红:《继续性合同终止制度研究》,湖南大学 2011 年博士学位论文,第 44~45 页。

终止汽车特许分销经营权的纠纷,而英国没有。学者分析其中的一个原因是,英国特许经营合同条款通常约定,解除合同前有一段较长时间的预先通知,比如说1年,经催告之后,才可以终止,这样当事人被长期经营的沉没投资"捆绑"在一起,形成共生关系,从而降低了采取机会主义行为的可能。[1]英美两国的实践说明,对任意解除权进行限制可以降低纠纷的发生概率。

3. 对任意解除权进行限制有一定共识。许多合同法规则对任意解除权予以限制。除前述美国和英国的规定,以及一些国家通过诚信原则和权利不得滥用原则对任意解除权进行限制外,《共同框架》对投资人的保护更强,根据其第4.5–2:304条的规定,特许经营合同中的任意解除权条款不具有约束力。特许人不能因被特许人的轻微违约解除合同,即便合同中约定了该条款。只有在被特许人根本违约的情况下,才能解除合同。对于无固定期限的特许经营合同,根据经营持续时间相应延长通知解除的合理时间。德国虽然规定委托合同可以任意解除,但是根据其法律规定,委托合同是无偿合同。对于有偿事务处理,其适用雇佣或者承揽合同的规定,而这两种合同并不适用任意解除的规定。[2] 这些法律规则说明不受限制地行使任意解除权与公平观念、商业实践相悖。

(二)对任意解除权进行限制的方式

1. 对任意解除权行使方式、行使时间进行限制。对任意解除权行使时间予以限制的情形较多,如《共同框架》的规定以及英国的特许经营合同条款约定。美国法对解除理由予以限制。美国限制任意解除权行使的判例,在分销合同中适用最多的是不公平条款和诚信原则。对于特许经营合同,通过规定解除应有正当理由,限制任意解除权。当事人在合同中也会增加任意解除合同应有正当理由的条款。美国有一个案例,法院认为,如果合同约定解除应有正当理由,其比诚信原则的要求更高,如果分销商并无明显的

---

[1] 参见[英]休·柯林斯:《规制合同》,郭小莉译,中国人民大学出版社2014年版,第269页。
[2] 参见吕巧珍:《委托合同中任意解除权的限制》,载《法学》2006年第9期。

不当履行行为，尽管情势变化导致其他的经济安排对生产商更为有利，但并不能构成解除合同的正当理由。[1] 该案例对正当理由的解释即考虑了被特许人的利益。

关于正当理由的判断标准问题，笔者赞同哈德菲德教授的观点，商业判断规则忽视了特许经营合同中被特许人的投入，认定特许人行使任意解除权不受限制，将使被特许人的损失难以弥补，剥夺其期望从交易中获取的利益，不符合公平和合理交易原则。解决的方案应是如果被特许人不存在重大违约行为，特许人不能解除合同，或者解除合同应对被特许人给予充分补偿，特许人回购店铺或者协助被特许人将店铺转让给其他人。

2. 通过给予充分赔偿予以限制。对任意解除权的规范，还可以从赔偿方式着手。赔偿是否包括履行利益会影响当事人的决策。如果行使任意解除权需要赔偿对方履行利益损失，则当事人会慎重考虑是否解除合同。关于当事人行使任意解除权应否赔偿对方当事人的履行利益问题，存在不同观点。有学者认为，当事人行使任意解除权，应给予对方履行利益赔偿。主要理由：一是该行为使被解除合同一方当事人的期待利益消灭；二是其与一时合同拒绝履行合同的违约行为无本质区别。[2] 另有学者认为，应区分有偿和无偿以及未履行和部分履行，有偿合同解除应赔偿履行利益，无偿合同解除应赔偿信赖利益；合同未履行的，赔偿信赖利益损失；合同部分履行的，已经履行部分，应赔偿履行利益损失，未履行部分则赔偿信赖利益损失，以区别于违约赔偿。[3]

笔者认为，当事人行使任意解除权的情况较为复杂，须根据合同是否有偿，是否存在信赖关系，被解除一方是否存在违约行为等不同情况进行分

---

〔1〕 See Charles J. Goetz & Robert E. Scott, *Principles of Relational Contracts*, 67 Virginia Law Review 1089 (1981), 1136 – 1141.

〔2〕 参见张红：《论继续性合同终止制度的法律构造》，载《财经理论与实践》2012 年第 6 期。

〔3〕 参见蔡恒、骆电：《我国〈合同法〉上任意解除权的理解与适用》，载《法律适用》2014 年第 12 期。

析,区别对待。连锁式特许经营系有偿合同,行使任意解除权的法律后果,应适用合同解除的基本规则,即如果不是因一方当事人根本违约解除合同,解约方应该赔偿对方履行利益。任意解除权仅体现在其能够免除继续履行的义务。如果不赋予当事人履行利益请求权,则会鼓励特许人采取机会主义行为解除合同。特许经营的特点是当事人先要进行投入,如果约定的经营期是3年,可能被特许人第一年主要是投入,建立稳定的客户群,第二、三年才会营利。如果被特许人已经履行了应该履行的大部分义务,如建设装修了店面、培训了员工,能够正常经营,特许人解除合同后仅支付上述成本,而不支付预期利益,或者仅支付部分预期利益,则不足以弥补被特许人的损失。当然赔偿金额中应扣除被特许人因合同解除节约的成本。因此,如果不是因为被特许人根本违约,特许人应赔偿被特许人履行利益。当然,任意解除权条款系当事人的约定,如果根据相关合同条款、交易惯例、履约行为可以认定,双方在商定特许费的价格时,已经将任意解除权的风险考虑在内,特许人收取的特许费较低,但是保留任意解除的权利,则应该尊重当事人的约定。如果当事人有机会主义行为,可以适用诚信原则予以规范。例如,特许人为了提高许可使用费,在被特许人有轻微违约行为时行使任意解除权,即属于不诚信行为,特许人应赔偿被特许人的履行利益损失。

综上,长期合同规则应该促进当事人进行专属投资,当事人签约之时,预期合同一直持续至沉淀投资收回。因此,应对一方行使任意解除权的行为进行限制,解除应具有正当理由,并在适当的时间,以适当的方式行使,使对方有转移投资的时间。在确定适当时间时,应考虑投资者能否收回投资。如果一方缺乏正当理由行使任意解除权,应赔偿对方的履行利益损失。

第三节　长期合同当事人能否基于信任丧失解除合同

长期合同解除的另一重要问题是,当事人能否基于信任丧失解除合同。

长期合同当事人之间有较强的信任关系，很多情况下类似于合伙关系，但是未采取合伙的形式。在合伙情况下，当事人可以基于信任丧失退出合伙关系，那么长期合同关系应否将信任丧失作为当事人解除合同的法定条件？德国法对此有相关规定，《通则》长期合同工作组曾经建议在《通则》中增加“因正当原因终止长期合同”的规定，本节结合德国法的规定和《通则》拟进行的修改对该问题进行分析。

一、德国法规定的因重大事由终止合同

《德国民法典》第 543 条、第 626 条、第 723 条分别对租赁合同、劳务合同、合伙合同规定了基于重大原因的终止。判例则根据诚信原则和上述规定推导出了一般规则。修订后的《德国民法典》第 314 条作了一般规定，[1] 合同当事人任何一方可以基于重大事由，而通知终止继续性债务关系。

《德国民法典》第 314 条第 1 款第 2 句作出了明确的规定：考虑个案的全部情况并在衡量双方利益后，不能够苛求行使终止权的一方当事人，将合同关系继续到约定的终止时间，或继续到终止期间届满之时，即存在重大事由。重大事由，通常是指违反合同上的给付义务或者保护义务。例如，旅馆与啤酒厂签订合同约定每月购买一定数量的啤酒，啤酒厂多次提供的啤酒不能饮用，经警告，旅馆可以适用上述规定终止合同。另外，如同样的啤酒购买合同，如果旅馆向外界散布不利于啤酒厂的谣言，啤酒厂可以适用上述

---

〔1〕《德国民法典》第 314 条（由于重大原因而通知终止继续性债务关系）规定：(1) 合同当事人任何一方可以由于重大原因而通知终止继续性债务关系，无须遵守通知终止期间。在考虑到个案的全部情势和衡量双方利益的情况下，将合同关系延续到所约定的终止时间或者延续到通知终止期间届满之时，对通知终止的一方来说是不能合理期待的，即为有重大原因。(2) 重大原因在于违反因合同而发生的义务的，仅在为补救而指定的期间届满而无效果后，或在催告而无效果后，始准许通知终止。为补救而指定期间的不必要性和催告的不必要性，准用第 323 条第 2 款第 1 项和第 2 项。存在证明在衡量双方利益的情况下立即通知终止为正当的特别情势的，为补救而指定期间和催告也是不必要的。(3) 权利人只能在知悉通知终止的原因后，在适当的期间内通知终止。(4) 请求损害赔偿的权利不因通知终止而被排除。

规定终止合同。德国区分终止和解除，前述两种情况当事人均可以适用解除的法律规定（《德国民法典》第323条、第324条），但是因啤酒供应合同系继续性合同，故也可以适用《德国民法典》第314条的规定。[1] 另外，信赖关系障碍也成为重大事由之一，尤其是当事人对紧密的合作关系依赖性越强，越应考虑信赖关系的障碍。[2] 德国法并未对重大事由进行详细规定，因为在具体案件中要件是不同的，需要在个案中进行利益衡量。[3]

因重大事由终止合同的规定的意义主要在于，在双方当事人信任关系丧失的情况下，能够从继续性合同的束缚中解脱出来。其区别于根本违约、情势变更、不可抗力导致的合同终止，当事人的违约可能尚未构成根本违约，合同也并非不能继续履行，履行障碍主要表现为当事人彼此丧失信任。

二、《通则》关于是否增加"因正当原因终止长期合同"条款的争论

（一）《通则》拟增加"因正当原因终止长期合同"条款的主要考虑

2010年，瑞士仲裁协会的弗朗西斯·泰斯蒙特教授曾经提案，建议《通则》增加因正当原因终止长期合同。《德国民法典》第314条的规定对该提案有重要影响，但并非直接采用德国法的解决方案，而是考虑了不同国家的立法及仲裁实践。

增加该条款的主要意图是，在有正当原因情况下，终止方可以请求不再继续履行合同。终止，是指向将来终止，已经履行的不再返还。正当原因，是指履行期间发生了当事人在缔约分配风险时未考虑到的重大改变，影响了当事人之间的相互信任，无法继续履行。从公平原则考虑，请求终止合同

[1] 参见［德］迪尔克·罗歇尔德斯：《德国债法总论》，沈小军校，中国人民大学出版社2014年版，第287页。

[2] 参见［德］迪尔克·罗歇尔德斯：《德国债法总论》，沈小军校，中国人民大学出版社2014年版，第287~288页。

[3] 参见［德］迪尔克·罗歇尔德斯：《德国债法总论》，沈小军校，中国人民大学出版社2014年版，第287页。

方不能继续履行合同。

该条款建议适用于需要合同当事人履行合作义务的领域，如共同推广产品或者服务、交换敏感信息、共同研究开发新产品等。例如，关系性合同，因为当事人之间建立长期合同关系，具有一定程度的信任，但是并不具有合伙关系或者信托关系的所有特征。有人身属性的合同，需要特定的人完成义务，以及相互的信任。

该规定适用于在履行期内持续履行的合同，履行期的长短不易界定，但是一般不少于3~5年。法院或者仲裁机构在决定应否终止合同时，还应考虑已经作出的投资或者即将投入的资本，以及当事人愿意承担的经营风险。

相关案例，如瑞士，在专利许可合同中，发明达到产业成熟阶段时间延后，导致发明人与受许可人之间的信任丧失，受许可人可请求立即终止合同。又如德国，委托人与总承包商解除承包合同，总承包商有正当理由解除其与分包商的合同。德国最高法院在一个案件中澄清，干扰信任的情况应该非常严重，以至于不能合理期待当事人会继续履行合同。[1] 法院认定正当原因时，应考虑理性人在当时情况下，是否会失去对另一方当事人的信任。这是一个客观标准，无论请求终止方是否真的丧失了对另一方的信任。[2]

在准备《通则》(2010年)时，国际私法协会已经讨论过因正当原因终止长期合同的提案。因为时间问题，未能形成决定。澳大利亚有一个关于终止本地生产商和新加坡分销商的长期合同的案例，评论认为澳大利亚法律在解决长期合同当事人之间失去信任的情况上存在不足。[3] 增加该条款，有利于解决类似纠纷。

从上述提案看，正当原因主要是指双方当事人失去信任的程度非常严

---

〔1〕 See Unidroit Working Paper 2015 Study L – Doc. 126 (October 2014) Annex Ⅱ.

〔2〕 See Unidroit Working Paper 2015 Study L – Doc. 126 (October 2014) Annex Ⅱ.

〔3〕 See UNIDROIT 2014 – Study L – Doc. 126.

重,理性人均认为合同不能继续履行,其对关系性合同以及信赖关系较强的合同有重要意义。

(二)长期合同工作组建议的条款

国际私法协会成立的长期合同工作组对这一问题进行了研究,并拟定了提案,这是工作组报告中最重要的一项修改。其系增加一个新的条款,而不仅是增加评注或者示例。

报告首先对制定该规则的必要性进行了阐述,有些长期合同当事人间的关系建立在信任基础上,相互之间存在持续合作义务,这种合同不仅会因为意外事件发生导致履行不能,而且会因为彼此间的信任丧失而无法继续履行。当然当事人签约时可以对失去信任的情况、导致终止合同的方式(通知还是法院裁判)、终止的效果,以及损害赔偿等进行约定。在当事人未作出约定时,《通则》或者其他国内法应该予以规定。

工作组的建议是,在《通则》中增加一个条款,对因正当原因终止长期合同进行规定。适用条件有:(1)一方当事人有正当原因能够终止长期合同;(2)正当原因是指在考虑案件的所有情况后,期望终止一方继续合同关系显然是不合理的;(3)当事人终止合同的权利应通过通知行使;(4)因正当原因终止合同自通知时生效。[1] 提案强调,该条款属于特殊救济,只有关系破裂且无法修复时才适用。适用标准是期望终止一方继续合同关系是否明显不合理,这须根据案件的所有情况确定。终止的理由应该是有说服力的,不可抗拒的。[2]

工作组报告举出两例适用该条款的情况。一是不同国家的生产商与分销商存在长期合同关系,履行一段时间后,分销商被第三人兼并,第三人与生产商系竞争关系,由于兼并,第三人能够获得生产商的客户资料,在这种情况下,要求生产商与分销商继续履行长期分销合同明显不合理。生产商

---

〔1〕 See UNIDROIT 2016 C. D. (95)3, Annex 8, black letters.

〔2〕 See UNIDROIT 2016 C. D. (95)3, Annex 8, comment 1.

可主张有正当原因终止合同关系。二是甲、乙两家公司系由一家公司分立产生，甲公司业务范围是审计，乙公司业务范围是咨询。双方达成协议，相互协调保证业务分开，避免重合。后甲公司发展了咨询业务，影响了乙公司的业务，双方经多次协商不能解决分歧。此时期望两家公司继续履行原协议明显不合理，任一公司可主张有正当原因终止合同关系。[1]

工作组报告还对终止的通知、终止的效果、条款的性质进行了说明。主要内容是：一方应该发出通知终止合同，通知到达对方当事人即发生效力。如果实际缺乏正当原因，可能构成预期违约。另一方当事人可主张根本违约（《通则》第7.3.3条），也可行使不安抗辩权（《通则》第7.3.4条）。当事人可排除或者限制该条款的适用。他们也可以在合同中注明适用该条款的具体情况。

（三）理事会未接受“因正当原因终止长期合同”条款的主要理由

国际私法协会理事会经过激烈讨论，并未采纳上述条款，主要理由有以下五点：（1）该规定与许多法律体系的合同解除规则和合同严守原则抵触。当事人可能会因该规定而不选择适用《通则》作为合同准据法，从而影响《通则》的认可度。（2）该规定不仅在理论上有负面影响，而且实践中不易适用，不容易证明有正当理由，不同的法律体系对于合理与不合理的解释是不一致的，会导致适用的不确定性。（3）《通则》的理念是建立一套通行的规则，不考虑法律体系、国家经济和政治状况，均能适用。该规定建立在特定的法律传统基础上，与《通则》的理念不符。（4）该规定争议比较大，国际私法协会曾经讨论过该规定，未予以采纳，此后并没有新的情况发生导致应重新考虑该规定。大多学者及律师担心该规定过于超前，反对《通则》增加该条款。（5）当事人有许多法律手段设计双方的关系，增加一个新的终止合同方式对《通则》是不利的，律师容易利用该规定，达到不良目的。如果是民法典的规

[1] See UNIDROIT 2016 C. D. (95)3, Annex 8, illustrations 1–2.

定还可考虑,但是对于国际商事合同,没必要作出该规定。

讨论过程中也有专家支持增加该条款,主要理由有三点:(1)该规定弥补了《通则》的不足。其他一些国家采用了类似规则。(2)该规定有适用的情形。如果无法预见的情况发生,导致期望当事人继续履行合同是不合理的,应该允许当事人解除合同。(3)该规定对长期合同而言是非常重要的,仅在特殊情况下适用,并且条件严格限制。该规定要求终止方提出有说服力的理由证明继续履行不合理,所以能够限制其适用。[1]

三、因重大事由终止合同不宜作为解除长期合同的法定条件

在当事人的信赖基础丧失等情况下,因重大事由终止合同确实有利于当事人从长期合同关系中脱离出来。请求解除权人对重大事由的说明义务和通知义务也有助于防止当事人滥用权利。笔者认为,《通则》中不宜将其作为一个普遍适用的条款,如果确实有必要,长期合同当事人可在合同中约定类似条款,主要理由如下。

1. 该规则适用于特定类型的长期合同,但是不宜作为长期合同的普遍规则。从合同解除的法定条件看,基本可以分为两类:一类是一方当事人根本违约;[2]另一类是不可抗力、情势变更等导致的合同不能履行。王利明教

---

〔1〕 See UNIDROIT 2016 C. D. (95)15.

〔2〕 根本违约是《销售合同公约》采用的概念,《通则》使用的是“根本不履行”。《销售合同公约》第25条对根本违约进行定义:一方当事人违反合同的结果,若使另一方当事人蒙受损害,以致实际上剥夺了他根据合同规定有权期待得到的,即为根本违反合同,除非违反合同一方并不预知而且一个同等资格、通情达理的人处于相同情况中也没有理由预知会发生这种结果。《通则》第7.3.1条规定,(1)合同一方当事人可终止合同,若另一方当事人未履行其合同义务构成对合同的不履行。(2)在确定不履行义务是否构成根本不履行时,应特别考虑到以下情况:a. 不履行是否实质性地剥夺了受损害方当事人根据合同有权期待的利益,除非另一方当事人并未预见也不可能合理地预见到此结果;b. 对未履行义务的严格遵守是否为合同项下的实质内容;c. 不履行是有意所致还是疏忽所致;d. 不履行是否使受损害方当事人有理由相信,他不能信赖另一方当事人的未来履行;e. 若合同终止,不履行方当事人是否将因已准备或已履行而遭受不相称的损失。(3)在延迟履行的情况下,只要另一方当事人未在第7.1.5条允许的额外期限届满前履行合同,受损害方当事人亦可终止合同。

授认为,根本违约制度将违约后果与合同目的实现相结合,限定法定解除权的行使。[1] 在违约程度较为严重,构成根本违约的情况下,守约方才能主张解除合同,这是合同解除普遍适用的规则。德国最初适用因重大事由终止合同规则的领域是租赁、合伙、劳务合同,这些合同具有较强的身份属性。在身份关系较强的雇佣、合伙等合同中,信任对合同履行意义重大,信任关系丧失,导致合同无法继续履行。不过,并非所有长期合同均有此特点,如信任丧失对长期供应合同履行的影响较弱。长期合同的关系性与人身性有区别,长期合同的关系性更多体现在经济上,对共同经营项目正常经营的依赖,而不是对合同主体的依赖。因重大事由终止合同宜适用于合同双方存在高度信任关系的情况,不宜作为长期合同的普遍规则。因重大事由终止合同的规定过于概括,不宜适用于所有合同。

2. 该规则容易被滥用。由于信任丧失的标准具有主观性,如果将信任丧失作为解除合同的规则,极容易被滥用。在当事人处于不利地位时,其可能会诱使对方采取某种行为,从而主张信任关系丧失。法院缺乏足够能力识别当事人是否在利用该条款达到不良目的。

3. 该规则会与长期合同当事人维持合同关系的义务相冲突。长期合同当事人有合作义务,应通过合作解决履行中出现的履行困难。当事人应尽量避免采取使双方信任关系受损的行为,如与合同相对人的竞争对手合并。如果当事人可以信任丧失为由解除合同,当事人可能不再努力协商、妥协,以解决履行中出现的情况变化,甚至可能为达到解除目的,刻意制造解除条件,与当事人应承担的合作义务相矛盾。

4. 如果当事人确实无法继续合作,商事合同当事人可以采用其他法律手段实现解除合同的目的。例如,主张对方根本违约,导致合同目的无法实现,从而解除合同;或者主张情势变更,导致合同无法继续履行;存在高度信

---

〔1〕 参见王利明:《论根本违约与合同解除的关系》,载《中国法学》1995 年第 3 期。

任关系的长期合同当事人也可以约定解除条件，即出现某种情形时，当事人可解除合同；当事人还可以通过协商解除合同。

5.《通则》作为商事合同统一示范规则，不宜将其规定为普遍规则。《通则》采用的规则应尽可能使不同法系的当事人均能够接受。就目前来看，规定因重大事由终止合同的国家并不多，缺乏共识。德国关于合同的救济方式以实际履行为基本方式，增加终止合同的法定事由，可以使当事人不必被合同关系束缚。普通法系国家合同救济方式以损害赔偿为主，当事人可以赔偿损失方式脱离合同关系，增加该终止合同的法定事由意义并不太大。对于非金钱债务，《通则》第7.2.2条规定的实际履行受到限制，在履行不可能、负担过重、有合理替代方式等情况时，法院可以不判决实际履行，即当事人可以通过其他途径解决事实上无法继续履行问题。

第四节　不履行长期合同的救济途径——实际履行和赔偿损失

不履行长期合同的法律后果主要涉及采取何种救济方式、赔偿数额如何确定等。如果当事人能够轻易地摆脱合同义务，获得额外利益，会导致当事人更愿意违约，而不是克服履行障碍。如果无法从违约中获益，其可能更倾向于遵守合同的约定。

一、长期合同解除后损失难以计算

合同当事人如果不履行合同义务，应承担相应责任。守约方可以请求继续履行并可请求赔偿损失，守约方也可以仅主张损害赔偿。对于长期合同而言，所经营的项目具有特殊性，合同终止会导致债权人难以在市场上找到替代品，实际履行可使债权人实现合同目的，且免于计算损害赔偿数额，是一种理想的救济方式，但是长期合同面临巨大风险，常常导致双方无法继续履行,不得不采取损害赔偿的方式。长期合同的损害赔偿计算有较大难度:一是长期合同的价格经常是浮动的,数量也不确定,导致利润具有不确定性。二是长期合同履行时间长,收益受经济、科技、政治、市场变化影响较大,也难以确定。三是缺乏可以参照适用的计算标准。长期合同涉及的领域市场竞争并不充分,难以通过比较类似领域的利润确定损失金额。且经常涉及新的营业,无法将过往的业绩作为参照物。因此,确定长期合同的履行利益,是实践中的难点。

二、长期合同解除后救济规则和实践

(一)实际履行

关于不履行合同的违约责任是否以实际履行为主,各国有不同规定。根据《德国民法典》第 241 条第 1 款以及《法国民法典》的规定,债务人违约时,债权人有权要求债务人实际履行。[1]《共同框架》第 3 - 3:301 条、第 3 - 3:302条规定,无论是金钱债务还是非金钱债务均可要求实际履行。实际履行是第一位的责任,仅在实际履行不可能或者不合适时不予以适用。实际履行的优势是明显的:避免损害赔偿计算困难;债权人最大可能获得应得给付;强调债的约束力。[2]《通则》《原则》区分金钱债务与非金钱债务,对于金钱债务,债务人应当实际履行,而对于非金钱债务,债务人可以履行费用过高、有合理的替代履行方式等多种原因拒绝履行。[3] 这与英美法系国

---

〔1〕《德国民法典》第 241 条第 1 款规定,依据债的关系,债权人有权要求债务人履行债务。《法国民法典》第 1217 条规定,一方不履行合同或者履行瑕疵的场合,另一方可以选择:拒绝履行或者中止履行自身的债务;申请债务的强制履行;申请减价;要求解除合同;申请违约造成的损害赔偿金。上述救济手段在不冲突的前提下可以并用;损害赔偿金的请求总是可以附带提出。《法国民法典》第 1221 条规定,在催告债务人履约之后,债权人可以要求债务的强制履行,履行不能或者债务人履行成本与债权人可得利益之间严重不成比例的情况除外。

〔2〕参见欧洲民法典研究组、欧盟现行私法研究组编著:《欧洲私法的原则、定义与示范规则:欧洲示范民法典草案》(第 1、2、3 卷),高圣平等译,法律出版社 2014 年版,第 719 页。

〔3〕参见《通则》第 7.2.1 条、第 7.2.2 条;《原则》第 9:101 条、第 9:102 条。

家的违约救济方式有所区别，根据《商法典》第2－711条、《合同法重述二》第345条[1]的规定，损害赔偿是第一位的违约救济方式。《商法典》第2－716条第1款规定，实际履行适用于商品是特定的或者类似情况，[2]即在特殊情况下才会支持实际履行的请求。

(二)损害赔偿

各国对损害赔偿的分类有不同称谓，但是功能具有相似性。法国将损失分为直接损失和间接损失；德国将损失分为实际损失和可得利益；普通法系国家将损失分为返还利益、信赖利益和期待利益。[3] 还有国家将损失分为积极损失和消极损失。这里的间接损失、可得利益、期待利益、消极损失，虽然称谓不同，但均系对未来损失的赔偿。

1. 损失包括可得利益

损害赔偿的基本原则是弥补当事人的损失，法律并不鼓励守约方因对方违约而获益。损害赔偿包括可得利益(期待利益、消极损失、间接损失)，但是受可预见性限制。

《法国民法典》赔偿的范围包括可得利益，但是根据债务人违约是否有欺诈，决定可得利益是否受可预见性限制。根据《德国民法典》第249条、第252条的规定，损害赔偿应使守约方恢复至未发生违约时的情况，损害赔偿

[1] 《合同法重述二》第345条(可以适用的司法救济)规定，第344条中所规定的为保护受允诺人的利益而可以适用的司法救济包括以下判决或命令：(a)判决支付合同到期金额或判决损害赔偿金……

[2] 《商法典》第2－716条(买方取得实际履行或取回货物的权利)第1款规定：如果货物具有独特性，或有其他适当原因，法院可以判决实际履行。

[3] 参见姜作利：《〈国际商事合同通则〉法理思想研究——以国际商事合同统一化为背景》，山东大学2007年博士学位论文，第147～148页。

包括所失利益。[1] 根据《商法典》第 2－715 条、《合同法重述二》第 351 条的规定，损害赔偿受损失的可预见性限制。《合同法重述二》第 344 条[2]规定，期待利益是合同法所保护的核心利益之一。

《原则》《通则》《销售合同公约》《共同框架》都规定损害赔偿包括可得利益。[3]

2. 损失的确定性

损失的确定性是需要民法和民事诉讼法共同解决的问题。民法设定损失的条件，民事诉讼法解决证据的认定、证明标准问题。损失应该具有确定性，未来的损失亦同。损失的确定性问题包括损失存在的确定性和损失金额的确定性。未发生的损害虽然属于赔偿范围，但是证明其充分确定并不容易。实践中对未来损失金额确定性的要求，在不同程度上予以放宽。《通则》第 7.4.3 条评注 1 规定，损害的发生必须具有合理确定性。未来的损失应该能够充分确定。不过根据《通则》第 7.4.3 条第 3 款及评注 2 的规定，损害赔偿金额不能充分确定并不会导致没有任何赔偿，法院可以进行估算。

《共同框架》第 3－3：703 条注释 6 对不同国家关于损失确定性的法律规定和实践进行比较分析认为，许多国家如德国、法国、英国都对未来利润损失判决赔偿，这些损失并不都是确定的。《意大利民法典》第 1226 条规定，法官可在公平的基础上确定赔偿额。波兰法规定，损失应具有合理程度

---

〔1〕《法国民法典》第 1231－2 条规定：除了以下条文列举的例外情况，债权人获得的损害赔偿金包括其所受损失以及可得利益的减少。《法国民法典》第 1231－3 条规定：债务人仅就合同订立时所预见到的或者可以合理预见到的损失进行赔偿。债务人对违约行为具有严重过错或者欺诈故意的不受此限。《德国民法典》第 249 条第 1 款规定：损害赔偿义务人必须恢复假设没有发生引起赔偿义务的情况所会存在的状态。《德国民法典》第 252 条规定：待赔偿的损害也包括所失利益。按照事物的惯常运行或根据特别情势，特别是根据所作准备和所采取的预防措施，能够以极大的可能性期待得到的利益，视为所失利益。

〔2〕《合同法重述二》第 344 条（救济的目的）规定，合同法重述中规定的司法救济旨在保护受允诺人的以下一项或多项利益：(a)"期待利益"，即为如果合同被履行，则合同当事人本应享有的合同利益……

〔3〕参见《原则》第 9：501 条、第 9：502 条；《通则》第 7.4.2 条；《销售合同公约》第 74 条；《共同框架》第 3－3：702 条。

的确定性或者足够程度的可能性。[1] 欧盟国家的法律和实践表明,可得利益损失的"确定性"标准可以放宽。

《合同法重述二》第352条规定,超出证据所能证明的具有合理确定性的损失不能得到赔偿。[2] 该规定符合效率原则,避免一方获得意外之财,损害合同法的效率。其评注2指出,法院可以考虑违约的所有情况,包括是否故意,决定是否降低确定性的要求。这说明合理确定性的标准可以降低,确定损失主要是对事实进行审查。对于合理确定性的理解,美国司法实践存在分歧。有些案件,法院区分损害事实和损害数额的证明标准,对于损害事实,应有证据证明该事实具有合理确定性,但是对于损害数额,证明标准低于合理确定性,只要不是无依据的猜测就可能予以认定。法院通常认为守约方更值得同情,不会因为损失不易计量,而驳回其主张。[3]

美国有一个案例,基本案情是:美国电力公司与特科贝尔能源营销公司(以下简称特科贝尔公司)于2000年签订了为期20年的电力购销合同。美国电力公司专门为该合同的履行建立新的发电厂,花费约50亿美元。特科贝尔公司按照固定价格购买电力并以更高的价格销售给其他单位。双方未约定重新协商和调整价格条款。双方约定的违约责任条款是,违约方赔偿实际损失,但是不赔偿间接损失(consequential damages)。双方签订合同后,电力价格就开始下跌。2003年4月,特科贝尔公司预估如果履行完全部合同,其将亏损70亿美元。因此,特科贝尔公司借故主张美国电力公司先违约,提起诉讼。美国电力公司提出反诉主张期待利益损失,即合同金额与市场金额之间的差额。一审法院认定特科贝尔公司违约,但是认为美国电力

---

〔1〕 参见欧洲民法典研究组、欧盟现行私法研究组编著:《欧洲私法的原则、定义与示范规则:欧洲示范民法典草案》(第1、2、3卷),高圣平等译,法律出版社2014年版,第808~809页。

〔2〕《合同法重述二》第352条(赔偿范围的不确定性对赔偿的限制)规定:当损失的数额超出了证据所能证明的具有合理的确定性的范围时,超出这一范围的损失不能得到赔偿。

〔3〕 See Matthew Milikowsky, *A Not Intractable Problem: Reasonable Certainty, Tractebel, and the Problem of Damages for Anticipatory Breach of a Long-Term Contract in a Thin Market*, 108 Columbia Law Review 452 (2008), 466–471.

公司主张赔偿20年的利润损失不能获得支持。主要理由有:根据合同约定,间接损失不予支持,美国电力公司主张的损失更接近于间接损失;其主张的系新的营业损失,证据标准应更高;专家意见不能证明损失具有合理确定性。二审判决则推翻了一审判决,主要理由是:期待利益的合理确定性,主要是指损失存在的确定性,而不单指金额。从价值判断角度讲,如果认为长期合同的期待利益不具有合理确定性,不予支持,则会导致长期合同当事人更容易选择违约。违约方一般认为继续履行合同对其不利,因此选择违约,存在损失计算错误的风险,应该由违约方承担。因此,在存在违约事实的情况下,通常应认定非违约方有损失,对于损失的具体数额应采取"合理估测"[1]的标准。[2]

日本有一个案例,也体现了对可得利益"确定性"的宽松态度。该案原告主张被告违约导致其销售海产品的生意遭受损失。被告主张,原告主张的损失并不具备确定性。原告提供了其购货渠道、经营成本等证据。法院认为,营业额受营业规模、资金规模、经营能力、场所等影响,具有不确定性,可能有盈利也可能发生亏损,但是由于被告的违约,原告遭受损失确实存在。虽然表面上看,利润系推测得出的,但是可以接受,被告应提交相反证据,证明原告的主张不能成立。法院根据原告提供的专家意见对利润进行认定,并被日本最高法院维持。[3]

实践表明,对于可得利益确定性的要求并不十分严格。可得利益本质上具有不确定性,存在发生亏损的可能性。但是当事人签订合同是为了营利,违约方解除合同应该承担一定责任,即便损失计算不准确,也应由违约

---

〔1〕 合理估测的英文是"reasonable estimate",合理确定的英文是"reasonable certainty"。

〔2〕 See Matthew Milikowsky, *A Not Intractable Problem: Reasonable Certainty, Tractebel, and the Problem of Damages for Anticipatory Breach of a Long-Term Contract in a Thin Market*, 108 Columbia Law Review 452 (2008), 475-488.

〔3〕 See Tsuyoshi Kinoshita, *A Comparative Study of Reasonable Expectations and Lost Profits in American and Japanese Law*, 7 Law in Japan 71 (1974), 100.

方予以证明。如果对确定性要求过于严格，守约方无法证明自己的损失，将导致违约方获利，无法起到威慑违约行为的作用。

三、长期合同解除后救济的建议

关于不履行长期合同的救济途径问题，对于特殊的标的物，实际履行是有效率的，因为难以估测守约方的实际损失。对于长期合同而言，涉及的标的物通常并不容易在完全竞争市场上获得，实际履行也会避免损失难以计算的问题。因此，长期合同应尽量避免终止合同，维持合同关系。司法机构也应尽量裁决合同继续履行。

如果实际履行合同导致违约方遭受更大损失，超出守约方的期待利益，则不符合效率原则。例如，继续履行长期合同意味着对于一个饱和的市场继续进行投入，不如及时止损，将资金用于其他领域。在这种情况下，实际履行对社会福利是一种损失。[1] 如果继续履行会给一方造成比期待利益更大的损失，则应允许其通过赔偿期待利益损失而摆脱合同关系。对于长期合同，采取有限制的实际履行原则比较合理。

如果合同无法继续履行，应赔偿预期利益损失。在计算损失时，应采取对守约方有利的原则，放宽对损失数额确定性的要求。长期合同所涉行业竞争多不充分，难以找到适当的参照物确定损失，尤其对于新的行业，司法机构可能更倾向于认为守约方的损失不具备确定性，这种观点会严重损害守约方的利益，使违约方获得不当利益，影响当事人签订长期合同的愿望。故应对损失数额确定性采取较为宽松的认定标准，如果存在违约解除合同行为，通常可以认定守约方存在损失，因当事人签订合同是期待"正值交易"。具体损失数额达到合理估测程度即可，如果违约方不能推翻守约方主

〔1〕 See Matthew Milikowsky, *A Not Intractable Problem: Reasonable Certainty, Tractebel, and the Problem of Damages for Anticipatory Breach of a Long-Term Contract in a Thin Market*, 108 Columbia Law Review 452 (2008), 489 – 490.

张的损失数额,应承担赔偿责任。《通则》的规定及美国和日本的判例均表明法官对损害赔偿的金额是可以估算的,不必达到确定性的标准。

当然,当事人也可以在合同中约定违约赔偿损失的金额,以避免事后损失计算困难。各国国内法对违约金均有法律规范,各国规定存在区别。例如,英美法系国家不支持惩罚性违约金,违约金应是提前预估的损害赔偿金额;法国法规定法院可以依据当事人的申请调整违约金的数额,其金额与实际损失相近;德国民法允许法院对违约金进行调整,但是德国商法规定不得对当事人自行确定的违约金进行调整。总体来说,违约金与守约方的实际损失仍然密切相关,当事人约定的数额主要是为避免损失难以计算,而不是惩罚违约方。

总之,长期合同解除的违约责任应为违约行为设置警戒线,违约方不能从违约行为中获得额外利益,守约方的期待利益应受到保护。

综上,长期合同当事人应避免终止合同关系。只有在合同继续履行的情况下,当事人的投资才能收回。解除合同的规则应促使当事人尽量维持合同关系。长期合同当事人行使任意解除权应该考虑对方当事人的投资,使对方有转移投资的时间。对方没有违约行为时,对另一方的履行利益损失予以补偿。信任丧失不宜作为长期合同解除的法定事由,当事人可以自行在合同中约定解除合同条款以解决信任丧失问题。在项目不再具有竞争力、无法实际履行等情形下,当事人可以解除合同。解除长期合同系违约行为时,违约方应向守约方赔偿履行利益损失。对于具体数额,司法机构可以根据公平原则进行估算,违约方应承担估算错误的风险,避免其获得不当利益。

第六章
完善我国长期合同规则

原《合同法》没有对长期合同或者继续性合同进行定义，对长期合同的特殊性并未给予足够关注。《民法典》合同编增加了一些规定，有利于解决长期合同纠纷。例如，规定在情势变更情况下，当事人有重新协商义务；规定在有偿委托合同当事人行使任意解除权的情况下，赔偿的范围包括可得利益；增加对于以持续履行的债务为内容的不定期合同行使任意解除权时，在合理期限之前通知的义务。[1] 但是对长期合同存在的空白条款如何处理，当事人动态调整合同的必要性以及当事人的合作义

---

[1] 《民法典》第533条规定：合同成立后，合同的基础条件发生了当事人在订立合同时无法预见的、不属于商业风险的重大变化，继续履行合同对于当事人一方明显不公平的，受不利影响的当事人可以与对方重新协商；在合理期限内协商不成的，当事人可以请求人民法院或者仲裁机构变更或者解除合同。人民法院或者仲裁机构应当结合案件的实际情况，根据公平原则变更或者解除合同。第563条第2款规定：以持续履行的债务为内容的不定期合同，当事人可以随时解除合同，但是应当在合理期限之前通知对方。第933条规定：委托人或者受托人可以随时解除委托合同。因解除合同造成对方损失的，除不可归责于该当事人的事由外，无偿委托合同的解除方应当赔偿因解除时间不当造成的直接损失，有偿委托合同的解除方应当赔偿对方的直接损失和合同履行后可以获得的利益。

务、维持合同关系的重要性未给予足够关注。本章结合前述几章的分析，对我国长期合同规则的完善提出建议。

第一节 我国应否对长期合同进行规范的问题

一、对长期合同进行规范的必要性与可行性

笔者认为，我国有必要对长期合同进行规范，主要理由如下。

1. 长期合同是经济社会发展中的一种重要交易模式，其能够平衡稳定性与灵活性之间的关系，适应社会化大生产，促进投资。无论是国际交往还是国内生产，都离不开长期合同这种交易方式。长期合同规则有助于规范交易方式。我国法律虽然未使用长期合同的概念，但是对一些类型的长期合同单独立法，如劳动合同、保险合同、合伙企业合同。此外，《民法典》合同编中规定的建设工程、租赁、委托、保管等合同均可归属于长期合同。因此，制定长期合同规则具有实践意义。

2. 长期合同具有一定共性，需要特殊规则。长期合同履行中经常发生不可预见的情况，具有不确定性，法律如何进行规范，是实践中亟待解决的问题。长期合同条款具有开放性，当事人会约定发生履行障碍时有重新协商义务，有些合同约定任意解除权等，当事人期望对方予以合作。从关系性合同、不完全合同等理论的发展可以看出，合同法在不断发展，并最大限度地贴近社会现实。将当事人的合意固定在签订合同之时并不符合当事人的期望，将合同履行过程中产生的关系作为合同的内容是一种趋势。《民法典》合同编对于长期合同的解释、履行、当事人的合作义务等均未作明确规定。这样无名的长期合同（如合作合同）所产生的普遍性问题无相应适用规范。

3. 增加长期合同规则能够提高我国民法的国际认可度。长期合同特别适用于当事人存在投资等复杂关系的情况，我国正在大力推进“一带一路”

建设,并致力于提高在国际上的话语权,引领国际规则制定。国际交易中,签订长期合同是一种重要的交易方式,无论是建设工程施工,能源开采、供应和分销,还是特许经营的履行期均持续一定时间。如果我国能够加强对长期合同规则的研究,在司法实践中关注到长期合同的特殊性,制定长期合同规则,一方面,国际交易当事人将其作为准据法,能够体现国家软实力;另一方面,我国企业能够在经济交往中选择熟悉的规则作为准据法,增强抵御交易风险的能力。

二、对长期合同进行规范的方式

我国《民法典》合同编第 464 条对合同进行定义,[1] 确认合同系民事主体之间设立的协议。长期合同包括在定义范围之内,只是并未区分长期合同和一时合同。《民法典》合同编第 563 条第 2 款提到“以持续履行的债务为内容”的不定期合同,该类合同多指持续性给付或者重复给付的合同,如租赁合同,保管合同,供用电、水、气、热力合同等,尚不足以涵盖长期合同的特征。[2] 长期合同规则并非制定全新的规则。有些规则对原有规则的适用条件予以调整,以便使原规则适应新的情况。例如,对于长期合同开放性条款的效力和解释,系在原规则基础上放宽对合同确定性的要求,在解释中吸纳更多考量因素,以便更贴近当事人的预期。对于合同的调整,仍然适用情势变更、不可抗力制度,但是在适用条件上更适应长期合同的特征,更灵活处理合同严守原则与公平原则的平衡。合同的解除规则需要进一步完善,以适应长期合同的特点。确立当事人的合作义务,进一步规范重新协商义务,虽属于新的规则,但也是对民法已有规则的进一步解释。这些规则并不需要通过修改法律确立,可以通过司法解释的方式对长期合同予以规范。

---

[1] 《民法典》第 464 条第 1 款规定:合同是民事主体之间设立、变更、终止民事法律关系的协议。

[2] “以持续履行的债务为内容”的合同与继续性合同相近,本书第一章第二节对继续性合同与长期合同的区别进行了论述,此处不再赘述。

我国在制定长期合同司法解释时,可将长期合同界定为,以履行期长为基本特征,同时在一定程度上,具有复杂性和关系性特征的合同。德国非常注重法律的体系化,法律概念丰富而复杂,虽未在立法中界定继续性合同的概念,但是并不妨碍其制定关于该类合同的规则。长期合同的理论仍然有较大发展空间,长期合同的范围宜在司法实践中逐渐确定,避免限制其理论的发展。

我国合同法理论中有继续性合同的概念,大陆法系国家使用了继续性合同的概念,而且我国学者也对采纳继续性合同概念进行了呼吁,并做了深入的研究。不过,仍然应该看到长期合同概念的价值,其以最核心的特征(履行时间长)作为一类合同的名称,简洁明了。并且,长期合同履行时间长,能够派生出相应的典型问题,即长期合同具有不确定性,需要调整,以及动态维持关系。长期合同关注投资对合同履行的影响,是组织社会化生产的重要工具。长期合同在国际经济交往中普遍适用,《通则》也采用了这一概念。

司法解释可对长期合同的订立、履行、变更、权利义务终止等作出规定。长期合同有一定共性,可以适用统一的规则,如长期合同大多有开放性条款,当事人经常需要调整合同、重新协商并履行较高合作义务,尽量维持合同关系等均可适用统一规范。长期合同涉及不同类型,对典型的长期合同可以进行特殊规范,如连锁式特许经营合同对当事人合作的要求更高,可以进行特别规范。

第二节 规范长期合同开放性条款

一、我国《民法典》合同编关于长期合同开放性条款的相关规范

(一)我国《民法典》合同编对于合同条款确定性要求较高

我国原《合同法》及《民法典》合同编均未关注长期合同存在开放性条款

的特点，未对开放性条款的效力及漏洞填补规则进行规范。例如，我国《民法典》合同编规定“合同内容应具体明确”，根据原《合同法》司法解释的规定，认定合同成立时，数量应能够确定，[1]虽然该司法解释已经废止，但《全国法院贯彻实施民法典工作会议纪要》第6条仍然沿用了该规则。[2]《民法典》合同编第511条规定了对于质量、价款或者报酬、履行地点等内容，缔约各方未约定或约定不明确时的补充规则，但并未规定数量的确定方式。这一方面可能影响对长期合同成立的认定，另一方面难以对长期合同中的“按需供应”“按生产供应”条款的解释提供指引。当然，通过对《民法典》合同编进行体系解释也可以确定合同的数量，如当事人可以根据《民法典》合同编第510条规定达成补充协议，若达不成补充协议，可根据《民法典》合同编第142条解释确定，但该解释路径比较复杂。实践中，如果合同缺乏数量条款，仍然难以确认合同的约束力。例如，最高人民法院在一个案件中就认为，根据《合同法司法解释二》第1条第1款的规定，当事人对合同数量应该明确约定。案涉合同约定的标的物是“位于某采石场内的符合约定标准的片石”，双方对数量存在争议，导致合同内容无法确定，故合同不能成立。[3]

---

[1] 《民法典》第472条规定：“要约是希望与他人订立合同的意思表示，该意思表示应当符合下列条件：(一)内容具体确定……”《合同法司法解释二》(已废止)第1条规定：“当事人对合同是否成立存在争议，人民法院能够确定当事人名称或者姓名、标的和数量的，一般应当认定合同成立。但法律另有规定或者当事人另有约定的除外。对合同欠缺的前款规定以外的其他内容，当事人达不成协议的，人民法院依照合同法第六十一条、第六十二条、第一百二十五条等有关规定予以确定。”

[2] 《全国法院贯彻实施民法典工作会议纪要》第6条规定：“当事人对于合同是否成立发生争议，人民法院应当本着尊重合同自由，鼓励和促进交易的精神依法处理。能够确定当事人名称或者姓名、标的和数量的，人民法院一般应当认定合同成立，但法律另有规定或者当事人另有约定的除外。对合同欠缺的当事人名称或者姓名、标的和数量以外的其他内容，当事人达不成协议的，人民法院依照民法典第四百六十六条、第五百一十条、第五百一十一条等规定予以确定。”

[3] 西藏安达石材工艺雕刻有限公司诉中铁十二局集团铁路养护工程有限公司买卖合同纠纷案，最高人民法院(2014)民申字第488号民事裁定书。

又如,《中华人民共和国招标投标法》第 46 条[1]规定,中标后,招标人应与中标人按照招标文件和投标文件订立书面合同。实践中,存在当事人履行了招投标程序,招标人向中标人发出中标通知书后,双方未签订书面合同的情况。这种情况应否认定建设工程施工合同成立,有不同的观点。持不成立观点的理由之一是认为在未签订书面合同情况下,施工合同的诸多细节,如施工进度、付款时间等问题无法确定,根据原《合同法》规定的任意性条款无法确定合同的内容,故无法履行。这种认定与当事人成立合同的意愿相悖。

此外,长期合同的权利义务比较复杂,存在"尽最大努力""协商解决"等条款,或者在合同履行中逐渐确定当事人的权利义务,这均与合同内容明确具体的要求存在一定冲突。

(二)解释方法不足以填补长期合同的空白

《民法典》合同编提供的确定价格的补充规则并不足以解决长期合同的特殊问题。《民法典》合同编第 511 条第 2 项规定,[2]价款或者报酬约定不明,按照订立合同时履行地的市场价格履行。但在长期合同情形下,价格难以适用订立合同时的市场价格,一则由于产品的独特性,可能缺乏市场价格;二则由于履行期较长,订立合同时的价格并不能反映交易时的客观价格,也难以推定此为当事人意图采用的价格。例如,10 年期的出租合同约定了前 5 年的租金,并约定 5 年期满对租金重新协商确定,如果双方不能达成协议,按照订立合同时的价格确定并不合理,而宜按照第 6 年时的市场价格

[1] 《中华人民共和国招标投标法》第 46 条第 1 款规定:"招标人和中标人应当自中标通知书发出之日起三十日内,按照招标文件和中标人的投标文件订立书面合同。招标人和中标人不得再行订立背离合同实质性内容的其他协议。"

[2] 《民法典》第 511 条规定:"当事人就有关合同内容约定不明确,依据前条规定仍不能确定的,适用下列规定:……(二)价款或者报酬不明确的,按照订立合同时履行地的市场价格履行;依法应当执行政府定价或者政府指导价的,依照规定履行……"第 510 条规定:"合同生效后,当事人就质量、价款或者报酬、履行地点等内容没有约定或者约定不明确的,可以协议补充;不能达成补充协议的,按照合同相关条款或者交易习惯确定。"

确定。

长期合同当事人有时约定,合同价格由一方确定或者第三方确定,此时司法机构应有权对该价格进行合理性审查,否则无法限制当事人滥用权利。而我国合同解释规则中并未包括合理性原则。原《合同法》、《民法典》合同编均有按照合同的目的、(交易)习惯以及诚信原则确定条款的真实意思的规定。[1]《合同法司法解释二》第7条[2]对于交易习惯的解释较为严格,交易习惯包括当事人订立合同时就知道的做法,以及当事人双方经常适用的习惯做法,均是订立合同前就已经形成的习惯做法,并不包括合同履行行为。对于长期合同来说,存在多次交易,交易过程、履行行为能够反映合同内容。如果不将此作为合同内容,不能准确地反映实际交易内容。而诚信原则比较抽象,如何将其运用于对长期合同的解释,需要更明确的指引,如诚信原则可否用于规范长期合同当事人的机会主义行为。

二、规范长期合同开放性条款的建议

(一)应缓和对长期合同内容确定性的要求

在制定长期合同的司法解释时,应明确缺乏"数量"条款并不影响合同的成立,对当事人约定的开放性条款的效力予以认可。司法实践应充分考虑长期合同的特殊性,如果合同当事人具有成立合同的意思表示,即便合同

---

〔1〕原《合同法》第125条第1款规定:"当事人对合同条款的理解有争议的,应当按照合同所使用的词句、合同的有关条款、合同的目的、交易习惯以及诚实信用原则,确定该条款的真实意思。"《民法典》第142条第1款规定:"有相对人的意思表示的解释,应当按照所使用的词句,结合相关条款、行为的性质和目的、习惯以及诚信原则,确定意思表示的含义。"《民法典》第466条规定:"当事人对合同条款的理解有争议的,应当依据本法第一百四十二条第一款的规定,确定争议条款的含义。合同文本采用两种以上文字订立并约定具有同等效力的,对各文本使用的词句推定具有相同含义。各文本使用的词句不一致的,应当根据合同的相关条款、性质、目的以及诚信原则等予以解释。"

〔2〕《合同法司法解释二》第7条规定:"下列情形,不违反法律、行政法规强制性规定的,人民法院可以认定为合同法所称'交易习惯':(一)在交易行为当地或者某一领域、某一行业通常采用并为交易对方订立合同时所知道或者应当知道的做法;(二)当事人双方经常使用的习惯做法。对于交易习惯,由提出主张的一方当事人承担举证责任。"

条款不完全,需要事后协商确定,也不宜否定合同成立。合同缺漏条款可以通过合同解释予以确定。我国原《合同法》以买卖合同为典型合同进行规定,对很多长期合同来说,数量并不是必备条款。如特许经营合同,以持续时间约束当事人。对于长期供应合同,数量多是不确定的,通常根据产量或者需求灵活确定。因此,无须将数量条款作为必备条款;数量不能确定时,可依据补充解释来确定。[1]

除数量条款外,还应明确长期合同不以合同内容具体明确作为合同成立的条件,这样有助于避免当事人以此为由否定弹性条款,如"尽最大努力""诚信协商"等条款的拘束力。只要当事人有成立合同的明确意愿,就不宜以内容不确定为由否定合同效力。例如,当事人履行招投标程序后未签订合同的情形,应认定合同已经成立。因为经过招投标,当事人对于签订合同已经形成合意,至于合同条款的具体内容,双方可在履行过程中协商确定,司法或者仲裁机构也可以依据合同解释规则,根据交易习惯、诚信原则、合理性等填补合同缺漏。如果否定合同成立,不利于督促当事人协商并达成协议。[2]

(二)完善长期合同的解释规则

1.增加长期合同解释的考量因素

当事人明示的合同并不等于权利义务的全部内容。长期合同总是处于一定社会背景之中,且由于合同的不完全性、不确定性,合同内容在履行中逐渐确定,因此,交易惯例、商业往来、履行过程等对于确定当事人的权利义务有重要影响。即便当事人未将其作为明示条款,交易惯例等也经常构成合同内容。合同不仅受交易惯例、社会环境的影响,而且受当事人的履行行

---

〔1〕 2023年12月5日起施行的《合同编通则解释》第3条仍然将数量确定作为合同成立的一项内容。

〔2〕《合同编通则解释》第4条规定,中标通知到达中标人时合同即成立,当事人拒绝签订合同的,人民法院应当依据招标文件、投标文件和中标通知书等确定合同内容。其采纳了中标后合同即成立的观点,并对如何确定合同内容予以规范。

为影响。当事人经常通过履行行为确认或者修改合同文本,履行行为也能够成为确定双方合同的依据。当事人重复履行行为,能够使对方当事人产生合理预期。如果一方履行后,对方未提出异议,视为接受该履行行为,除非履行行为与合同的明示条款相悖。如果当事人约定合同价格由一方确定或者第三方确定,合理性原则有助于司法机构对不合理的价格予以调整。同时,如果当事人不能就合同价格协商一致,司法机构也能够确定合理价格。

司法解释应对开放性条款内容的解释方式予以规范,增加根据合理性原则、交易过程、当事人的履行行为予以解释的规定。除《民法典》合同编第142条第1款规定的考虑因素(所使用的词句、相关条款、行为的性质和目的、习惯以及诚信原则)外,长期合同的解释可以考虑合理性、交易过程、履行中的行为等因素确定当事人的权利义务。[1]

2. 对违反诚信原则和公平交易原则的行为予以规范

《民法典》规定了合同解释应遵循诚信原则、公平交易原则,但是具体指引应进一步明确,如司法解释应明确长期合同当事人的诚信行为包括不能利用合同的开放性条款,采取机会主义行为。当事人应基于双方共同利益履行合同,而不能仅为己方利益。长期合同当事人能够采取机会主义行为,多是因为一方投入专属投资,导致“套牢”在交易中,对有专属投资的合同,可以适用有利于投资者的解释方法。如果长期合同当事人对合同关系有专属投资并通知另一方,另一方履行合同应照顾到投资者利益、避免使投资者受损。例如,在按需求供应或者按供应购买的长期供应合同中,如果一方当事人知道对方当事人为履行长期供应合同进行了专属投资,则对供应数量或者需求数量有决定权的一方不应过分偏离投资一方的预期。因此,长期合同当事人的诚信行为包括应该顾及投入专属投资一方的预期。

[1] 《合同编通则解释》第1条规定,对于合同争议条款的解释,应参考“缔约背景、磋商过程、履行行为”等。其丰富了合同解释的规则,采纳了将履行行为作为合同解释的参考因素的观点。

第三节　规范长期合同调整规则

我国法律对当事人协商一致变更合同并无限制性规定，根据《民法典》合同编第543条的规定，[1]当事人可以通过自行协商对合同进行变更。除此之外，《民法典》合同编规定了情势变更、不可抗力制度。《民法典》合同编对于在何种情况下可以变更合同的规定对当事人能否达成变更协议有重要影响。严格的合同变更规则将使当事人难以自行协商变更合同。

一、我国关于合同调整的规定和实践

我国原《合同法》系1999年颁布，并未对情势变更作出规定，而情势变更制度具有其他制度所不能替代的作用。基于司法实践的需要，《合同法司法解释二》第26条对该制度作出规定。[2] 不过，情势变更的适用程序有特殊规定，最高人民法院曾在2009年下发通知，要求慎重适用，确需在个案中适用情势变更，应当履行报请审核程序。[3] 该规定体现了法院对适用情势变更制度的慎重态度。而且《合同法司法解释二》第26条没有规定变更和解除的顺序。

---

〔1〕《民法典》第543条规定："当事人协商一致，可以变更合同。"

〔2〕《合同法司法解释二》第26条规定："合同成立以后客观情况发生了当事人在订立合同时无法预见的、非不可抗力造成的不属于商业风险的重大变化，继续履行合同对于一方当事人明显不公平或者不能实现合同目的，当事人请求人民法院变更或者解除合同的，人民法院应当根据公平原则，并结合案件的实际情况确定是否变更或者解除。"

〔3〕《最高人民法院关于正确适用〈中华人民共和国合同法〉若干问题的解释（二）服务党和国家的工作大局的通知》（法〔2009〕165号）第2条第2段规定，对于上述解释条文（第26条），各级人民法院务必正确理解、慎重适用。如果根据案件的特殊情况，确需在个案中适用的，应当由高级人民法院审核。必要时应报请最高人民法院审核。

《民法典》合同编第533条[1]规定了情势变更制度，对《合同法司法解释二》第26条的规定予以完善，增加了当事人可以重新协商的规定，并将"重大变化"明确为"无法预见、不属于商业风险"，除向法院提出申请外，当事人亦可以向仲裁机构提出变更或者解除申请。

2019年年底暴发新冠疫情后，最高人民法院出台一系列指导意见。其中，《最高人民法院关于依法妥善审理涉新冠肺炎疫情民事案件若干问题的指导意见（一）》提出了对于涉新冠疫情纠纷应"积极引导当事人协商和解、共担风险、共渡难关"的纠纷处理原则。对于因疫情或者疫情防控措施导致的合同履行困难，继续履行对一方当事人明显不公平的，可以根据当事人的请求对合同予以变更，只有在合同目的不能实现的情况下，才支持解除合同。[2] 该规定确立了尽量采取变更合同方式的纠纷解决方案。

---

[1] 《民法典》第533条规定："合同成立后，合同的基础条件发生了当事人在订立合同时无法预见的、不属于商业风险的重大变化，继续履行合同对于当事人一方明显不公平的，受不利影响的当事人可以与对方重新协商；在合理期限内协商不成的，当事人可以请求人民法院或者仲裁机构变更或者解除合同。人民法院或者仲裁机构应当结合案件的实际情况，根据公平原则变更或者解除合同。"

[2] 《最高人民法院关于依法妥善审理涉新冠肺炎疫情民事案件若干问题的指导意见（一）》第3条规定："……（一）疫情或者疫情防控措施直接导致合同不能履行的，依法适用不可抗力的规定，根据疫情或者疫情防控措施的影响程度部分或者全部免除责任……（二）疫情或者疫情防控措施仅导致合同履行困难的，当事人可以重新协商；能够继续履行的，人民法院应当切实加强调解工作，积极引导当事人继续履行。当事人以合同履行困难为由请求解除合同的，人民法院不予支持。继续履行合同对于一方当事人明显不公平，其请求变更合同履行期限、履行方式、价款数额等的，人民法院应当结合案件实际情况决定是否予以支持。合同依法变更后，当事人仍然主张部分或者全部免除责任的，人民法院不予支持。因疫情或者疫情防控措施导致合同目的不能实现，当事人请求解除合同的，人民法院应予支持……"《最高人民法院关于依法妥善审理涉新冠肺炎疫情民事案件若干问题的指导意见（二）》第6条第2款规定："承租非国有房屋用于经营，疫情或者疫情防控措施导致承租人没有营业收入或者营业收入明显减少，继续按照原租赁合同支付租金对其明显不公平，承租人请求减免租金、延长租期或者延期支付租金的，人民法院可以引导当事人参照有关租金减免的政策进行调解；调解不成的，应当结合案件的实际情况，根据公平原则变更合同。"《最高人民法院关于依法妥善审理涉新冠肺炎疫情民事案件若干问题的指导意见（二）》第7条第2款规定："疫情或者疫情防控措施导致人工、建材等成本大幅上涨，或者使承包方遭受人工费、设备租赁费等损失，继续履行合同对承包方明显不公平，承包方请求调整价款的，人民法院应当结合案件的实际情况，根据公平原则进行调整。"这些规定都体现了尽量维持合同关系的纠纷解决方案。

司法实践中,严格遵循合同严守原则,适用情势变更制度比较慎重。例如,在一起建设工程施工合同案件中,发包方与承包方签订的施工合同约定,施工期间不进行价格调整。工程施工期间,建材价格上涨,省政府部门下发文件要求有关单位对主要材料涨价幅度大于5%的实施补贴。一审法院认为,建材价格在一定幅度内的合理波动为正常的交易风险,建材大幅上涨,则属于合同基础发生根本性变化,超出当事人预测范围,产生显失公平的后果,故应适用情势变更制度。二审法院则认为,承包方因材料价格上涨导致的差价损失幅度,尚难达到情势变更制度所要消除的当事人之间权利义务显失平衡的严重程度,不能适用情势变更制度。[1] 二审判决体现了实践中慎重适用情势变更制度的裁判理念。如果当事人未约定调整合同的条件,更倾向于遵循合同严守原则。相较于情势变更,不可抗力的适用条件更为严格。[2] 另外,法院一般不会主动对合同进行变更。即便法院认定构成情势变更或者不可抗力,也通常是免除债务人的履行义务,而不是对合同进行变更。

二、关于长期合同调整规则的建议

(一)在适用情势变更时考虑长期合同的特殊性

情势变更制度严格的适用条件不利于司法机构对长期合同进行调整。在长期合同的情形下,可以适当放宽适用情势变更的严格条件。严格的变更条件虽然可以促使当事人自行对合同调整作出约定,如约定艰难情势条款,但是如果长期合同大多情况下需要根据履行情况进行调整,那么采取一种较为宽松的态度更符合商业实践,也有利于促使当事人自行协商达成协

---

〔1〕 中铁十八局集团第二工程有限公司诉武汉绕城公路建设指挥部建设工程施工合同纠纷案,最高人民法院(2007)民一终字第81号民事判决书。

〔2〕 原《合同法》第117条第2款规定:“本法所称不可抗力,是指不能预见、不能避免并不能克服的客观情况。”

议。具体理由在前面章节中已经进行阐述。重要的是更新理念，对于长期合同，合同严守原则是对关系的严守，而不是对合同文本的严守。长期合同当事人合作关系较为突出，在双方未对风险进行明确分配的情况下，风险共担更符合当事人的预期，所以对于合同履行中出现的新情况，当事人应协商变更合同，使双方均能够实现合同预期。

长期合同看重的是稳定的关系，利润率通常并不高，情况变化造成的损失可能会直接导致一方当事人破产。长期合同当事人期望在合同履行期间保持权利义务平衡，故在适用情势变更制度时，认定当事人权利义务失衡的标准应降低。

此外，长期合同不仅影响合同当事人，还影响消费者及公共利益。公益事业，如电力供应需要长期的能源供应合同支持。如果在履行中不能保证当事人权利义务的均衡，一方承担巨大损失，将使其破产并退出经营，进而影响消费者的利益以及公共利益。[1]

（二）建议规定变更系第一位的救济方式

长期合同履行中经常发生意外事件，按原合同履行或者免除债务人的履行义务均不适当，修改合同可以缓和合同不变与解除合同之间的冲突，促使当事人自行达成变更协议，维持合同关系。最高人民法院在新冠疫情期间出台的一系列指导意见，均鼓励当事人通过变更合同继续履行合同，表明尽量变更合同的理念。建议该理念贯彻到长期合同的救济方式中，将合同

[1] 《合同编通则解释》第32条第1款规定，因政策调整或者市场供求关系异常变动等原因导致价格发生当事人在订立合同时无法预见的、不属于商业风险的涨跌，继续履行合同对于当事人一方明显不公平的，可以认定发生了情势变更，价格波动较大的大宗商品以及风险投资型金融产品除外。该规定明确了价格发生异常波动也可能适用情势变更，采纳了价格波动不应一律视为商业风险的观点。

变更作为首选的救济方式。[1]

第四节 确立长期合同当事人的合作义务并规范重新协商义务

一、确立长期合同当事人的合作义务的建议

(一)我国《民法典》合同编关于协助义务的规定

我国《民法典》合同编第509条第2款[2]规定,当事人应履行通知、协助、保密等辅助义务。另外,在"典型合同"分编部分,如承揽合同和建设工程合同中规定了协助义务。但《民法典》合同编第509条第2款规定的协助义务与长期合同的合作义务仍有不同,该协助义务是附随义务,系合同未作约定但依照诚信原则应当履行的义务。根据立法机关的解读,附随义务并不限于条文所列举的通知、协助、保密义务,可以根据合同的性质、目的和交易习惯确定其他附随义务,[3]但是即便将合作义务作为附随义务,也不足以保护长期合同当事人的利益。因为违反附随义务的法律后果与违反主合同义务的法律后果并不相同,通常认为,一方当事人违反附随义务,另一方当事人并不能因此行使合同解除权,也不足以抗辩主合同义务。

(二)应确立合作义务为主合同义务

合作义务作为附随义务并不足以规范长期合同当事人的行为。对于长期合同而言,合作义务应作为合同主义务。合作贯穿于长期合同的整个履行过程中,降低当事人自利的倾向,促使其为合同当事人的共同利益而履

---

[1] 《合同编通则解释》第32条第2款规定,发生情势变更,如果当事人请求变更合同,法院不能解除合同;如果一方请求变更,另一方请求解除,则法院应当结合案件的实际情况,根据公平原则判决变更或者解除合同。该规定充分尊重了当事人变更合同的意愿。如果当事人对于是否变更合同存在分歧,则法院应根据公平原则作出决定。

[2] 《民法典》第509条第2款规定:"当事人应当遵循诚信原则,根据合同的性质、目的和交易习惯履行通知、协助、保密等义务。"

[3] 参见黄薇主编:《中华人民共和国民法典释义》(中册),法律出版社2020年版,第974页。

行。现代社会关系重协作,长期合同关系复杂,如果当事人未对具体履行行为和履行顺序进行约定,当事人应通过合作方式填补合同漏洞,而不是在损害对方利益基础上获取单方利益。当事人采取的行为应使个人利益与共同体利益均获得提升。合作义务不仅要求当事人对未来的履行合作,而且要求当事人对谈判阶段未预见的风险进行合作,在发生当事人未能预见的情势导致当事人权利义务失衡时,通过协商予以解决。因此,合作义务是长期合同得以履行的重要义务。违反合作义务构成对合同主要义务的违反。例如,承揽合同和建设工程合同规定的协助义务,即属于合同主要义务。[1] 在应履行协助义务的当事人不履行协助义务,导致另一方当事人无法履行义务的情况下,另一方当事人可以顺延履行期限,直至解除合同。《通则》《原则》《共同框架》均规定了合作义务,说明合作义务作为主合同义务,符合现代合同法理论发展及经济发展趋势。

虽然根据诚信原则,可以认定当事人有合作义务,但是如果不在长期合同规则中予以明确,则需在处理每个案件时对诚信原则进行解释。当事人是否有合作义务及其法律后果,依赖裁判者的价值观念、诚信理念,案件的处理存在不确定性,容易出现裁判结果不统一的情况。

我国在出台司法解释时有必要规定长期合同当事人的合作义务,同时对该义务的内容予以界定。应当明确,合作义务并不改变合同中约定的权利义务分配,其是当事人在履行各自义务时可以合理期待对方给予的配合。对于权利义务复杂的长期合同,可以规定更高的合作义务。对于当事人违

---

〔1〕《民法典》第 778 条规定:“承揽工作需要定作人协助的,定作人有协助的义务。定作人不履行协助义务致使承揽工作不能完成的,承揽人可以催告定作人在合理期限内履行义务,并可以顺延履行期限;定作人逾期不履行的,承揽人可以解除合同。”第 797 条规定:“发包人在不妨碍承包人正常作业的情况下,可以随时对作业进度、质量进行检查。”第 798 条规定:“隐蔽工程在隐蔽以前,承包人应当通知发包人检查。发包人没有及时检查的,承包人可以顺延工程日期,并有权请求赔偿停工、窝工等损失。”第 799 条第 1 款规定:“建设工程竣工后,发包人应当根据施工图纸及说明书、国家颁发的施工验收规范和质量检验标准及时进行验收。验收合格的,发包人应当按照约定支付价款,并接收该建设工程。”

反合作义务的法律后果予以明确,应与违反主合同义务的法律后果一致,因对方违反合作义务而遭受损害的当事人可以请求赔偿损失、解除合同等。

二、规范重新协商义务的建议

(一)关于重新协商义务的规定和实践

我国原《合同法》未对合同履行过程中当事人的协商义务进行界定。根据原《合同法》第 42 条的规定,如果订立合同过程中有恶意磋商,违反诚信原则的行为应承担损害赔偿责任。[1] 原《合同法》第 117 条关于不可抗力的规定及《合同法司法解释二》第 26 条关于情势变更的规定,均未明确当事人有重新协商义务。学者认为,《合同法司法解释二》第 26 条规定,在发生情势变更时,当事人可以请求人民法院变更或者解除合同,在解释上,应认为当事人有重新协商义务。[2] 《民法典》合同编第 533 条规定,发生情势变更时,受不利影响的当事人可以与对方当事人重新协商,但是未对长期合同当事人如何履行该义务,以及不履行法定或约定的协商义务的法律后果进行规范。

实践中,对协商义务不予规范会导致类似条款无法履行。例如,在一起合作合同案件中,在清算双方关系时,一方当事人承诺给予对方“适当补偿”,但是由于双方发生纠纷无法对适当补偿的数额达成一致,当事人提起诉讼。法院无法根据上述条款作出判决,仅能认定双方应另行协商。[3] 由于法律对于当事人协商的方式、不予协商的后果等均未予以规范,法院难以对不履行协商义务提供救济,可能导致当事人约定的协商条款形同虚设。

---

[1] 原《合同法》第 42 条规定:“当事人在订立合同过程中有下列情形之一,给对方造成损失的,应当承担损害赔偿责任:(一)假借订立合同,恶意进行磋商;(二)故意隐瞒与订立合同有关的重要事实或者提供虚假情况;(三)有其他违背诚实信用原则的行为。”

[2] 参见王闯:《当前人民法院审理商事合同案件适用法律若干问题》,载《法律适用》2009 年第 9 期。

[3] 青岛华丽房地产有限公司与山东省总工会、青岛工人疗养院国有建设用地使用权转让合同纠纷案,最高人民法院(2013)民一终字第 47 号民事判决书。

规定当事人应该诚信协商,否则承担赔偿责任,以及如果当事人协商不成,法院可以确定合理的数额,将有利于督促当事人履行合同义务。

(二)规范重新协商义务

司法解释有必要对当事人履行重新协商义务的行为标准及未履行该义务的法律后果予以规范,即要求当事人应该诚信协商,并明确诚信协商义务的具体内容及违反的法律后果。

首先,长期合同当事人经常约定重新协商条款,对于该条款的效力,不履行的后果均应予以规范,为当事人提供指引。否则,当事人难以尽力协商。即便当事人未约定重新协商条款,长期合同出现漏洞、发生新情况时,当事人也应予以协商。《民法典》合同编第 510 条规定,当事人就质量、价款或者报酬、履行地点等约定不明确的,当事人可以协议补充。[1] 如果对当事人协商义务不予规范,当长期合同当事人难以协商一致时,法律既不能提供足够的规范以填补长期合同漏洞,也不能追究当事人不履行协商义务的责任。

其次,重新协商义务源于诚信原则,大多国家规定在谈判中应遵循诚实信用原则。《民法典》合同编第 500 条规定,订立合同过程中应遵循诚实信用原则,不应进行恶意磋商,故意隐瞒重要事实、提供虚假情况等。[2] 合同履行过程中与订立合同过程中的协商问题具有相似性,将诚信协商义务延伸至合同履行过程中,并不会加重当事人的负担。

关于诚信协商义务的具体内容及违反的法律后果,可以参照《通则》的规定。当事人并无达成协议的结果义务,但当事人在协商过程中应相互配

〔1〕《民法典》第 510 条规定:“合同生效后,当事人就质量、价款或者报酬、履行地点等内容没有约定或者约定不明确的,可以协议补充;不能达成补充协议的,按照合同相关条款或者交易习惯确定。”

〔2〕《民法典》第 500 条规定:“当事人在订立合同过程中有下列情形之一,造成对方损失的,应当承担赔偿责任:(一)假借订立合同,恶意进行磋商;(二)故意隐瞒与订立合同有关的重要事实或者提供虚假情况;(三)有其他违背诚信原则的行为。”

合,有达成协议的目的。当事人不能利用协商程序给另一方造成损失,或者利用另一方的不利地位损害其利益。当事人未达成协议系因一方有恶意行为时,应认定其违反了诚信协商义务,承担损害赔偿责任。在当事人约定了重新协商条款情形下,一方不履行重新协商的约定,法院可以指示当事人履行协商义务,在给对方造成损失时,应承担损害赔偿责任。在计算损害赔偿数额时,应考虑如果达成协议可能获得的利益。当事人如果协商不成,司法机构可以介入,主动进行调整,如果无法调整,可以解除合同。

第五节　完善长期合同解除及救济规则

一、关于长期合同解除及救济规则的相关规定和实践

(一)关于任意解除权问题

我国原《合同法》总则未对长期合同或者继续性合同解除进行特殊规范;分则中有部分特殊规定。原《合同法》第 232 条规定不定期租赁合同出租人行使解除权,第 391 条规定不定期仓储合同当事人行使解除权,均应给当事人合理的准备时间,[1]但是未要求当事人说明具备正当理由。原《合同法》第 268 条规定定作人有任意解除权,第 410 条规定委托合同的委托人可以随时解除合同,[2]但未对时间和理由进行限制。《民法典》合同编规定不定期合同的任意解除应在合理时间之前予以通知。[3] 根据立法机构的解

---

[1] 原《合同法》第 232 条规定:"当事人对租赁期限没有约定或者约定不明确,依照本法第六十一条的规定仍不能确定的,视为不定期租赁。当事人可以随时解除合同,但出租人解除合同应当在合理期限之前通知承租人。"第 391 条规定:"当事人对储存期间没有约定或者约定不明确的,存货人或者仓单持有人可以随时提取仓储物,保管人也可以随时要求存货人或者仓单持有人提取仓储物,但应当给予必要的准备时间。"

[2] 原《合同法》第 268 条规定:"定作人可以随时解除承揽合同,造成承揽人损失的,应当赔偿损失。"第 410 条规定:"委托人或者受托人可以随时解除委托合同。因解除合同给对方造成损失的,除不可归责于该当事人的事由以外,应当赔偿损失。"

[3] 《民法典》第 563 条第 2 款规定:"以持续履行的债务为内容的不定期合同,当事人可以随时解除合同,但是应当在合理期限之前通知对方。"

释,合理期间的确定可以考虑当事人之间合作和合同关系已经持续时间的长短,另一方当事人为履行合同所付出的努力和投资,寻找新的合同对方所可能需要的时间,双方履行之间的时间间隔等。[1] 该规定有利于保护投资及合作关系。

《民法典》合同编第 730 条规定的出租人行使解除权,第 914 条规定的不定期仓储合同当事人行使解除权,均沿袭了原《合同法》的规定。《民法典》合同编第 787 条规定的定作人有任意解除权,第 933 条规定的委托合同的委托人可以随时解除合同,[2] 亦沿袭了原《合同法》的规定,未对行使解除权的时间和理由进行限制,但是对有偿委托合同行使任意解除权的赔偿责任进行了修改。

对于原《合同法》规定的委托合同的任意解除问题,我国很多学者进行了讨论,认为应该予以限制。如崔建远教授认为,应对任意解除委托合同予以限缩,不适用于等价的委托合同。否则,受托人的投入会遭受损失,显失公平。[3] 还有观点认为,应区分民事委托合同与商事委托合同。商事委托更为复杂,受托人投入了知识、技能、劳务等,当事人之间的利益冲突明显,为防止滥用,应限制任意解除权的适用。如果商事委托合同委托方可以任意解除合同,受托方将在合同价格中将该潜在损失考虑进去,使交易成本增加,造成低效率。[4] 商事合同多为有偿合同,上述观点均认为在受托方对履行委托事务予以投入的情况下,委托方不能任意解除合同。但《民法典》合同编并未对委托合同的当事人行使任意解除权进行限制,而是通过完善赔

〔1〕 参见黄薇主编:《中华人民共和国民法典释义》(中册),法律出版社 2020 年版,第 1083 页。

〔2〕 《民法典》第 787 条规定:"定作人在承揽人完成工作前可以随时解除合同,造成承揽人损失的,应当赔偿损失。"第 933 条规定:"委托人或者受托人可以随时解除委托合同。因解除合同造成对方损失的,除不可归责于该当事人的事由外,无偿委托合同的解除方应当赔偿因解除时间不当造成的直接损失,有偿委托合同的解除方应当赔偿对方的直接损失和合同履行后可以获得的利益。"

〔3〕 参见崔建远:《合同解除的疑问与释答》,载《法学》2005 年第 9 期。

〔4〕 参见余珺:《商事委托合同任意解除权的思考》,载《成都信息工程学院学报》2008 年第 3 期。

偿范围,促使当事人慎重行使任意解除权。

《民法典》合同编未对特许经营合同进行规定。国务院颁布的《商业特许经营管理条例》第12条[1]规定,被特许人可以单方解除合同,但未对特许人单方解除合同进行规定。其第13条[2]对特许经营期限作了规定,虽然原则上不少于3年,但是该规定不属于强制性规定,特许经营期限由双方协商确定,可以少于3年。如果特许人比较强势,被特许人同意一年一签合同,则被特许人可能面临无法获得续约,从而无法收回投资的情况。

关于行使任意解除权的损害赔偿问题,原《合同法》第410条[3]未规定委托人行使任意解除权应承担的损害赔偿范围。实践中,法院会依据原《合同法》第410条规定,认定委托人有权单方解除合同,对未履行部分的可得利益不予支持。如在一起案件中,二审判决认为,委托人根据原《合同法》第410条的规定行使解除权应承担的责任与违约责任不同,因此仅支持了受托人的直接损失,而未支持可得利益损失。[4] 该结果导致受托人投入的大量资金无法获得预期利益,不能弥补受托人的全部损失。《民法典》合同编对原《合同法》规定的行使任意解除权的赔偿范围作了修改完善,区分无偿委托合同与有偿委托合同,有偿委托合同的解除方应当赔偿对方的直接损失和合同履行后可以获得的利益。该规定在一定程度上能够防止当事人行使

---

[1] 《商业特许经营管理条例》第12条规定:“特许人和被特许人应当在特许经营合同中约定,被特许人在特许经营合同订立后一定期限内,可以单方解除合同。”

[2] 《商业特许经营管理条例》第13条规定:“特许经营合同约定的特许经营期限应当不少于3年。但是,被特许人同意的除外。特许人和被特许人续签特许经营合同的,不适用前款规定。”

[3] 原《合同法》第410条规定:“委托人或者受托人可以随时解除委托合同。因解除合同给对方造成损失的,除不可归责于该当事人的事由以外,应当赔偿损失。”

[4] 上海盘起贸易公司诉盘起工业(大连)有限公司委托合同纠纷案,最高人民法院(2005)民二终字第143号民事判决书。

任意解除权。[1]

(二)关于非金钱债务因不能继续履行解除的规定

《民法典》合同编第580条第2款[2]规定,非金钱债务不能继续履行,致使不能实现合同目的,当事人可以请求人民法院或者仲裁机构终止合同,这属于新增规定。根据立法机关的释义,该规定适用于因存在不能继续履行的情形(法律上或者事实上不能履行;债务的标的不适于强制履行或者履行费用过高;债权人在合理期限内未请求履行),合同目的不能实现,一方当事人提出请求的情况。该规定在违约责任章节,并且当事人需要请求司法机关作出裁判,与当事人可以行使解除权的情况不同。违约方虽然可以请求终止合同权利义务,但是并不能免除其承担除继续履行之外的其他违约责任,如赔偿损失。人民法院或者仲裁机构应该结合案件的实际情况根据公平原则决定终止合同的权利义务关系,可以考虑债务人是否恶意违约、不能继续履行的原因、债务人是否因合同不终止而遭受了严重损失、债权人是否能够以成本较低的方式获得替代履行、债权人拒绝解除合同是否为获得不相当的利益而违反诚信原则、合同不终止是否会导致双方的权利义务或者利益关系明显失衡等因素。该制度能够使当事人重新获得交易自由,提高整体经济效益,[3]也有利于解决合同僵局。

(三)关于可得利益的损害赔偿问题

根据原《合同法》第97条、第113条的规定,合同解除后当事人可以要

---

〔1〕《民法典》第933条规定:"委托人或者受托人可以随时解除委托合同。因解除合同造成对方损失的,除不可归责于该当事人的事由外,无偿委托合同的解除方应当赔偿因解除时间不当造成的直接损失,有偿委托合同的解除方应当赔偿对方的直接损失和合同履行后可以获得的利益。"

〔2〕《民法典》第580条规定:"当事人一方不履行非金钱债务或者履行非金钱债务不符合约定的,对方可以请求履行,但是有下列情形之一的除外:(一)法律上或者事实上不能履行;(二)债务的标的不适于强制履行或者履行费用过高;(三)债权人在合理期限内未请求履行。有前款规定的除外情形之一,致使不能实现合同目的的,人民法院或者仲裁机构可以根据当事人的请求终止合同权利义务关系,但是不影响违约责任的承担。"

〔3〕参见黄薇主编:《中华人民共和国民法典释义》(中册),法律出版社2020年版,第1118、1119页。

求赔偿损失，损失包括可得利益，但是受可预见性的限制。[1] 关于可得利益的认定问题，最高人民法院于 2009 年颁布过指导意见，[2] 从可得利益的类型、计算方式、举证责任等方面，对认定可得利益进行规范。实践中，对于可得利益损失的确定性要求过高，难以保护长期合同守约方利益。原《合同法》并未规定损失的计算应具有确定性。但司法实践中，法院经常驳回当事人关于可得利益的诉讼请求。有学者对“中国司法案例数据库”收录的截至 2013 年 2 月的可得利益案件进行统计，最高人民法院审理的 25 件案件中，支持可得利益的仅 1 件，各省高级人民法院支持率仅为 6.5%。法院不支持可得利益的一项理由是该利益损失不能确定。[3] 在一起案件中，法院认为：“人民法院在审查可得利益损失时要求必须是确定的、必然发生的损失，而且还应除去市场经营风险可能导致的亏损部分。”[4] 不过，司法实践也认识到可得利益损失客观存在，法院对损失进行裁量的案件逐渐增多。长期合同当事人的投资往往较大，如果违约解除合同方不能弥补守约方的损失，将导致长期交易的投资不足。

二、对我国长期合同解除及救济规则的建议

长期合同应尽量维持合同关系。从《通则》的修订来看，解除应作为最后的救济手段，当事人可以变更合同，仅在无法继续履行情况下，才予以解除。慎用解除的救济方式、限制任意解除权的行使，能够起到维护长期合同

---

〔1〕 原《合同法》第 97 条规定：“合同解除后，尚未履行的，终止履行；已经履行的，根据履行情况和合同性质，当事人可以要求恢复原状、采取其他补救措施，并有权要求赔偿损失。”第 113 条第 1 款规定：“当事人一方不履行合同义务或者履行合同义务不符合约定，给对方造成损失的，损失赔偿额应当相当于因违约所造成的损失，包括合同履行后可以获得的利益，但不得超过违反合同一方订立合同时预见到或者应当预见到的因违反合同可能造成的损失。”

〔2〕 《最高人民法院关于当前形势下审理民商事合同纠纷案件若干问题的指导意见》第 9～11 条。

〔3〕 参见刘承韪：《违约可得利益损失的确定规则》，载《法学研究》2013 年第 2 期。

〔4〕 大兴安岭方正木业有限公司诉大兴安岭呼中林业局合同纠纷案，最高人民法院(2016)最高法民申第 2513 号民事判决书。

关系的作用。另外,规范可得利益确定性的标准,使违约方不因解除合同获得额外利益,亦有助于维持合同关系。

(一)对行使任意解除权进行规范

对于长期商事委托合同,长期合同司法解释有必要规定,如果受托人进行了投入,委托人行使任意解除权应有正当的理由或者在合理的时间内通知。该限制并非不准许委托人解除合同,而是在委托人行使解除权缺乏正当理由或者未在合理时间之前予以通知时,承担相应损害赔偿责任,包括对受托人可得利益的赔偿。

对于连锁式特许经营合同,如果当事人约定特许人可以单方解除合同,因其对被特许人利益的巨大影响,有必要对行使任意解除权进行限制。被特许人如果有重大违约行为,如产品服务质量达不到合同要求,导致特许人的商誉受损,或者泄露特许人的商业秘密等行为,特许人可以解除合同。但是特许人为经营需要,能否解除合同,须视情况而定。被特许权人对投资关系具有依赖性。如果特许人能够补偿被特许人的投入或者收回被特许人的经营场所等,并赔偿预期利益损失,特许人可以行使解除权。如果不能,则应适当允许被特许人继续经营一定时期,避免沉淀资本全部损失,以兼顾双方利益。

(二)关于非金钱债务不能继续履行问题

《民法典》合同编第 580 条第 2 款属于新增规定,实践中应防止当事人滥用该规定,着重审查合同是否确实在法律上或者事实上不能履行,履行费用是否过高,是否有替代履行的方式等。在出现导致长期合同无法继续履行的情形时,双方应首先进行协商变更,无法达成协议可申请法院变更,无法变更才解除合同,坚持慎用解除救济方式的理念。

(三)可以增加中止履行的规定

如果不可抗力是暂时的,准许债务人中止履行,待可以履行时继续履行。[1]《通则》2016年修订时在第7.1.7条增加评注3,建议当事人在合同中约定遇到不可抗力事件时,暂时中止履行,我国在制定长期合同司法解释时可以规定在情势变更、不可抗力事件发生时,当事人可以中止履行,对方不能因此主张解除合同。

(四)可得利益损害赔偿的合理确定性问题

违约解除长期合同,违约方应向守约方赔偿可得利益。长期合同司法解释应对长期合同可得利益损失的标准予以规范,可以借鉴《通则》的规定,即损失应达到"合理确定性"的标准。在一方违约情况下,可以推定守约方的损失具有"合理确定性"。损害数额的确定性标准应予以降低,可以参考违约方的过错、同行业的利润率等予以酌定,即便长期合同经营的是新的营业,也不应以缺乏参照标准为由否定可得利益的存在。另外,参照《通则》的规定,对于损害赔偿金额,司法机构可以行使裁量权。这样可以避免实践中对于可得利益损失确定性要求过高,对守约方保护不足的问题。[2]

综上,长期合同与发展对外投资、贸易关系极为密切,长期合同规则应该在一定程度上顺应社会化协作生产的趋势,以更为开放灵活的态度对待合同关系,在遵循诚信原则的基础上使长期合同有动态调整的空间,以维持合同关系,促进投资和经济交往。

---

[1] 《法国民法典》第1218条(由2016年2月10日第2016-131号法令修订)规定:在合同领域内,如果债务人于合同订立时对不在其控制范围内的某事件之发生不能合理预见,且采用必要的手段依旧不能避免其后果,并且该事件构成其履行债务的障碍,则可认定存在不可抗力。如果履行障碍仅仅是暂时的,那么在迟延履行不足以导致合同解除的情形下,债务人可中止其债务的履行。如果该障碍是永久性的,合同自动解除,双方当事人依照第1351条和第1351-1条规定的条件不再承担债务。

[2] 《合同编通则解释》第60条第1款规定,可以按照非违约方能够获得的利润(扣除成本)计算可得利益。第61条规定,对于以持续履行的债务为内容的定期合同,可以支持非违约方寻找替代交易的合理期限对应的履行利益。第62条规定,可以综合考虑违约方因违约获得的利益、违约方的过错程度、其他违约情节等因素,遵循公平原则和诚信原则确定可得利益。上述规定从实体方面对可得利益的条件提供了指引,有利于当事人主张的可得利益获得支持。

结　论

长期合同的基本特征是履行期较长，根据合同的不同类型，具有不同程度的复杂性和关系性。合同当事人对合同关系持续有依赖性。长期合同条款常常包括开放性条款、重新磋商和调整条款、任意解除合同条款，以及促使双方自动履行义务的条款。这些条款的主要目的是使合同能够适应发展的经济现实，使双方为共同利益而履行，维持长期合同关系。长期合同规则的基本理念是合作共赢，动态维持合同关系。

一是长期合同规则应放宽对合同内容确定性的要求。长期合同内容在履行中逐渐确定，具有动态发展性。合同内容可由当事人自行协商确定，也可由司法机构根据解释规则确定。司法机构对合同进行解释时，不必固守合同文本最初的约定。当事人的履行行为、交易过程可能对明示条款予以澄清、补充。长期合同中当事人应为合同双方利益而履行。在当事人为自己的利益损害对方利益时，长期合同规则应给予否定性评价，以维护诚信和公平交易原则。

二是长期合同规则应允许当事人动态调整合同。这符合公平原则、适应商业实践、满足当事人的预期，并对社会公共利益有利。合同调整规则应改变风险负担的推定方式。长期合同当事人大多愿意共担风险,如果债务人未排除特定风险并不能因此推定其自愿承担风险。另外,应降低认定合同权利义务失衡的标准,根据合同是否具有投机性,合同履行时间的长短,当事人利润高低等因素确定当事人权利义务失衡的标准。应赋予司法机构对合同进行调整的权力,调整的目的是恢复合同签订时的均衡状态,同时有利于促使当事人自行达成调整合同的协议。

三是长期合同规则应确立当事人有合作与协商义务。合作义务是当事人在履行各自义务时可以合理期待对方给予的配合,当事人在履行中不损害对方的利益,在遇到履行障碍时能够协商解决。在情势发生变化及合同存在漏洞的情况下,长期合同当事人有重新协商义务,这符合长期合同维持关系之需要。当事人应诚信协商,有达成协议的目的。如果双方经协商无法达成新的协议,应接受司法机构的调整或者解除合同。当事人未履行诚信协商义务可能承担赔偿损失的责任。在双方约定诚信协商条款的情况下,该赔偿责任包括期待利益。

四是长期合同规则应设置合理的合同解除机制,尽量维持合同关系。法律应对长期合同当事人约定的任意解除权予以规范,限定合同履行的最短期限或者通知解除的期限,以便投资人能够适当收回利益或者转移投资。解除权人应证明行使任意解除权有正当理由。在对方当事人无根本违约行为情况下,行使任意解除权应赔偿履行利益损失。长期合同的法定解除条件不宜规定当事人可因信任丧失解除合同,该规定与根本违约制度不符,且裁判者难以判断当事人是否已经丧失信任关系。对于存在高度信任关系的长期合同,当事人可自行对此进行约定。违约解除长期合同的赔偿责任应放宽对未来损失数额确定性的要求,在缺少可参照营业的情况下,不能轻易否定守约方存在预期利益损失。

对我国长期合同规则的建议:我国可以对长期合同规则制定司法解释,使合同当事人能够根据经济情况的发展动态调整合同关系。包括:放宽对合同内容确定性的要求;完善解释合同的规则,将履行过程作为解释合同内容的考量因素;鼓励当事人通过变更合同维持合同关系;规定当事人的合作义务,界定合作义务和诚信协商的边界及未履行合作及协商义务的法律后果。司法实践应慎重对待长期合同的解除;对任意解除长期合同予以规范,当事人行使任意解除权应有正当理由;放宽对损害赔偿数额确定性的要求,实现对守约方的充分赔偿,促使当事人维持合同关系。

参考文献

一、中文

(一)著作

[1]陈坚:《合同司法解除研究》,法律出版社2012年版。

[2]柴振国:《契约法律制度的经济学考察》,中国检察出版社2006年版。

[3]崔建远:《合同法》,北京大学出版社2012年版。

[4]杜景林、卢谌:《德国新债法研究》,中国政法大学出版社2004年版。

[5]傅静坤:《二十世纪契约法》,法律出版社1997年版。

[6]顾祝轩:《合同本体解释论:认知科学视野下的私法类型思维》,法律出版社2008年版。

[7]韩世远:《合同法总论》(第3版),法律出版社2011年版。

[8]黄立:《民法债编总论》,中国政法大学出版社2002年版。

[9]贾敬华:《不完备合同的经济分析》,人民出版社2006年版。

[10]金健:《国际商事合同履行法律问题比较研究》,武汉出版社 2001 年版。

[11]雷继平:《论合同解释的外部资源》,中国法制出版社 2008 年版。

[12]李凤琴:《国际合同法律适用发展趋势研究——以意思自治原则为中心》,安徽师范大学出版社 2013 年版。

[13]李晓钰:《合同解除制度研究》,中国法制出版社 2018 年版。

[14]齐晓琨:《德国新、旧债法比较研究——观念的转变和立法技术的提升》,法律出版社 2006 年版。

[15]邱聪智:《新订民法债编通则》(上),中国人民大学出版社 2003 年版。

[16]孙良国:《关系契约理论导论》,科学出版社 2008 年版。

[17]孙美兰:《情事变动与契约理论》,法律出版社 2004 年版。

[18]孙淘、魏济民等:《法国 PPP 的立法与实践:"一带一路"战略下指导中国海外 PPP 项目》,中国政法大学出版社 2017 年版。

[19]最高人民法院研究室编著:《最高人民法院关于合同法司法解释(二)理解与适用》,人民法院出版社 2015 年版。

[20]王利明、崔建远:《合同法新论·总则》,中国政法大学出版社 1996 年版。

[21]王利明:《合同法研究》(第 2 卷),中国人民大学出版社 2003 年版。

[22]王军编著:《美国合同法》(修订版),对外经济贸易大学出版社 2011 年版。

[23]王军、解琳编著:《美国商业特许经营法案例选评》,对外经济贸易大学出版社 2007 年版。

[24]王泽鉴:《债法原理》,中国政法大学出版社 2001 年版。

[25]吴思颖:《国际商事合同法统一化:原理、目标和路径》,法律出版社 2011 年版。

[26]杨桢:《英美契约法论》,北京大学出版社 1997 年版。

[27]杨晓蓉:《建设工程合同的原理与实务——以关系契约理论为视角》,人民法院出版社 2018 年版。

[28]尹田:《法国现代合同法:契约自由与社会公正的冲突与平衡》(第2 版),法律出版社 2009 年版。

[29]余劲松主编:《国际投资法》(第 3 版),法律出版社 2007 年版。

[30]余劲松、吴志攀主编:《国际经济法》(第 4 版),北京大学出版社 2014 年版。

[31]原蓉蓉:《英美法中的合同受挫制度研究》,法律出版社 2014 年版。

[32]张民安:《法国民法》,清华大学出版社 2015 年版。

[33]张维迎:《产权、激励与公司治理》,经济科学出版社 2005 年版。

[34]张玉卿主编:《国际统一私法协会国际商事合同通则 2010》,中国商务出版社 2012 年版。

[35]张玉卿编著:《国际货物买卖统一法:联合国国际货物销售合同公约释义》(第 3 版),中国商务出版社 2009 年版。

[36]费方域、蒋士成主编/翻译:《不完全合同、产权和企业理论》,格致出版社、上海三联书店、上海人民出版社 2011 年版。

[37][奥]凯尔森:《法与国家的一般理论》,沈宗灵译,中国大百科全书出版社 1996 年版。

[38][德]迪特尔·梅迪库斯:《德国债法总论》,杜景林、卢谌译,法律出版社 2004 年版。

[39][德]海因·克茨:《欧洲合同法》(上卷),周忠海等译,法律出版社 2001 年版。

[40][德]卡尔·拉伦茨:《德国民法通论》(上、下册),王晓晔等译,法律出版社 2003 年版。

[41][德]卡尔·拉伦茨:《法学方法论》,陈爱娥译,商务印书馆 2003

年版。

[42][德]莱因哈德·齐默曼、[英]西蒙·惠特克主编:《欧洲合同法中的诚信原则》,丁广宇、杨才然、叶桂峰译,法律出版社 2005 年版。

[43][德]茨威格特、克茨:《比较法总论》(上),潘汉典、米健、高鸿钧等译,中国法制出版社 2017 年版。

[44]陈卫佐译注:《德国民法典》(第 4 版),法律出版社 2015 年版。

[45][美]O. 哈特:《企业、合同与财务结构》,费方域译,上海三联书店、上海人民出版社 2006 年版。

[46][美]奥立弗·哈特等:《现代合约理论》,易宪容、罗仲伟、徐彪等译,中国社会科学出版社 2011 年版。

[47][美]奥利弗·E. 威廉姆森:《资本主义经济制度:论企业签约与市场签约》,段毅才、王伟译,商务印书馆 2004 年版。

[48][美]查尔斯·弗里德:《契约即允诺》,郭锐译,北京大学出版社 2006 年版。

[49][美]E. 艾伦·范斯沃思:《美国合同法》(原书第 3 版),葛云松、丁春艳译,中国政法大学出版社 2004 年版。

[50][美]Ian R. 麦克尼尔:《新社会契约论》,雷喜宁、潘勤译,中国政法大学出版社 2004 年版。

[51][美]罗伯特·A. 希尔曼:《合同法的丰富性:当代合同法理论的分析与批判》,郑云瑞译,北京大学出版社 2005 年版。

[52][美]罗伯特·考特、托马斯·尤伦:《法和经济学》,张军等译,上海人民出版社、上海三联书店 1994 年版。

[53][美]迈克尔·D. 贝勒斯:《法律的原则——一个规范的分析》,张文显等译,中国大百科全书出版社 1996 年版。

[54]美国法学会、美国统一州法委员会:《美国〈统一商法典〉及其正式评述》(第 1 卷),孙新强译,中国人民大学出版社 2004 年版。

[55][美]理查德·波斯纳:《法律的经济分析》(第7版)(中文第2版),蒋兆康译,法律出版社2012年版。

[56]欧洲民法典研究组、欧盟现行私法研究组编著:《欧洲私法的原则、定义与示范规则:欧洲示范民法典草案》(第1、2、3卷),高圣平等译,法律出版社2014年版。

[57][日]内田贵:《契约的再生》,胡宝海译,中国法制出版社2005年版。

[58][英]P. S. 阿狄亚:《合同法导论》(第5版),赵旭东、何帅领、邓晓霞译,法律出版社2002年版。

[59][美]科斯:《企业、市场与法律》,盛洪等译,三联书店上海分店1990年版。

[60][英]施米托夫:《国际贸易法文选》,赵秀文选译,中国大百科全书出版社1993年版。

[61][英]休·柯林斯:《规制合同》,郭小莉译,中国人民大学出版社2014年版。

(二)论文

[1]蔡恒、骆电:《我国〈合同法〉上任意解除权的理解与适用》,载《法律适用》2014年第12期。

[2]崔建远:《合同解除的疑问与释答》,载《法学》2005年第9期。

[3]崔建远:《风险负担规则之完善》,载《中州学刊》2018年第3期。

[4]陈基国、叶陈辉:《台北港BOT专案契约中的再协商条款之研究》,载《航运季刊》2005年第1期。

[5]范笑迎:《〈国际商事合同通则〉之艰难情势制度阐析》,载《石家庄铁道大学学报(社会科学版)》2013年第3期。

[6]范笑迎:《〈国际商事合同通则〉之不可抗力制度研究》,载《黑龙江省政法管理干部学院学报》2013年第3期。

[7]费方域:《交易、合同关系的治理和企业——威廉姆森交易成本经济学述评之二》,载《外国经济与管理》1996年第6期。

[8]高蔚卿:《长期合同问题研究》,载王利明等主编:《合同法评论》(总第2辑),人民法院出版社2004年版。

[9]韩世远:《情事变更若干问题研究》,载《中外法学》2014年第3期。

[10]郝郁:《国际LNG贸易合同及定价研究》,载《国际石油经济》2004年第12期。

[11]贾英姿、张志波:《PPP信息披露机制构建与发展》,载《经济研究参考》2017年第49期。

[12]李先波、刘翱:《英美毁约性违约制度探析》,载《时代法学》2007年第2期。

[13]梁永宽、郭开华、皇甫立霞:《国际LNG产业关系合同的治理模式与启示》,载《天然气工业》2009年第11期。

[14]刘婷、赵桐、王守清:《基于案例的我国PPP项目再谈判情况研究》,载《建筑经济》2016年第9期。

[15]刘承韪:《契约法理论的历史嬗迭与现代发展　以英美契约法为核心的考察》,载《中外法学》2011年第4期。

[16]刘承韪:《违约可得利益损失的确定规则》,载《法学研究》2013年第2期。

[17]刘承韪:《美国公私合作关系(PPP)的法治状况及其启示》,载《国家行政学院学报》2018年第4期。

[18]刘善华:《日本和德国法上的再交涉义务及对我国合同法的启示》,载《山东大学学报(哲学社会科学版)》2013年第6期。

[19]刘廷华:《合同法的经济分析》,载《长江师范学院学报》2010年第2期。

[20]刘伟:《我国的“情势变更”原则与〈国际商事合同通则〉的“艰难情

形”规则之比较》,载《经营管理者》2011 年第 3 期。

[21]吕红斌:《世界银行 PPP 信息披露框架对我国的启示》,载《行政事业资产与财务》2016 年第 10 期。

[22]吕巧珍:《委托合同中任意解除权的限制》,载《法学》2006 年第 9 期。

[23]陆青:《论法定解除事由的规范体系——以一般规范与特别规范的关系为中心》,载《华东政法大学学报》2015 年第 1 期。

[24]鲁怡雯:《PPP 项目中的政府信息披露义务研究》,载《法制博览》2017 年第 10 期。

[25]孟勤国、王厚伟:《从附随义务到合作义务——兼论未来民法典合同编应明确规定合作义务》,载《北方法学》2019 年第 3 期。

[26]钱力:《论我国情势变更原则下再交涉义务的构建》,载《行政与法》2014 年第 11 期。

[27]隋佩俊:《浅探长期合同的相关问题》,载《现代经济信息》2014 年第 10 期。

[28]屈茂辉、张红:《继续性合同:基于合同法理与立法技术的多重考量》,载《中国法学》2010 年第 5 期。

[29]宋金波、党伟、孙岩:《公共基础设施 BOT 项目弹性特许期决策模式——基于国外典型项目的多案例研究》,载《土木工程学报》2013 年第 4 期。

[30]孙良国:《效率违约理论研究》,载《法制与社会发展》2006 年第 5 期。

[31]王闯:《当前人民法院审理商事合同案件适用法律若干问题》,载《法律适用》2009 年第 9 期。

[32]王利明:《合同法的目标与鼓励交易》,载《法学研究》1996 年第 3 期。

[33]王利明:《论合同法组织经济的功能》,载《中外法学》2017年第1期。

[34]王利明:《合同编解除制度的完善》,载《法学杂志》2018年第3期。

[35]王艳慧:《关系契约的理论功能与实定法表现》,载《江西社会科学》2016年第7期。

[36]杨瑞龙、聂辉华:《不完全契约理论:一个综述》,载《经济研究》2006年第2期。

[37]尹玲容:《"长期合同"若干法律问题研究》,载《湖南警察学院学报》2015年第4期。

[38]颜光华、林明:《合同、诚信和双边长期交易关系的管理》,载《财经研究》2002年第12期。

[39]朱永永:《基于DCFR和PECL框架下长期合同调整研究》,载《东方法学》2016年第2期。

[40]王洪、张伟:《情势变更规则的类型化适用——以法释[2009]5号第26条为中心》,载《天府新论》2014年第1期。

[41]王文军:《关系合同与继续性合同——一个比较分析框架》,载《法学论坛》2013年第4期。

[42]余珺:《商事委托合同任意解除权的思考》,载《成都信息工程学院学报》2008年第3期。

[43]赵莉:《公平原则对契约严守的修正——国际示范立法中的情势变更》,载《法学评论》2007年第5期。

[44]张红:《论继续性合同终止制度的法律构造》,载《财经理论与实践》2012年第6期。

[45]张金海:《作为免责事由的"障碍"在CISG中的适用》,载《法学》2006年第8期。

[46]张琦、王涯茜:《基础设施特许经营合约的违约救济研究》,载《重庆

建筑》2010 年第 6 期。

[47]张照东:《晚近国际商事合同法统一化的发展——GISG 与 PICC 之比较》,载《福建政法管理干部学院学报》2002 年第 2 期。

[48]周海宝:《不完全契约视角下 PPP 合同最优设计研究》,载《法制与经济》2017 年第 7 期。

[49]周江洪:《委托合同任意解除的损害赔偿》,载《法学研究》2017 年第 3 期。

[50][德]卡斯腾·海尔斯特尔、许德风:《情事变更原则研究》,载《中外法学》2004 年第 4 期。

[51][德]英格博格·施文策尔:《国际货物销售合同中的不可抗力和艰难情势》,杨娟译,载《清华法学》2010 年第 3 期。

[52][美]艾伦·施瓦茨:《法律契约理论与不完全契约》,载[美]科斯等:《契约经济学》,李风圣主译,经济科学出版社 1999 年版。

[53][美]格兰特·吉尔莫:《契约的死亡》,曹士兵等译,载梁慧星主编:《民商法论丛》第 3 卷,法律出版社 1995 年版。

[54][日]内田贵:《契约法的现代化——展望 21 世纪的契约与契约法》,胡宝海译,载梁慧星主编:《民商法论丛》第 6 卷,法律出版社 1997 年版。

[55][日]五十岚清:《情事变更·合同调整·再交涉义务——情事变更原则效果再考》,刘士国译,载梁慧星主编:《民商法论丛》第 15 卷,法律出版社 2000 年版。

[56][意]阿尔多·贝特鲁奇:《罗马法学与现代欧洲法中的情事变更制度》,肖俊译,载《环球法律评论》2016 年第 6 期。

[57]姜作利:《〈国际商事合同通则〉法理思想研究——以国际商事合同统一化为背景》,山东大学 2007 年博士学位论文。

[58]吕巧珍:《关系性合同理论研究》,清华大学 2006 年博士学位论文。

[59]张红:《继续性合同终止制度研究》,湖南大学 2011 年博士学位论文。

[60]陈探:《论长期合同调整》,清华大学 2007 年硕士学位论文。

[61]韩婷:《长期合同中的价格调整问题研究》,对外经济贸易大学 2016 年硕士学位论文。

[62]隋佩俊:《长期合同法律问题研究》,大连海事大学 2005 年硕士学位论文。

[63]张涛:《长期合同的漏洞填补与合同调整研究》,西南政法大学 2016 年硕士学位论文。

二、外文

(一)著作

[1] Joachim G. Frick, *Arbitration and Complex International Contracts*, Kluwer Law International, 2001.

[2] Donald Harris & Denis Tallon, *Contract Law Today Anglo-French Comparisons*, Clarendon Press, 1989.

[3] Jack Beatson & Daniel Friedmann eds., *Good Faith and Fault in Contract Law*, Clarendon Press, 1997.

[4] John D. Calamari, Joseph M. Perillo & Helen Hadjiyannakis Bender, *Cases and Problems on Contracts*, West Academic Publishing, 1989.

(二)论文

[1] Abdullah Al Faruque, *The Rationale and Instrumentalities for Stability in Long-term State Contracts*, 7 The Journal of World Investment and Trade 85 (2006).

[2] Alan Schwarts, *Relational Contracts in the Courts: An Analysis of Incomplete Agreements and Judicial Strategies*, 21 The Journal of Legal Studies

271 (1992).

[3] Andrew Stewart & J. W. Carter, *Frustrated Contracts and Statutory Adjustment: The Case for a Reappraisal*, 51 The Cambridge Law Journal 66 (1992).

[4] Charles J. Goetz & Robert E. Scott, *Principles of Relational Contracts*, 67 Virginia Law Review 1089 (1981).

[5] Clayton P. Gillette, *Commercial Rationality and the Duty to Adjust Long-Term Contracts*, 69 Minnesota Law Review 521 (1985).

[6] Clayton P. Gillette, *Commercial Relationships and the Selection of Default Rules for Remote Risks [Comments]*, 19 Journal of Legal Studies 535 (1990).

[7] David Campbell & Donald Harris, *Flexibility in Long-Term Contractual Relationships: The Role of Co-operation*, 20 Journal of Law and Society 166 (1993).

[8] Douglas G. Baird, *Self-interest and Cooperation in Long-term Contracts*, 19 The Journal of Legal Studies 583 (1990).

[9] David Goddard, *Long-term Contracts: A Law and Economics Perspective*, 1997 New Zealand Law Review 423 (1997).

[10] Dan Danielsen, *Local Rules and a Global Economy: An Economic Policy Perspective*, 1 Transnational Legal Theory 49 (2010).

[11] Ewan Mckendrick, *The Regulation of Long-term Contracts in English Law*, in Jack Beatson & Daniel Friedmann eds., Good Faith and Fault in Contract Law, Clarendon Press, 1997.

[12] E. Allan Farnsworth, *Good Faith Performance and Commercial Reasonableness under the Uniform Commercial Code*, 30 University of Chicago Law Review 666 (1963).

[13] George G. Triantis, *Contractual Allocations of Unknown Risks: A Critique of the Doctrine of Commercial Impracticability*, 42 University of Toronto Law Journal 450 (1992).

[14] Gillian K. Hadfield, *Problematic Relations: Franchising and the Law of Incomplete Contracts*, 42 Stanford Law Review 927(1989 - 1990).

[15] Ian Ayrest & Robert Gertnertt, *Filling Gaps in Incomplete Contracts: An Economic Theory of Default Rules*, 99 The Yale Law Journal 87 (1989 - 1990).

[16] Ian R. Macneil, *Contracts: Adjustment of Long-term Economic Relations under Classical, Neoclassical, and Relational Contracts Law*, 72 Northwestern University Law Review 854(1978).

[17] Ian R. Macneil, *Efficient Breach of Contract: Circles in the Sky*, 68 Virginia Law Review 947 (1982).

[18] Isabelle de Lamberterie, *The Effect of Changes in Circumstances on Long-term Contracts—French Report*, in Donald Harris & Denis Tallon, Contract Law Today Anglo-French Comparisons, Clarendon Press, 1989.

[19] Jay M. Feinman, *Relation Contract and Default Rules Symposium on Default Rules and Contractual Consent*, 3 Southern California Interdisciplinary Law Journal 43 (1993).

[20] John P. Dawson, *Judicial Revision of Frustration Contracts: The United States*, 64 Boston University Law Review 1 (1984).

[21] John Bell, *The Effect of Changes in Circumstances on Long-term Contracts—English Report*, in Donald Harris & Denis Tallon, Contract Law Today Anglo-French Comparisons, Clarendon Press, 1989.

[22] Jennifer Camero, *Mission Impracticable: The Impossibility of Commercial Impracticability*, 13 University of New Hampshire Law Review 1

(2015).

[23]Joseph M. Perillo, *Force Majeure and Hardship under the UNIDROIT Principles of International Commercial Contracts*, 5 Tulane J. of INT'L & COMP. Law 5 (1997).

[24]Keith J. Crocker & Scott E. Masten, *Pretia ex Machina-Prices and Process in Long-Term Contracts*,34 Journal of Law & Economics 69 (1991).

[25] Klaus Peter Berger, *Renegotiation and Adaption of International Investment Contracts: The Role of Contract Drafters and Arbitrators*, 36 Vanderbilt Journal of Transnational Law 1347 (2004).

[26] Matthew Milikowsky, *A Not Intractable Problem: Reasonable Certainty, Tractebel, and the Problem of Damages for Anticipatory Breach of a Long-Term Contract in a Thin Market*, 108 Columbia Law Review 452 (2008).

[27]Mark P. Gergen, *The Use of Open Terms in Contract*, 92 Columbia Law Review 997 (1992).

[28]Melvin Aron Eisenberg, *The Emergence of Dynamic Contract Law, Symposium of the Law in the Twentieth Century*, 88 California Law Review 1743 (2000).

[29] Michael Trebilcock & Michael Rosenstock, *Infrastructure Pubic-Private Partnerships in the Developing World: Lessons from Recent Experience*, 51 The Journal of Development Studies 335 (2015).

[30] Oliver E. Williamson, *Transaction-Cost Economics, the Governance of Contractual Relations*,22 Journal of Law & Economics 233 (1979).

[31]Omri Ben-Shahar,*Agreeing to Disagree: Filling Gaps in Deliberately Incomplete Contracts* ,2004 Wisconsin Law Review 389 (2004).

[32]Paul L. Joskow, *Vertical Integration and Long-term Contracts: The*

Case of Coal-burning Electric Generating Plants, 1 Journal of Law, Economics & Organization 33 (1985).

[33] Peter Rott, *The Adjustment of Long-Term Supply Contracts: Experience from German Gas Price Case Law*, 3 European Review of Private Law 717 (2013).

[34] Richard E. Speidel, *Court-imposed Price Adjustments under Long-term Supply Contracts*, 76 Northwestern University Law Review 369 (1981 – 1982).

[35] Robert S. Summers, *Good Faith in General Contract Law and the Sales Provisions of the Uniform Commercial Code*, 54 Virginia Law Review 195 (1968).

[36] Robert S. Summers, *General Duty of Good Faith-Its Recognition and Conceptualization*, 67 Cornell Law Review 810 (1981 – 1982).

[37] Ross Gilbert Anderson, *Long-term Contracts*, *the Rule of Interpretation and "Equitable Adjustment"*, 16 The Edinburgh Law Review 104 (2012).

[38] Robert A. Hillman, *Court Adjustment of Long-term Contracts: An Analysis under Modern Contract Law*, 1 Duke Law Journal 1 (1987).

[39] Robert E. Scott, *A Relational Theory of Default Rules for Commercial Contracts*, 19 Journal of Legal Studies 597 (1990).

[40] Robert E. Scott, *Conflict and Cooperation in Long-Term Contracts*, 75 California Law Review 2005 (1987).

[41] Russell A. Eisenberg, *Good Faith under the Uniform Commercial Code—A New Look at an Old Problem*, 54 Marquette Law Review 1 (1971).

[42] Scott Baker & Kimberly D. Krawiec, *Incomplete Contracts in a Complete Contract World*, 33 Florida State University Law Review 725 (2006).

[43] Sheldon W. Halpern, *Application of the Doctrine of Commercial Impracticability: Searching for the Wisdom of Solomon*, 135 University of Pennsylvania Law Review 1123 (1987).

[44] Steven J. Burton, *Breach of Contract and the Common Law Duty to Perform in Good Faith*, 94 Harvard Law Review 369 (1980).

[45] Ter Kah Leng, *Good Faith in the Performance of Commercial Contracts Revisited*, 26 Singapore Academy of Law Journal 111 (2014).

[46] Timothy J. Muris, *Opportunistic Behavior and the Law of Contracts*, 65 Minnesota Law Review 521 (1981).

[47] Tsuyoshi Kinoshita, *A Comparative Study of Reasonable Expectations and Lost Profits in American and Japanese Law*, 7 Law in Japan 71 (1974).

[48] Victor P. Goldberg, *Price Adjustment in Long-term Contracts*, 1985 Wisconsin Law Review 527 (1985).

[49] William A. W. Neilson, *Price Adjustments in Long-term Supply Contracts: The Saga of Quintette Coal Arbitration*, 18 Canadian Business Law Journal 76 (1991).

[50] Wendy Netter Epstein, *Facilitating Incomplete Contracts*, 65 Case Western Reserve Law Review 297 (2014).

[51] Oliver E. Williamson, *Transaction-Cost Economics: The Governance of Contractual Relations*, 22 Journal of Law & Economics 233 (1979).

后　记

本书是在我的博士学位论文基础上修订完成的。我从事民商事审判,在实践中遇到诸多因长期合同产生的纠纷。合同没有明确约定,法律规定又比较原则,对于如何更妥善地处理长期合同纠纷,我有一些困惑。恰逢国际统一私法协会对《国际商事合同通则》进行修订,增设了长期合同规则,在导师余劲松教授的建议下,我将长期合同规则作为博士学位论文的研究对象。毕业后,在《中华人民共和国民法典》《最高人民法院关于适用〈中华人民共和国民法典〉合同编通则若干问题的解释》先后颁布后,我又两次对博士学位论文进行了修改。合同法理论艰深,研究者众多,在四通八达的道路中找到方向,颇有难度。唯愿我的一点思考能够对相关研究尽一点绵薄之力。

得益于各方面的支持,我才能完成本书的撰写。在这里向所有给予我帮助和关心的人表示衷心的感谢和诚挚的敬意!感谢我的导师余劲松教授。余老师学问渊博、治学严谨、视野开阔、宽容豁达。余老师对我的论文撰写给予了细致指导。只是我能力有限,始终未能达到余老师的要求。感谢中国人民大学国际法教研室的邵沙平教授、朱文奇教授、韩立余教授、杜焕芳教授。各位老师平易近人,分析问题透彻,理论功底深厚,在学业上给予我很多指导。感谢对论文匿名评审的老师和答辩委员会的老师。各位老师提出的修改意见,使我的论文更加完善。

感谢武汉大学姚梅镇法学基金会对本书的资助和法律出版社的支持;感谢法律出版社法治与经济分社沈小英社长,以及刘晓萌女士、鲁安女士在本书出版中提供的各项帮助。

感谢我的工作单位和同事,同事在各方面给予我很多指导和帮助。感谢我的亲人,他们付出很多,使我能够克服各种困难,完成这个历程。

谢爱梅

2025 年 3 月 1 日